零距离上岗

高职高专国际经济与贸易专业系列规划教材

Practice about International Freight Forwarding Services

国际货运代理实务

（第2版）

申纲领　编著

電子工業出版社
Publishing House of Electronics Industry
北京 · BEIJING

图书在版编目（CIP）数据

国际货运代理实务/申纲领编著. —2 版. —北京：电子工业出版社，2012.1
（零距离上岗）
高职高专国际经济与贸易专业系列规划教材
ISBN 978-7-121-14615-2

Ⅰ. ①国… Ⅱ. ①申… Ⅲ. ①国际货运－货运代理－高等职业教育－教材 Ⅳ. ①F511.41

中国版本图书馆 CIP 数据核字（2011）第 189231 号

责任编辑：刘淑敏
文字编辑：王　璐
印　　刷：三河市双峰印刷装订有限公司
装　　订：三河市双峰印刷装订有限公司
出版发行：电子工业出版社
北京市海淀区万寿路 173 信箱　邮编 100036
开　　本：787×980　1/16　印张：18.25　字数：399 千字
版　　次：2007 年 12 月第 1 版
　　　　　2012 年 1 月第 2 版
印　　次：2014 年 12 月第 2 次印刷
定　　价：32.00 元

凡所购买电子工业出版社图书有缺损问题，请向购买书店调换。若书店售缺，请与本社发行部联系，联系及邮购电话：（010）88254888。

质量投诉请发邮件至 zlts@phei.com.cn，盗版侵权举报请发邮件至 dbqq@phei.com.cn。

服务热线：（010）88258888。

出版说明

作为现代高等教育的重要组成部分，高职高专教育可以说是与经济建设、劳动就业联系最紧密、最直接的。它承担着为高新技术转化和传统产业升级提供智力支持的重任，承担着提高劳动者的就业能力和创业能力、促进劳动就业的责任。近年来，我国高职高专教育有了很大的发展，为生产、建设、管理、服务第一线培养了大批技术型和应用型专门人才，为我国经济发展和社会进步起到了重要的推动作用。

高职高专教育以培养高技能人才为教学目标，因此，与普通本科教育相比，高职高专教育有自己鲜明的特点：① 理论知识以“必需”、“够用”为度；② 以服务为宗旨，以就业为导向，以产学研结合为途径，以培养实际操作能力为核心；③ 实践教学在教学计划中占较大比重，注重学生职业能力的培养，实现“零距离上岗”，即学生毕业进入企业后，不再需要专门的上岗培训，直接就可以上岗，从而实现人才培养与上岗就业的零距离。

为了真正实现高职高专教育与上岗就业零距离的目标，许多高职高专院校正在逐步深化教学改革，改革方案里提出要适当控制基础理论课程教学的深度与广度，加强校内模拟实训室和校外实习基地建设，强化技能培训，熟悉岗位要求，增强学生择业就业能力，增加学生的就业机会。

教学改革，教材先行。为了推动我国高职高专教育教学改革向“以培养职业能力为中心，理论和实践并重”的方向发展，在教育部的指导下，电子工业出版社在全国范围内组织并成立了“全国高职高专教学研究与教材出版编委会”（以下简称“教学研究与教材出版编委会”），旨在研究高职高专教学目标、教学规律，以及与教学改革配套的教材建设，规划教材出版工作。教学研究与教材出版编委会的成员单位皆为教学改革成效较大、办学特色鲜明和办学实力强的普通本科学校、高等专科学校、高等职业学校、成人高等学校及本科院校主办的二级职业技术学院，而教材的编者和审定者均来自高职高专和成人高等教育教学与研究工作第一线的优秀教师和专家。

教学研究与教材出版编委会根据《国务院关于大力发展职业教育的决定》和《教育部

关于加强高职高专教育人才培养工作的意见》的文件精神，以及上岗就业零距离的教学目标，规划了这套“零距离上岗·高职高专系列规划教材”，力求能够反映高职高专课程和教学内容体系改革方向，按照突出应用性、实践性的原则优化系列教材结构；力求教材能够体现新知识、新技术、新工艺、新方法，突出教材内容的新颖性、基础理论知识的应用性和实践技能的培养。本套教材中的基础理论以“必需”“够用”为度，专业知识加强针对性和实用性，同时注重实训和实习的环节，以利于学生综合素质的提高及创新能力、实践能力和操作能力的培养，以实现与实际岗位的无缝对接。本套教材还科学地设置了一些实际案例和延伸阅读等功能性栏目，并将主要的专业核心课程设计成教材和模拟实训二合一教学包，电子工业出版社华信教育资源网上还提供教学课件和习题答案免费下载等增值服务。这不仅方便学生课下学习，拓宽知识面，还有利于调动学生学习的积极性。本套教材覆盖了人力资源管理、财务会计、国际经济与贸易（国际商务）、物流管理、市场营销、金融保险、工程造价、商务英语等专业的基础课程和专业核心课程并已全部出版，大部分已出版第 2 版。本套教材适合各类高等专科学校、高等职业学校、成人高等学校及本科院校主办的二级职业技术学院使用。

编写高职高专教材是一个新课题，希望全国高职高专学校和成人高等学校的师生在教学实践中积极提出意见与建议，并及时反馈给我们，以便我们对已出版的教材不断修订、完善，与大家共同探索我国高职高专教育的特点和发展道路，不断提高教材质量，完善教材体系，为社会奉献更多更新的与高职高专教学配套的高质量的教材。

全国高职高专教学研究与教材出版编委会

前　言

随着国际货运代理业的开放和改革，国际货运市场飞速发展。货运代理作为外贸运输的重要力量，其地位已被提高到了战略高度。国际货物运输是现代国际物流的重要分支，国际货运代理现已在我国形成了一个新兴的服务行业并正在向物流业发展。由于该行业发展较快，其从业人员来自四面八方，不少业务人员并未受过专业的学习培训，大都在摸索中前进。实践证明，只有经过专业学习的专业国际货运代理人才能承担联系国内外贸易交流的重要职责。

为促进我国国际货运代理行业持续、健康、稳定地发展，迫切需要更多的人才投身国际货运代理行业的第一线，也迫切需要相关从业人员与时俱进，在各方面不断提高自己的能力和水平。为了给广大有志于从事国际货运代理行业的人员提供一本融实用性、系统性、科学性于一体的国际货运代理实务学习用书，本书的作者做了大量的调查研究，听取了不少专家的指导建议，力求本书既能使理论教学和业务实践相结合，又能充分反映当今国际货运代理领域的最新变化和动态。

本书在第 1 版的基础上，更新了相关数据，并增加了“案例分析”特色模块，扩充了复习思考题，以便学生更好地巩固所学知识。

本书由许昌职业技术学院教授申纲领编著。在本书的编写过程中，参考并借鉴了国内外同行的不少研究成果，尤其是得到了电子工业出版社晋晶老师的大力支持和热情指导，在此一并表示感谢！

由于作者水平和编写时间的限制，书中难免有粗疏乃至错误之处，希望读者批评指正。

编　者

目 录

第1章 国际货运代理概述

本章学习目标

- ◆ 了解国际货运代理的性质和作用；
- ◆ 掌握货运代理和国际货运代理企业等重要概念；
- ◆ 掌握国际货运代理企业的业务范围和经营规范。

1.1 关于国际货运代理

1.1.1 国际货运代理的性质和作用

1．国际货运代理的定义

当今，国际货物运输代理（以下简称国际货运代理）界对“货运代理”一词，并没有一个确切的、为世界各国所接受的定义，但一些工具书和相关的国际机构对此都有自己的解释。

例如，国际货运代理协会联合会（International Federation of Freight Forwarders Associations，FIATA）对货运代理的定义是：“货运代理是根据客户的指示，并为客户的利益而揽取货物运输的人，其本人并不是承运人。”货运代理也可以依据这些条件，从事与运送合同有关的活动，如储货（也含寄存）、报关、验收、收款。

我国有关资料将国际货运代理定义为：“接受货主或承运人的委托，在授权范围内办理国际货物运输业务的企业。”

在1995年6月29日发布的《中华人民共和国国际货运代理业管理规定》（以下简称《管理规定》）中，国际货运代理业被定义为：“接受进出口业务货物收货人、发货人的委托，以委托人的名义或者以自己的名义，为委托人办理国际货物运输及相关业务并收取服务报酬的行业。”目前我国普遍采用的是《管理规定》的定义。根据这个定义，国际货运代理企业可以作为进出口货物收货人、发货人的代理人，也可以作为独立经营人，从事国际货运代理业务。

国际货运代理企业作为代理人从事国际货运代理业务，是指国际货运代理企业接受进出口货物收货人、发货人或其代理人的委托，以委托人的名义或自己的名义办理有关业务，收取代理费或佣金。

国际货运代理企业作为独立经营人从事国际货运代理业务，是指国际货运代理企业接受进出口货物收货人、发货人或其代理人的委托，签发运输单证，履行运输合同并收取运费和服务费的行为。

2. 国际货运代理的性质

随着国际货运代理业的发展，货运代理有从代理人的角色逐步向货物运输的经营人和承运人的角色方向发展的趋势，但其本质还是货物运输的代理人。其主要的工作内容不外乎两个方面：① 代表货主的利益，选择运输方式和运输线路，安排订舱、仓储、短途运输，缮制各种运输单据，办理报关、报检、保险等相关手续；② 代表承运人的利益，揽货、签发运输单据等。货运代理本身并不拥有货物的所有权和运输工具，只是为他人提供服务的中间人，在社会经济结构中属于第三产业。

国际货运代理不仅可以简化国际贸易程序，降低运输成本，还可以改善外汇收支平衡状况。

国际货运代理在与有关机构如港口、船代、卡车经营人、铁路经营人、保险人、银行等的贸易活动中发挥协调作用。其不仅对客户，而且对海关和其他与进出口贸易运输有关的当事人，都是十分有益的。

（1）组织协调作用。国际货运代理使用现代化通信设备（包括资料处理），推动国际贸易程序的简化。国际货运代理是“运输设计师”，是门到门运输的组织者和协调者。

（2）开拓控制作用。国际货运代理不仅组织和协调运输，而且影响新运输方式的创造、新运输路线的开发、新运输费率的制定及新产品的市场开拓。多年来，我国国际货运代理已在世界贸易中心建立了客户网，有的还建立了分支机构，因此能够控制货物的全程运输。

（3）中间人作用。国际货运代理作为货物中间人，即发货人或收货人的代理，可以代理的名义及时订舱，洽谈费率，于适当的时候办理货物递交；还可以委托人的名义与承运人结清运费，并向承运人提供有效的服务。

（4）顾问作用。国际货运代理是企业的顾问，可以为企业提供运费、包装，以及进出口业务所需的单证、金融、海关、领事要求等方面的咨询，还能对国外市场销售的可能性提出建议。

（5）提供专业服务。国际货运代理的各种服务都是专业化的，其对复杂的进出口业务，海、陆、空运输，结算、集运、仓储、集装箱运输、危险品运输、保险等，都具有专业的知识，特别是对海关手续、运费与运费回扣、港口与机场的业务做法、海空集装箱运输的组织及出口货物的包装和装卸等有足够的了解。国际货运代理有时还负责申请检验和代向国外客户收取款项等业务。

（6）提供特殊服务。国际货物代理可以提供各种特殊项目的服务。例如，将小批量的货物集中成整组货物，这对从事出口贸易的人很有价值。

（7）费用及服务具有竞争力。国际货运代理可向客户建议采用最新、费用最低的运输方式，从而协助客户控制运费在货物售价中所占的比例。国际货运代理可在几种运输方式和众多的承运人中间，就关键的运价问题进行选择，挑选最有竞争能力者负责承运。

1.1.2 国内投资国际货运代理企业的设立

1. 申请人资格

国际货运代理业务的申请人应当是与进出口贸易或国际货物运输有关、有稳定货源的单位，并且符合以上条件的投资者应当是申请项目的第一大股东。

承运人及其他可能对国际货运代理行业构成不公平竞争的企业不得申请经营国际货运代理业务。禁止具有行政垄断职能的单位申请投资经营国际货运代理业务。

2. 设立国际货运代理企业的条件

设立国际货运代理企业，应当具备下列条件。

（1）有与其从事的国际货运代理业务相适应的专业人员。具体来讲，至少要有 5 名从事国际货运代理业务 3 年以上的业务人员，其资格由业务人员原所在企业证明，或者取得商务部颁发的国际货运代理资格证书。

（2）有固定的营业场所。以自有房屋、场地作为经营场所的，应当提供产权证明；以租赁房屋、场地作为经营场所的，应当提供租赁期限在 1 年以上的租赁契约。

（3）有必要的营业设施。设立国际货运代理企业，应当拥有一定数量的电话、传真机、计算机、装卸设备、包装设备和短途运输工具。

（4）有稳定的进出口货源市场。在本地区进出口货物运量较大，货运代理行业具备进一步发展的条件和潜力，并且申报企业可以揽收到足够的货源。

（5）有与经营的业务项目相适应的注册资金。国际货运代理企业的注册资本最低限额应当符合下列要求。

1）经营海上国际货运代理业务的，注册资本最低限额为 500 万元人民币。

2）经营航空国际货运代理业务的，注册资本最低限额为 300 万元人民币。

3）经营陆路国际货运代理业务或者国际快递业务的，注册资本最低限额为 200 万元人民币。

经营上述两项以上业务的，注册资本最低限额为其中最高一项的限额。国际货运代理企业每申请设立一个从事国际货运代理业务的分支机构，应当相应增加注册资本 50 万元人民币。如果企业注册资本已超过上述最低限额，则超过部分可以作为设立分支机构的增加资本。

申请设立的国际货运代理企业的业务经营范围包括国际多式联运业务的，除应当具备上述条件外，还应当具备下列条件。

1）从事与《中华人民共和国国际货运代理业管理规定实施细则（试行）》第 32 条规定的国际货运代理企业经营范围有关的业务 3 年以上。

2）具有相应的国内、国外代理网络。

3）拥有在商务部登记备案的国际货运代理提单。

3．设立国际货运代理企业应当提交的文件

申请设立国际货运代理企业，应当向相应的对外经济贸易主管部门报送下列文件。

（1）申请书（包括投资者名称、申请资格说明、申请的业务项目）。

（2）可行性研究报告（包括基本情况、资格说明、现有条件、市场分析、业务预测、组建方案、经济预算及发展预算等）。

（3）各方投资者的企业法人营业执照（影印件）。

（4）董事会、股东会或股东大会决议。

（5）企业章程（或草案）。

（6）主要业务人员情况（包括学历、所学专业、业务简历、资格证书）。

（7）资信证明（会计师事务所出具的各方投资者的验资报告）。

（8）投资者出资协议。

（9）法定代表人简历。

（10）国际货运代理提单（运单）样式。

（11）工商行政管理部门出具的企业名称预先核准函（影印件）。

（12）国际货运代理企业申请表。

（13）交易条款。

（14）营业设施情况说明。

（15）经营场所证明。

以上文件除第（3）、第（11）项外，均须提交正本，并加盖申请人公章。

4．设立国际货运代理企业的审批程序

申请设立国际货运代理企业，申请人应当向拟设立国际货运代理企业所在地的省、自治区、直辖市、经济特区、计划单列市的对外经济贸易主管部门提出申请，并提交规定的

文件。

上述地方对外经济贸易主管部门收到申请人提交的申请及有关文件后，将从以下几个方面对申请项目进行初步审核。

（1）项目设立的必要性。

（2）申请文件的真实性和完整性。

（3）申请人资格。

（4）申请人信誉。

（5）业务人员资格。

地方对外经济贸易主管部门对申请项目进行审核后，应当在收到申请设立货运代理企业的申请书和其他文件之日起 45 天内提出意见，并将初审意见（包括建议批准的经营范围、经营地域、投资者出资比例等）及全部申请文件转报对外贸易经济合作部审批。

国务院各部门在北京市的直属企业申请在北京设立国际货运代理企业的，可以直接向商务部提出申请，由商务部委托中国国际货运代理协会进行初审。中国国际货运代理协会应当在收到申请设立国际货运代理企业的申请书和其他文件之日起 45 天内提出意见，并将初审意见及全部申请文件报商务部进行终审。

商务部应当自收到申请设立国际货运代理企业的申请书和其他文件之日起 45 天内做出批准或不批准的决定。

对于有下列情形之一的，商务部将驳回申请，并说明理由。

1）文件不齐。

2）申报程序不符合要求。

3）商务部已经通知暂停受理经营国际货运代理业务的申请。

对于有下列情形之一的，商务部经过调查核实后，将做出不批准批复。

1）申请人不具备从事国际货运代理业务的资格。

2）申请人在申报之日前 5 年内非法从事代理经营活动，受到国家行政主管部门的处罚。

3）申请人故意隐瞒、谎报申报情况。

4）存在其他不符合《管理规定》第 5 条有关规定的情况。

1.1.3 与国际货运代理相关的行业组织

1. 国际货运代理协会联合会

FIATA 于 1926 年 5 月 31 日在奥地利的维也纳成立，是一个非政府和非营利性的国际货运代理行业组织，目前总部设在瑞士的苏黎世。FIATA 的最高权力机构是会员代表大会，下设代表大会主席团，对外代表 FIATA，对内负责 FIATA 的日常管理。FIATA 的会员分为一般会员、团体会员、联合会员和名誉会员 4 类。中国国际货运代理协会是一般会员，并拥有 13 个联系会员。

FIATA 的宗旨是保障和提高国际货运代理在全球的利益。FIATA 的主要贡献有：各国立法提供参考的《国际货运代理示范法》；推荐各国国际代理企业采用的《国际货运代理标准交易条件》；制定了 FIATA 运送指示、FIATA 货运代理运输凭证、FIATA 货运代理收货凭证、FIATA 托运人危险品运输证明、FIATA 仓库收据、FIATA 可转让联运提单和 FIATA 收发货人联运重量证明等单证格式范本。

2. 国际航空运输协会

国际航空运输协会（International Air Transport Association，IATA）的前身是由 6 家航空公司组成的国际航空交通协会，1945 年改名为国际航空运输协会，总部设在加拿大的蒙特利尔，该协会在纽约、巴黎、伦敦和新加坡设有分支机构。该协会的最高权力机构为每年召开的全体会议，大会的执行委员主持日常工作。该协会在瑞士的日内瓦设有结算中心，统一办理会员公司的财务结算。协会会员必须是持有国际民用航空组织成员国政府颁发定期航班许可证的航空公司。

国际航空运输协会的宗旨是：为了世界人民的利益，促进安全、正常而经济的航空运输；为直接或间接从事国际航空运输工作的各空运企业提供合作的途径；与国际民航组织及其他国际组织通力合作。该协会的主要任务是：① 协商议定运段；② 协商制定国际航空客货运价；③ 协议规定承运人的责任和义务；④ 统一结算各会员之间、会员与非会员之间联运业务账目；⑤ 开展业务代理等。

目前，中国共有中国国际航空公司、中国东方航空公司等 13 家航空公司成为国际航空运输协会会员。

3. 中国国际货运代理协会

中国国际货运代理协会（China International Freight Forwarders Association，CIFA）成立于 2000 年 9 月 6 日。该协会是在中华人民共和国境内注册的由国际货运代理企业自愿组成的非营利性质的行业协会。

中国国际货运代理协会的宗旨是：维护我国国际货运代理行业的利益；保证会员企业的正当权利；促进我国国际货运代理行业健康发展，更好地为我国对外经济贸易事业服务。

中国国际货运代理协会的主要业务范围是：协助政府主管部门依法规范国际货运代理企业的经营行为，整顿行业秩序；开展行业市场调研，编制行业统计；组织行业培训及行业发展研究；承担政府主管部门委托的部分职能；为会员企业提供信息咨询服务；代表全行业加入国际货运代理协会联合会，开展同业国际交流。

中国国际货运代理协会的主要任务包括：协助政府部门加强行业管理；为政府制定行业发展规划和管理政策提供建议；保护会员的合法权益；维护国际货运代理行业经营秩序；保护行业利益，维护行业信誉；组织行业人员的业务培训等 11 项。

根据商务部办公厅 2005 年 3 月 23 日下发的《关于委托中国国际货运代理协会组织实施货运代理企业业务备案有关事宜》的通知，中国国际货运代理协会负责国际货运代理企业业务备案的具体组织实施工作。

1.1.4 国际货运代理行业的现状

1. 世界国际货运代理行业概况

世界范围内的国际货运代理行业的发展极不平衡。发达国家的国际货运代理行业代表了当今国际货运代理行业的发展水平，主要体现为制度比较完备，业务涉及世界范围，企业的规模比较大，网络比较健全，从业人员的素质较高，并设立跨国的分支机构。它们主要集中在西欧的发达国家和美国、日本、新加坡、韩国，法国有 2 000 多家，美国有 6 000 多家，日本有 400 多家，新加坡有 300 多家，韩国有 200 多家。发展中国家的国际货运代理行业发展比较缓慢，制度不够完备，国际货运代理公司多数规模较小，服务网点较少，人员缺乏培训，通常以本国业务为主，市场竞争能力较差。

2. 我国国际货运代理行业概况

我国国际货运代理行业是从 20 世纪 80 年代中期起步的，随着对外开放步伐的加快而迅速发展。1983 年，中国只有 1 家国际货运代理企业，至 2004 年 7 月 1 日，全国经审批的货运代理企业就有 5 012 家。还有一大批没有取得一级代理资格，但实际从事货运代理业务的公司和组织，据业内人士估计，全国大约有 3 万家。这些企业遍布全国各省、自治区、直辖市，分布在 30 多个部门和领域，国有、集体、私营、外商投资、股份制等多种经济成分并存，已经成为我国对外贸易运输事业的重要力量。目前，我国 80%的进出口贸易货物运输和中转业务及 90%的国际航空货物运输业务都是通过国际货运代理企业来完成的。

尽管我国国际货运代理企业数量不少，但其整体实力和管理水平与世界先进水平还有很大的差距。从整体上来讲，货运代理行业的现状可以用“小、少、弱、散”4 个字来概括。所谓小，就是经营规模小，资产规模小；所谓少，就是服务功能少，专业人才少，有效的营销手段少；所谓弱，就是竞争力弱，融资能力弱；所谓散，就是服务质量参差不齐，经营秩序不规范，缺乏有力的网络支持和网络分散。

1.1.5　国际货运代理行业的发展趋势

1．公司间的并购成为企业提升竞争力的重要手段

从世界范围来看，国际货运代理企业大规模并购日趋普遍。例如，美国国内最大的重件货空运货运代理——EAGLE 公司收购了已有 102 年历史的美国老牌货运代理 CIRCIE 公司，新公司在全世界将拥有 400 多个办事处和 8 000 名员工，年营业额将超过 15 亿美元。通过此次并购，EAGLE 公司由国内承运人一跃成为世界领先的国际货运代理企业。另外，美国联邦快递公司拟耗资 12 亿美元，收购 American Freightways 卡车货运公司，预估两公司合并后的每年营业额将达 16 亿美元。

2．货运代理企业正在向第三方物流企业发展

国际货运代理业从报关行业发展而来，距今已有上百年，属于传统服务业中运输业的子业。随着全球经济一体化的趋势，跨国公司在全世界范围内进行的物质交换活动日益频繁，运输的需求由原来的“港到港”运输发展到“门到门”；由原来的海、空、陆等运输方式发展到多种运输方式综合应用的物流服务。由此，国际货运代理行业的服务范围也延伸到服务对象的整条供应链的各个环节。例如，马士基物流在全球范围内为宜家家居公司负责仓储、运输、进口分拨、上货架、库存管理，通过专业的物流服务减少宜家家居公司的物流成本。实际上，诸如 DANZASAEI、PANALPINA、MSAS、K&N 等业界领先货运代理公司正处在或已经完成了向物流公司的转变，还有越来越多的公司也在着手公司业务的转型，以满足客户不断发展的多层次需求。

3．信息技术被广泛应用在业务的各个领域

如果说几年前，通过国际货运代理公司的因特网网址查询自己的货运单动态还是十分时髦的，那么今天，几乎所有规模较大的货运代理公司都提供了网上追踪的功能，有的甚至提供了网上打印提单、网上订舱、网上支付运费、网上库存管理、网上供应链管理等增值服务，这些实际上是靠数据库技术和互联网技术的高速发展来支撑的。由此，更多的货运代理公司意识到，未来运输服务的竞争实质上已成为信息服务的竞争，能否率先掌握和运用新技术已成为决定成败的关键。

4．“知识型货运代理”概念已经被业内人士提出

国际货运代理公司的业务已经深入到企业的供应链中，除了提供一般的海、陆、空运输服务外，还要根据客户的行业特点、成本目标、生产流程、供应链网络等信息提供一体化的物流解决方案。因此，国际货运代理业涉及的业务内容已发展到精益化生产、供应链管理、业务流程再造、企业资源计划等，对员工的知识层次、知识广度、信息技术应用水

平有了更高的要求。优秀的国际货运代理的核心业务将逐渐转变为高附加值的咨询服务，而低附加值的物理操作将转包给其他企业。从这个角度来看，“知识型货运代理”将是国际货运代理业未来发展的趋势。

5．国际货运代理的作用

由于国际货运代理企业一般有着广泛的客户资源，熟悉国际贸易的各个环节，通晓运输业务，熟悉相关的法律、法规，信息资源丰富，与相关部门的交往密切，所以它可以为货主和承运企业带来时间上和经济上的利益。其作用主要表现在以下几个方面。

（1）为发货人服务。货运代理具有专门的知识和技能，能争取以最迅速、最安全、最经济的方式实现货物的合理运输。货运代理代替发货人承担货物运输不同阶段的任何委托手续，为客户安排货物、包装，选择航线、船舶、航次，提供仓储、运输、集装箱的拼箱、分拨、货物交接、到港提货、报关、三检、订舱托运，代收代付各种费用等，并与运输有关方保持联系，跟踪货物运输全过程。

（2）为承运人服务。货运代理人以合理的价格向承运人及其代理订舱，并将货物安全交接，代收海运费及其他附加费。国际货运代理可提高专业承运人的规模经济效益，因为国际货运代理常常将小批量货物集中到发运地，便于整合运输，并且缩短了专业承运人发出货物的时间，减少货物在专业承运人处的储存时间，提高了作业效率。

（3）为港口服务。港口是货物运输链中的重要节点。货运代理为运输的正常进行适时提供离港货源，按时提取到港物资，完成货物及单证的正常交接，协助港船方做好集装箱管理工作，大大地加快了港口的工作效率，加大了港口的吞吐量。

（4）为海关服务。当货运代理作为货主代理，办理有关进出口商品的海关手续时，他不仅代表他的客户，而且必须与海关当局通力合作，负责在法定的单证中申报货物确切的金额、数量和品名，以使政府的税收不受损失。

1.2　国际货运代理企业的类型与业务范围

1.2.1　国际货运代理企业的类型

国际货运代理企业从事与国际货物运输相关的业务。从目前我国国际货运代理行业的实际情况和发展的趋势出发，可以对国际货运代理企业进行如下划分。

1．国际货运代理企业

国际货运代理企业是指接受进出口货物的收、发货人的委托，代为办理国际货物运输及相关业务，并收取相关服务费用的企业，简称货运代理企业。货运代理企业本身不是货物的承运人，而是货主与承运人的中间人。货运代理企业通过为货主提供安排运输、仓储、安排接货、货物的集装和分拨、办理相关手续、代为保险、代为报关报检等服务项目获得运费的差价、佣金和服务费等利益和报酬。

根据我国的有关规定，国际货运代理企业必须在商务部或地方外贸管理部门办理备案手续后方可经营。目前我国货运代理企业主要从事海上运输代理业务、航空运输代理业务、国际陆路（铁路、公路）运输代理业务和国际多式联运业务。由于国际货物运输主要是通过海运和空运来完成的，海运代理业务和空运代理业务占了货运代理业务的绝大多数。货运代理企业通过自己的特长和优势获得优惠的运价，既为货主提供服务，也为自己获取利益。

（1）国际海上运输代理业务。由于海运的成本相对低廉，目前世界上80%的国际货物运输都是通过海运完成的。因此，海运代理业务占了货运代理业务的大部分，其主要从事国际集装箱货物和件杂货运输代理业务。从事海运代理业务，必须掌握国际海运的航线地理知识，熟悉与海上运输和进出口业务相关的法律、法规和国际公约，熟悉船舶的航运知识、船舶和码头的货物装载知识、集装箱知识、运价和各种附加费用的有关规定等。

（2）国际航空运输代理业务。国际航空运输的速度快、安全及时、运输环节少，因而被越来越多的企业所采用。一方面，客户为了运送那些价值昂贵的货物、鲜活商品、易腐和季节性强的商品，往往选用航空运输；另一方面，由于国际贸易竞争的激烈，货主为了把握商机，争取高利润，也普遍采用航空运输来提高自己的竞争力。从事空运代理业务，必须掌握国际航线和各国的航班情况，熟悉与航空运输和进出口业务相关的法律、法规和国际公约，熟悉各类机型和装载知识，会计算各类航空运费，并懂得如何合理地组织运输，以利于节约运输成本。

（3）国际陆路（铁路、公路）运输代理业务。国际陆路（铁路、公路）运输代理业务虽然不是国际货运代理的主要业务，但因其运输便捷、运量大、成本低、受气候影响比较小等，有时也有相当的市场，特别是在与内陆地区连接的大陆桥运输和联合运输中起到了很大的作用。从事国际陆路（铁路、公路）运输代理业务的企业必须掌握国际陆路运输的相关业务，熟悉铁路、公路的主要干线，熟悉有关铁路、公路的运输和货物的装载知识，了解集装箱的相关知识等。

（4）国际多式联运业务。国际多式联运是20世纪80年代兴起的一种国际货运运输方式，通过两种以上的运输方式将多程运输交由一个承运人来完成，把传统的海—海、空—空、陆—陆单一运输有机地结合起来，为客户提供经济、安全、合理、迅速、简便的运输服务。国际多式联运业务有别于传统的代理业务。国际多式联运的经营人虽然可能没有运输工具，但其还是以承运人的角色为客户提供服务，不但要承担代理人的责任，而且要承担国际货物运输人的责任。国际多式联运企业不仅需要熟悉代理业务，还必须熟悉有关承运人的业务知识。

2．船舶代理企业

船舶代理企业是指接受船舶所有人的委托，代办与船舶有关的一切业务的企业。船务代理业务范围很广，主要包括船舶进出港业务、货运业务、船舶供应和船舶服务方面的业务及其他服务性业务等。

根据我国的有关规定，船舶代理企业必须经交通部批准方可经营。船舶代理企业主要分为两类：船务代理企业和订舱代理企业。在国际货运代理业务中，船舶代理企业主要从事的是船舶的订舱业务。我国的国际货运代理企业中，有些企业背靠船公司，有船公司的优先订舱权，且可以代为承运人签发承运合同，实际上这些货运代理企业就扮演着船舶代理的角色。

3．无船承运人

无船承运人是指在国际货物运输中的契约承运人，而不是完成运输的实际承运人。国际货运代理企业进入运输领域，开展单一方式运输或多式联运业务时，由于与委托人订立运输合同，并签发自己的运输单证（FCT、FBL 等），对运输负有责任，因而已经成为承运人。但是，由于他们一般并不拥有或掌握运输工具，只能通过与拥有运输工具的承运人订立运输合同，由他人实际完成运输，他们实际的角色是自己不完成运输任务，但要承担订立货物运输合同的责任。

4．第三方物流经营人

第三方物流的概念目前还不明确，但其本质就是通过运用各种信息技术，将传统的仓储、运输、装卸、包装等货物流动的活动系统化、专业化。第三方物流作为国际货运代理的一种发展方向，可以看做国际货运代理业务的延伸和拓展，实际上就是将传统的货运代理和新的增值服务结合起来，以降低货物的流通成本，为客户提供便捷、低廉的服务，经营人自己通过服务的延伸获取更多的利润。

第三方物流经营活动由于业务范围的扩大，涉及的服务领域和项目也在增加，经营人的责任和风险也随之增大。第三方物流经营人在我国属于起步和发展阶段，其名称和业务的范围并没有一个明确的界定。

1.2.2　国际货运代理企业的业务范围

国际货运代理企业的业务范围是相当广泛的。具体到某个国际货运代理企业的经营范围，应以其经营许可证上核准的业务范围为准。不管是哪一类国际货运代理企业，它们都经营相似的业务。

1．国际货运代理的主要业务范围

（1）以代理人身份从事海、陆、空进出口货物的报关、报验代理及保险等业务。

（2）以中介人、代理人或经营人身份从事海、陆、空货物的租船、订舱及运输组织等业务。

（3）以多式联运经营人身份从事多式联运业务。

（4）以第三方物流经营人身份从事物流服务业务。

2．国际货运代理的具体业务

作为不同的代理人，国际货运代理的具体业务也有所不同。

（1）作为出口货物发货人的代理人，其业务内容通常可以划分如下：① 为出口商（发货人）选择运输路线、方式和适当的承运人并争取优惠运价；② 为货主和选定的承运人之间安排揽货并办理订舱，如为集装箱运输办理订舱；③ 从货主存货地点提取货物送往指定的港站；④ 根据信用证条款和有关主管部门的规定填制各种相关单证；⑤ 办理包装、计量、存储及保险等有关事宜；⑥ 办理出口结关手续并负责将货物交付承运人；⑦ 支付运费，收取正本提单并交发货人；⑧ 安排货物转运；⑨ 记录货物残缺、灭失情况；⑩ 协助发货人向有关责任方进行索赔；⑪ 提供货运信息和咨询服务。

（2）作为进口货物收货人的代理人，其业务内容通常可以分为以下项目：① 向收货人通报货物动态；② 接受和核查有关货运单据，支付运费并提货；③ 办理报关、纳税、结关等相关手续；④ 向收货人交付已清关的货物，并进行结算；⑤ 必要时协助收货人向有关责任方办理索赔事宜。

（3）作为出口货物承运人的代理人，其业务内容如下：① 回复托运人关于陆运车辆班次、海运船舶船期、空运飞机航班、运价、运输条件等相关事宜的查询；② 承揽货物，组织货载，接受托运人的包车、租船、包机、订车、订舱要求，与之洽谈并签订运输合同；③ 填写、缮制货物入仓、进站、进港、进场单据或集装箱、集装器放行单，安排货物入仓、进站、进港、进场或装箱；④ 协助承运人或车站、码头、机场进行车辆、船舶、飞机配载，装车、装船、装机；⑤ 审核车站、码头、场站汇总的货物清单，缮制货物出口运单、提单等单证，并向海关申报集装箱、集装器、货物情况；⑥ 向航次租船的船舶承租人签发滞期或速遣通知；⑦ 向托运人签发运单、提单，收取运费、杂费；⑧ 办理货物、集装箱的中转手续；⑨ 汇总出口货物运输单据，审核有关费用、费收，办理支付、结算手续；⑩ 向委托人转交货物运输文件、资料，报告出口货载、用箱、费用、收费情况；⑪ 向货物的目的地车站、港口、机场承运人代理传送货物运输文件、资料，传递运输信息。

（4）作为进口货物承运人的代理人，其业务内容如下：① 取得、整理、审核进口货物运输单据；② 向收货人或通知人传达货物到站、到港、运抵信息，通知其提货；③ 填写、缮制进口货物运输单据，办理集装箱、集装器、货物进口申报手续；④ 通知、协助车站、港口、机场安排卸货作业；⑤ 安排集装箱的拆箱，货物的转运、查验、交接；⑥ 收取运费、杂费及其他相关费用，办理放货手续；⑦ 汇总进口货物运输单据，审核有关费用，办理支付结算手续；⑧ 承运人委托的其他事项。

（5）作为独立经营人，其业务内容通常划分如下：① 在货物的起运地或其他地点与托运人或其代理人办理货物的交接手续，签发收货凭证、提单、运单；② 确定运输方式、运输路线，与实际承运人、分包承运人签订货物运输合同；③ 安排货物运输，跟踪、监管货物运输过程；④ 必要时，对装载货物的集装箱进行保险，对货物的运输投保承运人责任险；⑤ 通知在货物转运地的代理人，与分包承运人进行联系，申办货物的过境、换装运输手续，办理相关事宜；⑥ 定期向发货人、收货人或其代理人发布货物位置、状况信息；⑦ 在货主提出要求时，安排货物的中途停运；⑧ 通知收货人或其代理人货物运抵目的地的时间，安排在货物目的地的代理人办理通知提货、交货手续；⑨ 向货主或其代理人收取、结算运费、杂费；⑩ 办理货物的索赔、理赔手续。

（6）作为专业顾问，其业务内容通常包括以下几项：① 向客户提供有关法律、法规、规章、惯例和运输信息；② 就货物的运输路线、运输方式、运输方案提出意见和建议；③ 就货物的包装、装载形式、方式、方法提出意见和建议；④ 就货物的进出口通关、清关、领事、商品检验、动植物检疫、卫生检验要求提供咨询意见；⑤ 就货物的运输单证和银行要求提出意见和建议；⑥ 就货物的运输保险险种、保险范围等提供咨询意见；⑦ 就货物的理赔、索赔提出意见和建议。

相关链接

货运代理与第三方物流

货运代理可以被称为第三方运输，是承运人与货主之间的第三方；而第三方物流则是生产者和消费者之间的第三方，所以基本上是一种中间人的概念。货运代理开展的是货物运输组织与管理业务，而第三方物流企业开展的是物流系统或供应链的组织与管理活动，当然，运输是其主要业务之一。货运代理企业是我国物流业的先驱，可以通过组织变革，向物流业拓展，发展成为第三方物流企业。

1.3 国际货运代理企业的经营规范

1.3.1 我国国际货运代理的管理体制

1. 我国国际货运代理行业管理体制的形成

新中国成立以后，我国政府决定对对外贸易和外贸运输实行国家垄断经营，以维护国家的利益，独立自主地发展我国的外贸事业。从1950年起，国家组建了专营外贸运输代理业务的中国对外贸易运输总公司（以下简称外运公司），隶属于外贸部。

改革开放以后，为了适应我国对外贸易迅速发展的需要，国务院在广泛调查研究的基础上，进一步确定了对外贸运输实行船、货分开，按行业归口管理的原则。同时，为了解决长期计划经济时期形成的船、货管理部门管得过死，缺乏竞争与活力的问题，国家决定“放开货运代理、船代，允许多家经营，鼓励竞争，以提高服务质量”。货运代理行业已由过去的独家经营，变为现在国有、中外合资、中央、地方等各类货运代理企业多家竞争的局面。

2. 我国国际货运代理行业管理体制的规范化

近年来，我国对外贸易领域立法工作的步伐明显加快，特别是在货运代理行业的管理方面，结束了无法可依的历史。现行的货运代理管理体制符合我国国情，其科学合理性在于：第一，国际货运代理业服务于外贸，货运代理企业维护进出口商的利益，这一行业特性始终没有变化；第二，是由货运代理企业和承运企业这两个不同利益主体的代表者这一对立统一的关系所决定的。实践表明，这两个行业只有在独立存在与公平竞争的社会环境下才能得到健康发展。我国始终坚持这两个行业的独立运行和政府的分别管理，既反映了经济发展与社会分工的客观要求，又符合国际惯例关于形成权力的制衡与市场竞争机制的原则。改革开放以来，这一体制对于促进我国对外贸易事业的持续、高速发展起到了重要作用。

1.3.2 国际货运代理的权利和义务

1. 国际货运代理的权利

国际货运代理企业的主要业务是接受货主的委托，代理货主完成国际贸易中的货物运输任务，货主是委托方，货运代理是代理人。根据我国《合同法》的有关规定，国际货运代理主要有以下权利。

（1）为客户提供货物运输代理服务，获取报酬。

（2）接受委托人支付的因货物的运送、保管、投保、报关、办理汇票的承兑和其他服务所发生的一切费用。

（3）接受委托人支付的因货运代理不能控制的原因，致使合同无法履行而产生的其他费用（如果客户拒付，国际货运代理人对货物享有留置权，有权以某种适当的方式将货物出售，以此来补偿所应收取的费用）。

（4）接受承运人支付的订舱佣金。

（5）按照客户的授权，可以委托第三人完成相关代理事宜。

（6）接受委托事务时，由于货主或承运人的原因，致使货运代理受到损失，可以向货主或承运人要求赔偿损失。

2．国际货运代理的义务

国际货运代理的义务是指国际货运代理在接受委托后，对自己的代理事宜应当从事或不应当从事的行为，以及在从事货运代理业务中与第三人的行为或不应当从事的行为。国际货运代理企业一旦与货主（委托人）签署合同或委托书，就必须根据合同或委托书的相关条款为委托人办理委托事宜，并对在办理相关事宜中的行为负责。归纳起来其义务分为两类：对委托人的义务和对委托事务相对人的义务。

（1）对委托人的义务。国际货运代理企业在从事国际货运代理业务的过程中，对委托人的义务主要表现在：① 按照客户的指示处理委托事务；② 亲自处理委托人委托的事务；③ 向委托人如实报告委托事务进展情况和结果；④ 向委托人移交相关财物；⑤ 就委托办理的事宜为委托人保密；⑥ 由于自己的原因，致使委托业务不能按期完成或使委托人的生命财产遭受损失时，进行赔偿。

（2）对委托事务相对人的义务。国际货运代理企业从事国际货运代理业务，在办理委托人委托的事务过程中，必然与外贸管理部门、海关、商检、外汇管理等国家管理部门和承运人、银行、保险等企业发生业务往来，国际货运代理企业在办理相关业务中还必须对其办理事务的相关人负责。其义务主要体现在：① 如实、按期向有关的国家行政管理部门申报；② 如实向承运人报告货物情况；③ 缴纳税费，支付相关费用；④ 由于货主或货运代理本身的原因，致使相关人的人身或财产遭受损失的，负责赔偿。

1.3.3　国际货运代理的责任

国际货运代理的责任是指国际货运代理作为代理人和当事人的责任。

1．作为代理人的责任

国际货运代理作为纯粹的代理人，通常应对其本人及其雇员的过错承担责任，其错误和疏忽主要包括：① 未按指示交付货物；② 尽管得到指示，办理过程中仍然出现疏忽；③ 报关有误，运往错误的目的地；④ 未能按必要的程序取得再出口（进口）货物退税；⑤ 未取得收货人的货款而交付货物；⑥ 对其经营过程中由于国际货运代理的责任，造成第三人的财产灭失或损坏或人身伤亡承担责任。

2．作为当事人的责任

国际货运代理作为当事人是指在为客户提供货运代理服务中，以其本人的名义承担责任的独立合同人。他应对因履行国际货运代理合同而雇用的承运人、分货运代理的行为或不行为负责。

在这种代理中，国际货运代理与客户接洽的是服务的价格，而不是收取代理手续费。特别当国际货运代理以经营人的身份提供多式联运服务时，作为国际货运代理的标准交易条件中的纯粹代理性质的条款就不再适用了。其合同义务受其所签发的多式联运提单条款的制约，即使此时国际货运代理本人并不拥有船舶或其他运输工具，也将作为多式联运经营人，对全程负责，承担如同承运人的全部责任。

1.3.4　国际货运代理的免除责任

国际货运代理的免除责任又称免责，是指根据国家法律、国际公约、运输合同的有关规定，责任人免予承担责任的事由。国际货运代理与承运人一样享有免除责任。

对于国际货运代理，其免除责任通常体现在国际货运代理标准交易条件或与客户签订的合同中，归纳起来主要包括以下 7 个方面。

（1）客户的疏忽或过失所致。

（2）客户或其代理人在搬运、装卸、仓储和其他处理中的疏忽或过失所致。

（3）货物的自然特性或潜在缺陷所致，如由于破损、泄漏、自燃、腐烂、生锈、发酵、蒸发或由于对冷、热、潮湿的特别敏感性所致。

（4）货物的包装不牢固、缺乏或不当包装所致。

（5）货物的标志或地址错误或不清楚、不完整所致。

（6）货物的内容申报不清楚或不完整所致。

（7）不可抗力所致，如战争、海啸、飓风等灾害造成的货物的灭失。

需要说明的是，尽管有上述免责条款的规定，国际货运代理仍须对因其自己的过失或疏忽而造成的货物灭失、短少或损坏负责。

另外，委托人在国际货运代理向其征询有关业务或处理意见时，应当及时予以答复，对要求国际货运代理所做的工作也应及时给予各种明确的指示。如因指示不及时或指示不当而造成损失，国际货运代理不承担任何责任。

案例分析

有关货物描述的责任

1. 品名差错会引起不良后果吗？

我国某公司与日商签订了一份出口素色绒的合同，但国外开来的信用证上把品名误写为“考花”。我方为了使单证相符，将错就错，将所有单据上的品名都按“考花”制作。

请问：我方的处理办法是否可行?

分析：我方的这种“将错就错”的做法，实现了“单证相符”，凭信用证及有关单证到银行议付时，银行不会提出异议，故可以顺利结汇。但该货在到达目的港后，进口商报关时，会遇到麻烦。因为海关在接受申报后，要对货物进行检验，届时会发现“货物与单证不符”，轻则罚款，重则将货物没收，甚至会对进口商以走私罪论处。因此，在本案中我方的正确做法是发现错误后及时通知对方修改信用证，并在接到银行修改信用证通知书后，再按正确的品名制作单据，向银行议付。

2. 数量不一致怎么办（一）？

某外贸公司向国际商会寻求证实：《跟单信用证统一惯例》第 39 条是否适用措辞为“××吨鱼，每条鱼平均重量为 200～250 克”的信用证？这里的“平均”一词是否可视为第 39 条所说的“类似的词语”，从而可以有 10% 的增减幅度。

分析：“平均重量”不能被视为《跟单信用证统一惯例》第 39 条所说的“类似的词语”。在本案中已经给出了每条鱼“200～250 克”的重量幅度，这个范围非常明确，是不能违反的。

3. 数量不一致怎么办（二）？

某出口公司向菲律宾出口一批自行车，共计 5 万辆，合同规定规格为 28 英寸的自行车 3 万辆，规格为 26 英寸的自行车 2 万辆。后来国外开来的信用证上注明的却是规格为 28 英寸的自行车 4 万辆，规格为 26 英寸的自行车 1 万辆。但该出口公司仍按原合同规定，将 3 万辆规格为 28 英寸的自行车和 2 万辆规格为 26 英寸的自行车装运出口。

请问：该出口公司的做法是否可行?

分析：该出品公司的做法是不妥当的。在信用证交易条件下，开证行只受信用证条款的约束而与原贸易合同完全无关，开证行只有在“单据符合信用证规定”的情况下，才会履行付款责任。该出口公司的做法必然导致在议付时，因单证不符而遭拒付。正确的做法是在收到信用证后，立即通知开证申请人改证，或者重新商定规格比例。

4. 怎样理解“尽快装运”？

某银行 2011 年 3 月 15 日开出信用证，通知行于同年 3 月 21 日收到并传递给受益人。信用证中对装运期限的规定为“尽可能快地装运”。受益人按要求尽可能快地租了船期为 4 月中旬的船只，签发了 4 月 5 日的提单。

请问：这种做法是否可以?

分析：信用证不应使用表达模棱两可的装运期限制。根据《跟单信用证统一惯例》第 46 条 b 款规定，不应使用诸如“迅速”、“立即”、“尽快”之类的词语。如果已经使用这类词语，银行可不予理会。因此，只要在信用证有效期内装运，都符合规定。

5. 装船日期以哪个为妥?

某信用证上规定装船日期为2011年2月10日，而该信用证所附的货品明确表上又规定装船日期为同年2月20日（明细表未经开证银行签名），在此种情况下，究竟以哪个装船日期为准?如果于2月10日装船，银行是否会拒付?

分析：卖方收到开证行寄来的信用证后，应仔细审查，如果发现互有矛盾之处，应迅速向开证行提请澄清或修改。就本例来说，因为信用证所附货品明细表虽未经开证行签名，但已构成该信用证的一项确凿的内容，为避免以后的麻烦，卖方应以其中规定较早者作为装船期限。

6. 议付日应为哪一天?

2011年7月1日，某外国银行开立一张信用证，中国有关银行于同日收到，并于同日通知受益人，信用证规定有效期在两个月内议付有效。

请问：最晚议付日期为哪一天?

分析：本案例中，最晚议付日期应理解为8月31日。根据《跟单信用证统一惯例》第42条c款规定，议付日期应按开证行开证日为起算日，即7月1日起算，在两个月内交单议付。

7. 信用证规定装运日期与合同规定的不一致怎么办?

我国某公司与国外公司签订了一份购买1 200吨松香的合同。合同规定应1个月前通知装运期，但我方于某日突然收到外方的信用证。信用证要求装船日期为即日起7天内。而外方和开证行均未预先通知我方。在如此短的时间内备货、订舱及装运，对我方来说难度极大。然而，我方并未立即要求外方延长装运期。我方通过市场分析后发现，松香的价格正在暴跌。很显然，外方想通过开立以上的信用证将违约责任推到我方身上。认识到这一点后，我方全力以赴，按时将货物装运完毕并得以顺利结汇。

请问：我方的做法对不对?

分析：如果信用证中某条款与合同中规定的不一致，但完全能满足信用证的要求，就可以接受信用证的这项条款，但应在合同中做相应的更改。不难设想，如果该公司要求改证，延长装运期，买方毫无疑问将予以拒绝，使信用证过期。买方还有可能控告出口人不履行合同而要求出口人赔偿其损失。

8. 如果有效期延长，装运期也顺延吗?

某信用证规定交单议付有效期为2011年5月10日，最后装运期为4月30日，并规定提交单据的特定期限为运输单据签发日后10天内。后来信用证修改延展装运期至5月10日，交单议付有效期延展至5月20日。出口方实际于5月16日提交5月5日签发的提单向银行办理议付，这样是否可以?

分析：本案例中，原信用证明确规定单据提交日的特定期限为运输单据签发后 10 天内，这个期限并未改变，故 5 月 16 日交单已超过 5 月 5 日签发提单日后 10 天的期限，即使未超过信用证有效期（5 月 20 日），银行也不能接受。

复习思考题

选择题

（1）国际货运代理企业可以作为进出口货物收货人、发货人的代理人，也可以作为独立经营人，从事国际货物（　　）。

A. 运输代理业务　　B. 贸易代理业务

C. 出口代理业务　　D. 进口代理业务

（2）国际货运代理不仅可以简化国际贸易程序，降低（　　），还可以改善外汇收支平衡状况。

A. 仓储成本　　B. 运输成本　　C. 出口成本　　D. 进口成本

（3）由于海运的成本相对低廉，目前世界上（　　）的国际货物运输都是通过海运完成的。

A. 60%　　B. 70%　　C. 80%　　D. 90%

（4）无船承运人是指在国际货物运输中的（　　），而不是完成运输的实际承运人。

A. 契约代理人　　B. 合同人　　C. 名誉承运人　　D. 契约承运人

（5）国际货运代理的义务是指国际货运代理在接受委托后，对自己的代理事宜应当从事或不应当从事的行为，以及在从事货运代理业务中与（　　）或不应当从事行为。

A. 第三人的行为　　B. 运输的行为　　C. 服务的行为　　D. 合同人的行为

简答题

（1）我国对国际货运代理的定义是什么？

（2）中国国际货运代理协会的宗旨和业务范围是什么？

（3）国际货运代理的作用主要体现在哪些方面？

（4）国际航空运输协会的宗旨是什么？

（5）国际货运代理主要有哪些权利？

实训题

谁应承担货物的灭失责任

A是广州市的一家货运代理公司，B是深圳的一家进口公司，C是湖南省的一家工业供销公司。C公司于某年某月某日持B公司致A公司的信件，向A公司办理8吨化工原料进口的代理手续，并随函附有按CIF条件缮制的进口合同副本一份，在该合同的副本上有B公司的业务员手书注明收货人名称、地址、电话、联系人及用卡车运至某地某库的字样。

事隔3个月后，货物从国外运抵广州，于是A公司向C公司发出进口到货通知书，在通知书的注意事项第5条内注明“货运内地加批加保由货运代理统一办理”。

A公司办好进口报关、纳税等事项后，以自己的名义委托广州市一家具有合法运营权的车队（以下简称承运人）将货物运往合同副本上指定的某地某库。不料在运输途中驾驶员违章操作，与另一辆卡车相撞后造成车货俱毁。

事后，C公司以A公司转交他人运输又未履行加保为由，向A公司提出索赔。A公司以造成货损是承运人的责任而拒赔。双方经多次协商未果，最后C公司向法院起诉。

原告C公司称：“我公司委托A公司办理货物到港后的一切手续，并将货物运至某地某库。双方既已确定委托运输关系，即受到法律保护。但被告方擅自转交第三者运输又未履行加保手续，结果导致货物灭失，理应负赔偿责任。”

被告A公司称：“该业务系根据B公司的信件而受理的，只与B公司建立了法律关系，原告只是这笔业务的收货人，两者之间没有法律关系。货物灭失的责任在承运人，原告在向B公司购买货物时，理应知道国内段的运输风险已转至自身，原告自己没有转移风险，又未委托他人代为转移，理应自行承担风险。进口到货通知书注意事项第5条规定，凡集装箱进口货物在港口拆箱转运内地的货物统一由我方公司代办加批加保手续。但该条不适用于本案。因广州人保的‘特别条款’的加批加保并不包括CIF条款，CIF条款系在国外投保。”

法院判决如下。

（1）原告C公司与B公司之间是购销关系，货到广州后货物所有权即归C公司所有。至于货物从广州究竟转运至何地，B公司无权过问。

（2）C公司持B公司的信件与被告联系有关事宜，被告填送进口到货通知书，办理委托运输，并将货物用卡车运往某市，应视为被告已接受原告的委托。

（3）被告接受委托后应负责将货物安全运抵目的地，货物在运输途中灭失，且不具备免责条件（即不是自然灾害或不可抗力事件），理应负责赔偿原告的损失。

（资料来源：杜学森，律宝发. 国际货运代理实务［M］. 北京：中国劳动社会保障出版社，2006.）

问题

我们应从本案中吸取哪些教训？

分析点评：一是在运输中要注意安全；二是在开展货运代理业务时要通过合同的形式明确双方的权利和义务，以避免发生不必要的纠纷。

第2章 国际货运代理人

本章学习目标

- 了解国际货运代理行业管理的主要法律依据；
- 掌握代理行为的定义及其法律特征；
- 掌握中国国际货运代理的管理。

2.1 代理行为概述

2.1.1 代理行为的定义及其法律特征

1．代理行为的定义

代理是一种民事法律关系。代理行为是指代理人根据法律规定或受被代理人（委托人）的委托，在授权范围内以被代理人的名义与第三者订立合同或其他经济法律行为，而其法律后果则由被代理人承担和享有的行为。

2．代理行为的法律特征

（1）代理行为是以被代理人的名义进行的。代理人只有以被代理人的名义进行代理行为，才能为被代理人设定权利和义务。以被代理人的名义就意味着代理行为的法律后果归属于被代理人。如果代理人以自己的名义为法律行为，此种行为即为代理人自己的行为而非代理行为。

（2）代理行为必须是具有法律意义的行为。通过代理人进行的行为，必须是能发生法律上权利或义务的行为，即能产生法律后果的行为。例如，代理被代理人签订合同、履行债务或进行诉讼等。

（3）代理人在代理权范围内独立为意思表示。代理行为是法律行为，而意思表示则是法律行为的核心。代理人在代理活动中，根据授权范围和实际情况，有独立进行意思表示的权利，即有权自行决定如何向第三人为意思表示，或者是否接受第三人的意思表示。

（4）代理行为的法律效果直接归属于被代理人。代理人在代理权限内所为行为在法律上视为被代理人自己的行为，故代理行为虽然发生于代理人与第三人（相对人）之间，但其行为的效果直接达于被代理人。也就是说，由代理行为所设定的权利或义务直接由被代理人承受，其中也包括代理人在执行代理任务中所造成的损失责任。

3．代理的适用范围

代理的适用范围非常广泛。无论是公民还是法人，均可以通过代理人代为法律行为或其他有法律意义的行为，以实现自己的权利和履行自己的义务。但是，代理并不是对任何法律行为或具有法律意义的行为都能适用的，对具有严格的人身性质的行为，如立遗嘱、婚姻登记、收养子女等不能代理；对具有严格的人身性质的债务，如约稿、预约演出等也不能代理。代理活动主要包括以下 3 个方面。

（1）代理进行各种法律行为，如代为买卖、租赁、承揽、运送、借贷、履行债务等。

（2）代理履行某些财政、行政方面的义务，如代办法人登记、专利申请、商标登记及纳税等。

（3）代理进行诉讼行为。

2.1.2　代理的形式和代理双方的责任

1．代理的形式

代理有以下 3 种形式。

（1）法定代理。法定代理是指以法律的直接规定为根据而发生的代理。法定代理主要是为无行为能力和限制行为能力的人设定的代理。

（2）指定代理。指定代理是指直接根据国家主管机关的行政命令或法院的指定而发生的代理。国家主管机关或人民法院用命令及指定的方式为他人指定代理人的行为，是以国家法律或政策的规定为根据的，故指定代理实属法定代理的范畴。依法被指定的代理人如无正当理由，不得拒绝。

（3）委托代理。委托代理也叫委任代理，是指以被代理人的委托（委任）为根据而发生的代理。委托代理是因被代理人的授权行为而发生的代理关系，这种代理关系通常也称为意定代理。被代理人作为授权的意思表示一般采用书面形式，既可由被代理人根据自己的意思向代理人提出授权委托书，也可由代理人事先拟订适用于不特定多数委托人的代理业务章程，被代理人可以就其中规定的某项业务，以书面形式向代理人提出代理要求。

不论是由被代理人的授权委托书还是由被代理人根据代理业务章程规定的某项业务提出的代理要求，都必须经代理人同意，代理关系才能确立。而且，不论哪种形式的委托，都应明确被代理人对代理人的授权范围、代理的期限、代理的事项及代理报酬的支付方法等内容。代理关系成立后，被代理人有权撤销其委托，委托人也有权辞去其受任，但应事先通知对方，以免对方或第三方因此而遭受损失。特别是在默示授权的条件下，被代理人不但应将终止授权的意思表示通知代理人，还应通知有关的第三方。

2．代理双方的责任

（1）代理人的责任包括以下几个方面。

1）按照代理人合同的规定和委托人的指示负责办理委托事项，在委托人授权范围内行事。

2）如实汇报一切重要事宜。

3）负责保密。代理人在代理合同有效期间，不得把代理过程中得到的保密情报和重要资料向第三者泄露。

4）如实向委托人报账。代理人有义务对因代理业务而产生的一切费用提供正确有效的账目并向委托人报账。

（2）委托人的责任如下。

1）及时给予代理人明确、具体的指示。除按照代理合同规定办理外，委托人要求代理人做好应做的事项，必须及时给予明确、具体的指示，以便代理人照此执行。尤其对代理人征询某项工作的处理意见时，委托人必须及时答复，如由于指示不及时或不当造成损失，代理人是没有责任的。

2）支付费用和补偿。委托人必须支付代理人由于办理代理事项而产生的有关费用，除非代理合同另有规定，代理人日常业务管理费用，因已有佣金酬劳，不能包括在费用账内向委托人报账。一般的做法是由委托人事先汇付给代理人一笔备用金，代理完毕后由代理人向委托人报账，多退少补。此外，由于委托人的责任给代理人造成经济上损失的，一般应由委托人给予补偿。

相关链接

货运代理越权处理货物案

2009年6月，A化学品公司从巴西购买了544吨高压聚乙烯，于同年8月11日运抵我国上海港。同时，A化学品公司委托B货运代理公司在上海港代为提货，并在提货后将货物存放于保税仓库内待售。B货运代理公司接受委托后，A化学品公司即将提单、装箱单和发票等单据交给了B货运代理公司，B货运代理公司凭这些单据提取544吨高压聚乙烯后存放于上海海关监管仓库，并通知C化学品公司在2个月内将货物提走，及时清关。由于货物一时不能售出，一直未予清关。直至2010年5月24日和6月2日，C化学品公司才先后通过电传和传真通知B货运代理公司，称其已签署发货信给其客户香港恒达贸易商行和香港百利国际贸易公司，如果这两位客户前来提货，须付清货款或由 C 化学品公司再次书面确认后才能发货。

2010 年 6 月 6 日，香港恒达贸易商行出具了保证向 C 化学品公司付清货款的保函，以及某贸易集团公司与香港恒达贸易商行签订的进口高压聚乙烯合同副本和要求提货的介绍信后，在未征得 C 化学品公司同意的情况下，B 货运代理公司即将总计重量为 244 吨的高压聚乙烯以单价 1 840 美元的要约，让香港恒达贸易商行将货提走。但香港恒达贸易商行未向 C 化学品公司付款，货物的正本提单仍在 C 化学品公司处。C 化学品公司发现该批高压聚乙烯被提走后，即向 B 货运代理公司要求赔偿。双方经协商不能达成一致意见，C 化学品公司遂向法院提起诉讼。B 货运代理公司认为其是为了帮助 C 化学品公司清关，才让客户将 244 吨高压聚乙烯提走的。C 化学品公司未按我国《海关法》的规定在 3 个月内申报清关，因此 C 化学品公司对此损失也有一定的责任。

上海市中级人民法院认为：C 化学品公司委托 B 货运代理公司代为提取 244 吨高压聚乙烯并存放于保税仓库，后又要求 B 货运代理公司须在收到其客户的货款或 C 化学品公司的再次确认放货函后才能放货，B 货运代理公司接受了 C 化学品公司的委托，代为保管该批货物，双方是委托保管法律关系。但由于 C 化学品公司未能及时销售货物，不能在规定时间内清关，B 货运代理公司为帮助 C 化学品公司尽早清关，在未收到 C 化学品公司客户货款的情况下，违背 C 化学品公司的指示，将 244 吨高压聚乙烯放走，致使 C 化学品公司未能收到该批货物的货款，遭受了重大经济损失。B 货运代理公司超越代理权的行为，侵犯了 C 化学品公司的合法权益，B 货运代理公司应承担赔偿损失的民事责任。

本案中，C 化学品公司与 B 货运代理公司之间实际上是委托代理的法律关系，根据我国《民法通则》第 66 条规定，没有代理权、超越代理权或代理权终止后的行为，只有经过被代理人的追认，被代理人才承担民事责任。未经被代理人追认的行为，由行为人承担民事责任。本案中 B 货运代理公司的行为是一种明显的越权代理行为，在委托人拒绝追认的情况下，其应对自己的行为承担责任，并应赔偿因此给委托人造成的损失。

2.1.3　代理的选择和使用

代理工作的好坏直接关系到委托人的利益，所以在选择代理时应该非常慎重，即使在建立关系以后，仍然要不断地对代理进行考核和督促，以维护委托人的利益。

选择代理并与之建立关系前，必须对选择对象进行全面的调查研究，可以通过直接接触和侧面了解进行。直接接触可以请进来，也可以与代理进行面对面的接触，实地了解代理的情况；侧面了解一般可以通过在外机构、当地商会、银行及咨询公司等进行。在摸清代理的基本情况后，往往还需要进行试用考核，确定代理在各方面符合要求后，才能与之建立代理关系。如果拟作为长期代理或独家代理使用，则考核时间需要更长一些。所以，一个代理关系的形成、建立和保持，是在长期业务合作、互相信任的基础上产生的。选择代理人时，要考核的条件很多，但一般需要考虑以下 3 个条件。

1. 政治背景和合作态度

代理的政治背景和合作态度是建立和保持代理关系的基础。因此，首先必须遵照国家外交外贸方针政策，选择政治可靠、对委托人友好并能合作共事的代理，才能处处为委托人着想，维护委托人的利益。

2. 业务能力和工作质量

能否按时、按质、按量完成代理业务，很大程度上取决于代理的业务能力和工作质量，仅有良好的合作态度而缺乏业务能力的代理是无法担负委托任务的。

3. 资信和经营作风

各种各样的代理中不乏商业道德败坏、经营作风恶劣，像皮包商之类的代理，故代理的资信和经营作风是衡量选择代理是否忠实可靠的重要因素。

2.2 国际货运代理人概述

2.2.1 国际货运代理人的产生

国际货物买卖大都远隔重洋，买卖双方必须借助海、陆、空等不同的运输方式和不同的交通工具才能实现货物的流动。货主为了货物的安全、运输便捷、节省费用、降低成本，要广泛收集交通运输方面的信息，但事实上，绝大多数单纯经营国际贸易的货主，限于人力、物力，很难做到这些。而且往往由于对某一环节的疏漏或不谙办理有关的手续而事倍功半，甚至造成经济损失。针对这一情况，在国际货物运输领域产生了很多从事代理业务的代理行或代理人。它们接受委托人的委托，代办各种运输业务并按提供的劳务收取一定的报酬，即代理费、佣金或运费。随着国际贸易和运输的发展，这种运输代理行业也迅速广泛发展起来。当前，代理行业已渗透到运输领域的各个角落，成为国际货物运输行业不可缺少的重要组成部分。

国际上从事代理业务的代理人一般都已经营运输多年，精通业务、经验比较丰富，而且熟悉各种运输的手续和规章制度，与交通运输部门及贸易、银行、保险、海关等有着广泛的联系和密切的关系，从而有条件为委托人代办各种运输事项。代理人熟悉当地情况，与各方面有密切关系，往往比人地生疏的委托人自己去办更顺利，虽然要花些酬金，但委托人可以从代理提供的服务中得到补偿，这就是代理行业之所以产生并获得迅速发展的一个重要原因。

[CASE] 案例分析

提单快件丢失

2009 年 5 月 16 日，贵阳某货运代理空运部（以下简称贵阳货运代理）从 A 银行贵阳分行接收空运快件一份，次日发出，运输单据号为 POD045016，经广东某运输公司空运部（以下简称广东空运部）中转至香港代理 FRC。

事隔两个月后，A 银行贵阳分行于 7 月 18 日通知贵阳货运代理：A 银行香港分行一直未收到 POD045016 号快件，请查询。贵阳货运代理立即打电话请广东空运部帮助查询。经查询，5 月 19 日广东空运部收到该快件，并于次日转发香港。于是，贵阳货运代理直接发电传给香港代理，得到的答复是：POD045016 号快件经查未收到。接着香港代理部主任打来电话说："POD045016 号快件可能丢失，因当时接受快件，后来核对清单，待输入电脑时才发现 POD045016 件没有了，责任在我方，我方已于 5 月底通知广东空运部，请他们转告你部该快件已无法找回。"

至此，该快件确认丢失。在迫不得已的情况下，贵阳货运代理于 7 月 20 日告知 A 银行贵阳分行 POD045016 号快件丢失。此快件系该省 B 集团的商务文件，内有 A 银行结汇单证、海运提单正本等单证。

对此，A 银行贵阳分行提出，提单是有价单证，受法律保护，提单的关系人，除了承运人和托运人之外，还有收货人、提单持有人等。而提单对不同的人有不同的作用，承运人利用提单保护其自身的利益；托运人将提单视为货物已为承运人收讫的收据；提单持有人可凭提单提取单上所列货物。此外，结汇单证丢失则无法办理结汇手续，尚有贷款及利息等问题。

B 集团则提出，该批货物为铝土，已在湛江装船海运，预计 6 月底、7 月初抵达美国本赛德港，结汇票据 32 万美元，重量 9 325 公吨。货物到达美国后，因收货人无法提货而产生了压港费、滞报金及结汇、利息等。另外，万一正本提单落入他人手中，可能会造成更大的损失，贵阳货运代理将承担什么责任?

为避免和减少损失，维护货运代理的信誉，贵阳货运代理与 A 银行、B 集团共商解决措施如下：由贵阳货运代理与承运人上海 C 轮船有限公司联系，报告提单丢失的情况，了解轮船航程，并要求配合。值得庆幸的是，船舶因途中出现故障停航修理，预计 7 月底才能抵达目的港，这一重要信息为挽回损失赢得了宝贵的时间。于是，B 集团马上通知收货人，并向其说明情况，A 银行贵阳分行重新补单，通知对方结汇银行。贵阳货运代理邀请 B 集团一起前往上海，与 C 轮船有限公司商量有关重新补签提单、重发快件事宜。就这样，从 7 月 19 日至 7 月 23 日，贵阳货运代理往返于 A 银行、B 集团，多次与广东、香港和上海联系，经过 5 天紧张的补救工作，终于办好了一切手续，于 24 日将一套全新的单证快件发往美国。

思考：该案例对我们有哪些启发？

分析点评：从事快件业务要有一种使命感。本案中幸运的是货物运输船舶在行驶途中出现故障，抵达目的港的时间比预期晚一个月，从而未产生严重后果。试想，如果船舶抵达目的港，因无收货人提取货物而产生压港费、滞报金，收货人因未收到正本提单提不到货，以致延误时机导致退货，发货人无法结汇，带来利息及运费的损失，甚至货物一旦落入他人手中（即被其他提单持有人提走），其后果将不堪设想。作为这次事件的直接责任者——贵阳货运代理，不仅要承担赔偿责任，更重要的是自己的声誉将受到很大的影响。此次事故虽最终得以补救，但业务人员切不可存在侥幸心理，一定要严格按照有关规定办事，避免业务脱节，发现丢失现象。一旦出现问题，应果断采取措施力争挽回损失，确保运输质量。

2.2.2　国际运输代理的主要类型

按照代理业务的性质和范围的不同，运输代理行业主要分为船务代理、货运代理、租船代理和咨询代理四大类。

1．船务代理

船务代理是指船务代理企业或代理人接受海运承运人（船舶所有人、船舶经营人或承租人）的委托，在授权范围内代表委托人办理与在港船舶有关的其他法律行为、代理行为。

船务代理人的代理权与其他代理权的产生一样，通过委托人与代理人签订委托代理协议，在代理人经营的业务范围内，由委托人委托和授权，代理人同意接受，船务代理关系即告建立。

2．货运代理

货运代理是接受货主的委托，代表货主办理有关货物报关、交接、仓储、调拨、包装、转运、订舱等的人，他与货主的关系是委托和被委托的关系。在办理代理业务中，他是以货主的代理人身份对货主负责，并按代理业务项目和提供的劳务向货主收取代理费。

货运代理的业务范围有大有小，有的兼办多项业务，如办理海、陆、空货运代理业务；有的则专办一项业务或两项业务，如空运货运代理、陆运货运代理、海运货运代理。较常见的货运代理主要有以下几类。

（1）租船订舱代理。这类代理与国内外货方有广泛的业务关系。

（2）货物报关代理。有些国家对这类代理应具备的条件规定较严。例如，美国规定此类代理必须向有关部门申请登记，必须是美国公民，并经过考试合格，发给执照才能营业。

（3）转运及理货运代理。其办事机构一般设在中转站及港口。

（4）储存代理。储存代理包括货物保管、整理、包装及保险等业务。

（5）集装箱代理。集装箱代理包括装箱、拆箱、转运、分拨及集装箱租赁和维修等业务。

（6）多式联运代理。多式联运代理又称多式联运经营人或无船承运人，是与货主签订多式联运合同的当事人。不管一票货物运输要经过多少种运输方式，要转运多少次，多式联运代理必须对全程运输（包括转运）负总的责任。无论在国内还是在国外，对多式联运代理的资格认定都比其他代理要严格一些。

3．租船代理

租船代理又称租船经纪人，是以船舶为商业活动对象而进行船舶租赁业务的人，他的主要业务活动是在市场上为租船人寻找合适的运输船舶或为船东寻找货运对象，他以中间人身份使船租双方达成租赁交易，从中赚取佣金。因此，根据他所代表的委托人身份的不同，租船代理又分为船东代理人和租船代理人。有些租船代理人还兼办船舶买卖、船舶代理业务。

4．咨询代理

咨询代理是专门从事咨询工作，按委托人的需要，以提供有关咨询情报、情况、资料、数据和信息服务而收取一定报酬的人。这类代理人不但拥有研究人员和机构，而且与世界各贸易运输研究中心有广泛的联系，所以收集信息非常迅速。诸如设计经营方案，选择合理经济运输方式和路线，核算运输成本，研究、解释法律规章及调查有关企业的信誉等，咨询代理均可根据委托，提供专题报告和资料情报。

实际上，各类代理人之间的业务范围划分得并不十分清楚，往往互有交错。例如，不少船务代理也兼营货运代理，有些货运代理也兼做船务代理的工作。在许多西方国家中，由于代理行业之间的激烈竞争和相互合并联营，代理行业越来越集中，逐渐向垂直垄断化发展，一些大集团通过资本渗透、合并和联营方式，把代理行业置于自己的控制之下，以获取超额利润。

2.3　中国国际货运代理的管理

2.3.1　货运代理的主要管理部门

本着促进国际货运代理行业健康发展、提高行业服务质量的宗旨，按照我国政府的有关规定，商务部和各省、自治区、直辖市、经济特区、计划单列市的政府商务行政主管部门对国际货运代理行业进行监督管理，按照行政职能设置商务部和在地方商务主管部门内设立国际货运代理行业的管理机构，具体管理全国或地区的国际货运代理行业的工作。其主要职能如下。

（1）制定和执行国际货运代理行业的政策、法规和规章。

（2）审批外商投资国际货运代理企业。

（3）主管国际货运代理企业备案工作。

（4）规范行业的经营行为和经营秩序，处罚违规行为。

（5）指导行业协会开展工作。

根据《中华人民共和国行政许可法》（以下简称《行政许可法》）和有关规章规定，国务院和地方商务主管部门赋予了中国国际货运代理协会和各地方行业协会部分行业的管理职能，主要体现在协调政府与国际货运代理企业的关系、企业的备案、企业的年审、业务人员的培训和行业自律等方面。

另外，国务院公路、水路、铁路、航空、邮政运输行政主管部门及联合运输行政主管部门，也在根据与本行业有关的法律、法规和规章对国际货运代理企业的设立及其业务活动进行着不同程度的管理。

目前我国对国际货运代理行业实行的是以商务部门为主、其他相关管理部门参与、行业协会自律的管理体制。

2.3.2 国际货运代理行业管理的主要法律依据

在我国，由于国际货运代理作为一个行业发展的历史不长，到目前尚无专门管理、规范国际货运代理行业的专门法律。但是，为了加强对国际货运代理行业的管理，规范企业的经营行为，全国人民代表大会、国务院及国务院的行政管理部门相继出台了一些法律法规和部门的规章。

到目前为止，国际货运代理行业管理的主要法律依据是：1995 年 6 月 6 日国务院批准、同年 6 月 29 日由原对外贸易经济合作部发布的《管理规定》和 1998 年 8 月 28 日原对外贸易经济合作部发布的《中华人民共和国国际货运代理业管理规定实施细则》（以下简称《实施细则》），以及原对外贸易经济合作部于 2002 年 12 月 21 日发布的《中华人民共和国外商投资国际货运代理业管理规定》和 2003 年 12 月 7 日商务部发布的《〈外商投资国际货运代理业管理规定〉补充规定》。

《管理规定》和《实施细则》明确了国际货运代理业的定义，规定了原对外贸易经济合作部是国际货运代理行业的业务主管部门，并对业务管理的方法和途径进行规范。在《管理规定》和《实施细则》中明确了国际货运代理企业的设立条件、审批程序、业务范围和对违规行为的处罚。由于《管理规定》和《实施细则》中有关国际货运代理企业的审批程序与后来的《行政许可法》相冲突，从 2004 年 5 月 19 日起《管理规定》和《实施细则》中的有关国际货运代理企业经营资格审批的规定不再执行。

根据《管理规定》和《实施细则》的规定，设立国际货运代理企业必须具备固定的经营场所、必要的营业设备和一定数量的专业人员。国际货运代理企业最低注册资本为：经营海上国际货运代理业务的企业，最低注册资本限额为 500 万元人民币；经营航空国际货运代理业务的企业，最低注册资本限额为 300 万元人民币；经营陆路国际货运代理业务或者国际快递业务的企业，最低注册资本限额为 200 万元人民币。兼营两项以上业务（包括两项）的，注册资本最低限额为其中最高一项的限额。如果企业需要设立分支机构，每设立一个分支机构，应增加注册资本 50 万元人民币。

《中华人民共和国外商投资国际货运代理业管理规定》规定了外商投资国际货运代理企业的定义，外商投资国际货运代理企业的设立条件、审批程序、经营期限等问题。《〈外商投资国际货运代理业管理规定〉补充规定》允许中国香港、澳门地区服务企业在内地以合资、合作、独资形式设立国际货运代理企业，规定了此类企业的最低注册资本等问题。

由于我国对国际货运代理行业的管理存在着多头管理的现象，除商务部外，国务院和国务院其他行政管理部门也制定了相应的法规和规章，从不同的角度对国际货运代理行业和企业进行了不同程度的管理。如国务院颁布的《中华人民共和国国际海运条例》和交通运输部发布的《中华人民共和国国际海运条例实施细则》，对无船承运人和国际船舶代理经营者进行了界定，规定了无船承运人的申请资格、申请条件、审批程序、经营范围和无船承运人提单申请办法；明确了国际船舶代理企业及其设立分支机构的申请手续等规定。国家民航总局颁布的《中国民用航空快递业管理规定》明确了航空快递的定义，规定了经营航空快递业务企业的条件和审批程序。交通运输部、铁道部联合发布的《国际集装箱多式联运管理规则》规定了国际集装箱多式联运经营人的定义，经营集装箱业务企业的审批条件、审批程序和业务范围等。海关总署颁布的《中华人民共和国海关对报关单位注册登记管理规定》对报关单位的类别、登记注册许可、登记注册程序、报关行为内容等进行了明确的规定。国家质量监督检验检疫总局颁布的《出入境检验检疫代理报检规定》，规定了代理报检单位的注册登记、设立条件和报检的行为规范的具体内容。

2.3.3　提高货运代理企业从业人员的素质与公关揽货

在货主市场条件下，货主对货运代理的选择性增强。因此，货运代理再也不能等客上门，应不断提高从业人员的素质，加强公关意识。在日常工作中首先应对货主的心态有所了解，通常货主总是想物色服务态度好、工作质量高的货运代理，因为这样的货运代理不仅能顺利完成任务，而且能为货主减少麻烦，节省费用。因此，货主在选择货运代理时往往持慎重态度，通常要经过正面或侧面的调查了解，对基本上能符合要求的，才会与之建立委托关系。一般情况下，货主在选择货运代理时主要考虑以下 3 个方面的问题。

（1）货运代理的业务能力和工作质量。具体包括：货运代理是否精通运输方面的业务；有无高素质的专业人员，每年的业务量多少；与各有关部门的关系是否融洽；有无现代化的管理设施，如固定的营业场所、交通车、电话、电传、传真、计算机等。

（2）资信和经营作风。资信的好坏关系到货运代理能否雇用足够的得力职员，能否向银行融通资金和垫付运费，能否取得交通、商检、海关、银行等有关部门的信任。对于资金不足、人员短缺、责任心不强、掩饰错误、制造假账多收费和挪用客户资金、声誉不佳的货运代理，货主大都敬而远之。

（3）合作态度。有的货运代理业务能力虽强，企业规模也较大，但态度恶劣，官商习气十足，这样的货运代理容易引起货主的反感，而不愿与之合作；有的货运代理虽然态度良好，待人热情，但缺乏能力，出现难题时往往不能处理，对这类货运代理，货主也不敢与之合作。货主大都选择态度诚恳、作风稳健、有问必答、能力较强的货运代理与之建立委托关系，并能保持相对稳定的关系。

基于上述情况，货运代理企业应不断培训和教育从业人员注意以下事项，以谋求沟通，促进理解，加强协作。

（1）树立为货主提供优质服务的思想。这不是一句空话，而是要具体地体现在实际行动中和言谈举止上。例如，对货主要尊重，言谈中要讲礼貌，举止要文雅，衣着要整洁，要虚心听取货主的意见和建议，尊重货主的生活习惯，要微笑迎送，要克服感情上的机械性、勉强性，要使货主处处觉得受到了尊敬。

（2）开展“假如我是货主”的活动。感情是人际关系的基础，也是人际关系的调节器，因此在与货主交往中要建立感情，发展友谊，要理解货主、谅解货主、同情货主，要想货主之所想、急货主之所急，把货主的事当成自己的事去办，要克服那种机械地完成任务的雇用思想。

（3）要做货主的贴心人。要克服对货主漠不关心的现象，特别是对外地货主要嘘寒问暖，要关心货主的生活。例如，主动为他们安排食宿，提供交通方便，满足货主的一些要求，货主遇上难题时及时提供有关信息，为货主出谋划策，排忧解难。这也就是人们常说的“五心”：① 对待货主热心；② 接受意见虚心；③ 解答问题耐心；④ 处理问题细心；⑤ 帮助货主诚心。

（4）要做一位优秀的推销员，应具备以下素养。

1）要有健全的心态、整洁的仪表、亲切的微笑、富有弹性的能力。

2）要具有不怕碰壁的精神。

3）推销要具有量化的观念。推销商品并非易事，很难每笔都获得成功，往往要推销若干次才能做成一笔，因此有经验的推销员都将其推销工作量化。

4）要善于收集信息，了解客户资信，不断发展新客户。

5）要能唤起客户的需要，要具有说服别人的技巧。

6）永远不要与客户争辩。

7）要注意形体语言。

（5）开展公关活动。关于公关方面的工作很多，可谓五花八门，但主要的工作有以下几个方面。

1）刊登广告。广告不一定能制造顾客的需求，但可以提醒顾客的需求，往往可以收到一拍即合的效果。所以要根据自己的财力和物力，定期或不定期地利用一些宣传媒介刊登广告或散发宣传品，以增加企业的知名度，让顾客了解和熟悉企业，从而也有利于招揽货源。

2）定期拜访。对一些新老客户的经理和业务骨干，货运代理的负责人应亲自登门拜访或派代表拜访，以联络感情，增进友谊。

3）定期或不定期地举行座谈会。在业务往来中难免会出现这样或那样的问题，平时往往由于工作忙，难以及时接收客户的意见，如果定期或不定期地举行座谈会就可以为客户创造提出意见的机会，货运代理方面也可借此机会介绍一些情况，以增进了解，沟通感情。

4）赠送纪念品。凡与本企业有过业务往来的客户，逢年过节应赠送纪念品，以示关心。

5）邀请旅游。对于一些在业务上相对稳定的大客户，可选择适当时机邀请他们旅游，在陪同中不仅可以建立私交，还能趁机谈成一些生意。

相关链接

国际货运代理人员应具备的知识

（1）熟知地理知识、海运航线知识、航空航线知识。

（2）熟知不同类型运输方式对货物的适用性。

（3）了解不同类型的船舶对货物的适应性。

（4）熟知外贸、航运法规和国家有关进出口监管政策。

（5）熟练操作各种货物运输的单证，并确保其制作正确、清晰和及时。

（6）了解海关、商检的手续和港口作业流程。

复习思考题

选择题

（1）代理人只有以被代理人的名义进行代理行为，才能为被代理人设定权利和义务。以被代理人的名义就意味着代理行为的法律后果归属于（　　）。

A. 被代理人　　B. 代理人　　C. 第三人　　D. 货主

（2）按照代理业务的性质和范围的不同，运输代理行业主要分为船务代理、货运代理、租船代理和（　　）四大类。

A. 服务代理　　B. 咨询代理　　C. 运输代理　　D. 仓储代理

（3）目前我国对国际货运代理行业实行的是以（　　）为主、其他相关管理部门参与、行业协会自律的管理体制。

A. 运输部门　　B. 工商部门　　C. 商务部门　　D. 海关

（4）多式联运代理又称多式联运经营人或（　　），是与货主签订多式联运合同的当事人。

A. 承运人　　B. 代理人　　C. 报关人　　D. 无船承运人

（5）在货主市场条件下，货主对货运代理的选择性增强。因此，货运代理再也不能（　　），应不断提高从业人员的素质，加强企业的公关意识。

A. 等客上门　　B. 坐以待毙　　C. 送货上门　　D. 主动上门

简答题

（1）什么是代理行为？

（2）什么叫法定代理？什么叫指定代理？什么叫委托代理？

（3）代理人有哪些责任？

（4）货运代理管理部门的主要职能是什么？

（5）货运代理企业应培训和教育从业人员在工作中注意哪些事项？

实训题

谁应承担货物霉变的责任

A 省 B 公司从国外进口 150 吨可可豆，共计 3 000 包。该批可可豆于 2010 年 6 月 16 日经海运运至上海，卸于九区，堆放在港区露天场地，下垫垫仓木板和草席，上盖双层油布。收货人于 2010 年 6 月 18 日书面委托上海 C 货运代理代办进口报关和铁路运输至 D 省 E 站 F 巧克力厂收货。货运代理接受委托后立即办妥报关、卫检、植检等有关的进口手续，并先后 24 次向铁路部门申报车皮计划。由于铁路运力紧张，车皮计划一直未批。货运代理及时通过电话向收货人通报了情况并建议改用水运。同年 8 月 16 日，收货人在电话中称请酌情处理。8 月 18 日，可可豆被装运至 J 省航运公司的驳船，于 29 日运抵 H 市，经向当地商检局申请品质检验，发现这批可可豆严重霉变，失去使用价值，已无法加工成成品。收货人多次找货运代理交涉，要求赔偿，未果。遂于同年 11 月向 H 市中级人民法院起诉。

法院认为，本案的关键是查明造成霉变的原因和有关方应承担的责任。

（1）作为收货人，理应深知该商品的特性。可可豆是易吸湿变质的商品，尤其在含水量超标和高温潮湿气候条件下更易霉变。因此收货人理应在货物到达口岸后立即向港口商检部门申请品质检验或委托代理申办，本案中收货人却是在两个多月后货到该省时，才向当地商检局申办，为时已晚，以致无法确定这批可可豆到港时其含水量是否超标。货到港后，一直未能出运，收货人既未派人员赴沪督运，又无函电催办，以致延误了决定改变运输方式的时间，使货物在港存放时间过长导致霉变。因此收货人负有责任。

（2）上海 C 货运代理在多次申请车皮未果的情况下，仅用电话通知收货人，而无书面的通知形式，因而难以认定其责任。上海 C 货运代理理应具有一定的商品保管知识，对这批货物应随时关心和注意其品质变化情况，并应及时提请港区职能部门采取措施。但该货运代理忽略了这方面的工作，因此对货物的严重霉变也负有一定的责任。

（资料来源：金乐闻，武素秋. 国际货运代理实务［M］. 北京：对外经济贸易大学出版社，2010.）

? 问题

如何保管好可可豆？

分析点评：一是在接收货物时要注意检测可可豆的水分，保证质量合格，保管时要注意通风减湿；二是采取低温、干燥的方法储藏；三是在保管中要勤检查，发现问题及时处理。

第3章

货运代理从业人员应掌握的外贸知识

本章学习目标

- ◆ 了解进出口贸易程序；
- ◆ 掌握国际贸易的基本概念与分类；
- ◆ 掌握相关国际贸易术语。

3.1 国际贸易的基本概念与分类

3.1.1 国际贸易的基本概念

国际贸易是指国家或地区之间所进行的商品、服务的买卖或交换。如以一个国家或地区为主体，其对另一些国家或地区所进行的商品、服务的买卖或交换即为该国或该地区的对外贸易。对于出口方来说，其所输出的商品和服务称为出口贸易；对于进口方来说，其所输入的商品和服务称为进口贸易。因此，对外贸易又称为进出口贸易或输出入贸易，也可统称为国际贸易。

3.1.2 国际贸易的分类

国际贸易的分类方法很多，常见的有以下7种。

1．按商品的形式不同划分

（1）有形商品的贸易（Visible Trade）。它是指有形的、可以看见的各种具体的商品贸易。

（2）无形商品贸易（Invisible Trade）。它是指运输、保险、金融、旅游、技术等无形的商品贸易。

（3）服务贸易（Service Trade）。它是从无形商品贸易发展演变而来的，是指一方为满足另一方的需要而提供的某种劳务。它除了无形商品贸易外，还包括电信、信息处理、咨询服务、建筑和工程承包等。

2．按货物移动的不同方向划分

（1）出口贸易（Export Trade）。将本国生产和加工的商品运往他国市场销售，叫做出口贸易或输出贸易。

（2）进口贸易（Import Trade）。将外国商品输入本国国内市场销售，叫做进口贸易或输入贸易。

输入本国的货物再出口时，称为复出口；反之，输出国外的货物再输入本国时，称为复进口。一国往往对同类产品既进口又出口，如果出口量大于进口量，叫做净出口；反之，如果进口量大于出口量，叫做净进口。

（3）过境贸易（Transit Trade）。甲国的货物经过丙国过境输往乙国，这对丙国来说，就叫过境贸易。例如，我国与尼泊尔的贸易，我国出口货物须通过印度转运，这对印度来说就是过境贸易。过境贸易又分为：① 直接过境贸易，指商品运到过境国后不存入该国的海关仓库而直接向另一国运去；② 间接过境贸易，指商品运到过境国后先存入该国的海关仓库，经过一个时期再运往另一个国家。过境贸易的过境国可获得许多收入，如运费、保费、装卸费、存仓保管费、佣金等。

3．按进出国境与进出关境的不同划分

（1）总贸易（General Trade）。这是以进出国境（Border）为标准划分进口贸易额和出口贸易额的一种统计方法，二者之和称为总贸易额。凡进入国境的商品一律列为进口，凡离开国境的商品一律列为出口。前者之和为总进口，后者之和为总出口。

（2）专门贸易（Special Trade）。这是以关境（Customs Line）为标准划分进口贸易额和出口贸易额的一种统计方法，二者之和称为专门贸易总额。许多国家都在国境内建有保税仓库（区），当外国商品进入国境后，暂存在保税仓库（区）不进入关境，则一律不列为进口。只有进入关境的商品才列为专门进口；离开关境的商品才列为专门出口。

一般来说，一国的总贸易额大于专门贸易额。联合国所公布的各国贸易额一般都要注明是总贸易额还是专门贸易额。

4．按贸易是否有第三者参加划分

（1）直接贸易（Direct Trade）。商品生产国与商品消费国不通过第三者而进行的贸易，叫做直接贸易。

（2）间接贸易（Indirect Trade）。间接贸易是相对于直接贸易而言的，即商品生产国与商品消费国通过第三国或地区所进行的贸易。

（3）转口贸易（Entrepot Trade）。商品生产国将商品销往商品消费国的过程中，由第三国转口商分别同生产国与消费国发生贸易关系，这对第三国来说就是转口贸易，又称为中转贸易（Intermediary Trade）。

5. 按清偿工具不同划分

（1）自由结汇方式贸易。在国际贸易中，如果以货币或票据作为清偿工具，叫做自由结汇方式贸易。

（2）易货方式贸易（Barter Trade）。在国际贸易中，如果以货物（经过计价）作为清偿工具，叫做易货方式贸易。记账贸易属于易货方式贸易的一种形式。

6. 按货物运送方式不同划分

（1）陆路贸易。这是指以陆路方式运送货物的贸易，其运输工具主要为火车、卡车等。

（2）海路贸易。这是指以海路方式运送货物的贸易，其运输工具主要为各种船舶。

（3）空运贸易。这是指采用航空方式运送货物的贸易。

（4）邮购贸易。这是指采用邮政包裹的方式寄送货物的贸易。

7. 按照贸易方式不同划分

（1）一般贸易。这是指日常逐笔售定的单边进口贸易或单边出口贸易（Unilateral Import or Export）。

（2）包销（Exclusive）。这是指出口人与国外（或地区）的包销商商定在一定的时期和一定的地区内，就一种或几种商品给包销商以独家销售的权利。包销商要在一定期限内购买一定数量或金额的商品，在指定的地区自行销售、自负盈亏。包销虽为售定，但与单边出口不同，双方当事人须事先签订包销协议。

（3）寄售（Consignment）。寄售是指寄售人（即卖方）先将货物运往国外，委托国外客户（即代售人）按照双方事先商定的条件在当地市场上代为销售。商品售出后所得货款由代售人扣除佣金和费用后汇付给寄售人。

（4）拍卖（Auction）。拍卖是由专营拍卖业务的拍卖行受货主的委托，在规定的时间和场所将货物卖给出价最高的买主。拍卖行向货主收取一定的费用或佣金作为报酬。拍卖已成为国际上颇具规模的一种贸易方式，每年通过拍卖交易成功的商品总额约占世界出口总额的5%～6%，个别商品所占比重更为突出，如水貂皮和澳大利亚的羊毛约占90%。

（5）加工贸易（Processing Trade or Improvement Trade）。加工贸易是以加工为特征的再出口业务，可分为3种。① 进料加工（Processing with Imported Materials），是指国内出口单位自筹资金购进原材料加工成成品出口，以赚取增值外汇。例如，进口优质棉花制成纺织品出口。② 来料加工（Processing with Given Materials），是指由国外客户提供全部或部分原料、辅料、包装物料，我方按照合同规定的质量（规格、色样）、数量，加工成成品，交付对方以赚取加工费用。③ 来件装配（Assembling with Provided Parts），是指由国外客户提供元件、零件及装配中必需的设备和技术，我方根据合同规定，按照图纸或样品组装成成品交付对方，以赚取组装费用。

（6）合作生产（Industrial Cooperation）。合作生产又称协作生产，是指由一方提供部分部件或主要部件，由另一方利用本国生产的其他配件组装成产品出口。配件价款可以从出口这种产品的货款中扣除。合作生产的产品一般都规定由部件提供方负责销售全部或一部分，也可协商由第三方销售。

（7）易货贸易（Barter Trade）。易货最早的做法就是以货换货。现代的易货贸易是在原先换货的基础上把等值的出口和进口结合起来，其范围和具体做法都较原先灵活方便。在交易对象上，既可双边，也可多边。在商品交换上，既可用一种商品交换对方等值的多种商品，也可用多种商品交换对方等值的一种商品；还可以等值的多种商品进行互换。在货款结算上，既可逐笔平衡，也可定期结算，综合平衡；既可现付，也可记账。在成交时间上，进口、出口可以同时成交，也可以有先有后。

（8）补偿贸易（Compensation Trade）。补偿贸易是一种不使用现汇而是在商品信贷的基础上由输出方（即卖方或甲方）提供技术、设备，引进方（即买方或乙方）在约定的期限内用商品分期偿还，直到还清所引进技术、设备的价款和利息为止的一种贸易方式。

（9）租赁贸易（Leasing Trade）。租赁贸易是指出租人将价值昂贵的大型机器设备，如大型电子计算机、石油勘探设备、起重运输设备、飞机、轮船、集装箱等，租给国际上需要使用这些设备的承租人，并收取租金的一种业务。租赁期限可长可短，一般都在 2 年以上，有的可长达 10 年、20 年。在此期间，设备的所有权仍属出租人，租用人只享受占有权和使用权。

（10）技术贸易（Technology Trade）。技术贸易是指技术输出方把某项技术或权利以交易的方式转让给引进方。技术贸易是从 20 世纪 60 年代发展起来的，现已成为国际上一项重要的贸易活动。

（11）边境贸易（Frontier Trade）。边境贸易是指相邻两国之间在接壤地区进行的小额贸易。近几年来，我国已开放了 97 个边境贸易口岸，批准经营边境贸易的公司已有 835 家，还有边民“一日游”等购物行为，每年约有 120 亿元人民币的贸易额。出口商品主要是纺织品、日用轻工业品、食品及家用电器等生活资料，进口商品主要是木材、化肥、钢材、运输工具等生产资料。

3.2 进出口交易程序

3.2.1 出口交易程序

1. 出口交易前的准备工作

出口交易前的准备工作主要有：编制出口计划，根据计划与生产供货部门进行衔接，落实货源，做好收购、进货、调运、储存和加工整理等项工作；通过各种渠道，对国外市场及客户情况进行调查研究，择优选择目标市场和物色交易对象；制定商品出口经营方案，分析国外市场特点、供求情况、价格趋势，从而确定销售意图、价格幅度、收汇方式和推销策略；建立客户关系和推销网，印刷样本，开展广告宣传；办理商标注册等。

2. 出口交易磋商

在做好交易前的准备工作后，便可通过书面或口头形式，对外磋商具体的出口业务。书面的形式就是通过函电往来进行谈判。口头的形式就是派人到国外去洽谈交易，或者邀请客商参加我国定期或不定期举行的交易会等，由买卖双方当面洽谈。无论是当面谈判还是函电磋商，一般都要经过询盘、发盘、还盘、接受等几个基本环节。其中发盘与接受环节缺一不可的。

3. 签订出口合约

通过磋商达成交易后，应签订销售合同（Contract）或售货确认书（Sales Confirmation），将交易洽商达成一致的内容以书面形式固定下来，作为约束双方的法律性文件。正本一式两份，经买卖双方签章后各执一份，作为合同成立的证据。在函电成交情况下，则由卖方将缮妥的售货确认书寄给买方，要求买方签退一份。合同主要内容一般包括：商品的品名、品质、规格、重量、数量、包装、价格、金额、交货期、保险、支付、检验、索赔、仲裁等条款，以及其他一些权利和义务。买卖合同的内容一般是双方交易磋商的内容，但有时合同的内容也可简略。

4. 履行出口合同

合同签订后，在法律上对缔约双方具有约束力。目前，我国的出口交易大多按 CIF 条件或 CFR 条件和信用证付款的方式对外成交。履行这类合同涉及的环节较多，包括备货、催证、审证、改证、租船订舱、发货、报验、保险（FOB 条件和 CFR 条件除外）、报关、装运。装运之后，我方应发装船通知并按信用证要求缮制单据，在信用证有效期内，交银行议付和结汇。如果在履约中出现问题，产生争议，可能还要索赔或理赔。

3.2.2 进口交易程序

进口贸易交易磋商的方式、程序和基本理论与出口交易磋商基本相同，只是由于在进口交易中，我方处于买方地位，其具体工作以及要求争取的条件和出口业务不太一致。我国进口业务大多数采用海洋运输方式，按 FOB 价格条件成交，支付条件大多数使用信用证方式。我国的进口交易程序大致如下。

1. 进口交易前的准备

进口交易前的准备工作主要有：市场调查、进口成本估算、申请进口许可证、安排订购市场、订购时间和选择交易对象、制定具体的进口方案。

2．进口交易洽商

在做好交易前的准备工作后，可根据进口物资的不同种类，采用不同的洽商方式。如果进口一般的物资，可采用函电洽商方式；如果进口机器设备包括技术转让内容，则可采用口头谈判方式洽商。

进口交易洽商的过程一般包括询盘、比价、还盘和接受等几个环节，其中询盘环节甚为重要。经过双方洽商，达成交易，即可签订合约。

3．签订进口合约

通过磋商达成交易后，应签订进口合约。进口合约的格式一般由我方备制。合约的形式主要有两种：一种是购货合同（Purchase Contract），另一种是购货确认书（Purchase Confirmation）。两者具有同样的法律效力。一般进口交易多使用购货确认书，数量较大或交易条件复杂的或机器设备包括技术内容的，则使用正式购货合同。进口合同与出口合同的内容基本相同。

4．履行进口合同

进口合同签订之后，企业要坚持“重合同、守信用”的原则，及时履行应承担的义务，以便圆满地完成进口任务。同时，也要督促对方按合同规定履约，并防止其拖延履约和毁约情况发生。

进口合同的履行一般应切实做好下列各项工作，即办理对外付款保证手续（一般为开立信用证）、租船订舱、催装、办理保险（在按 FOB 条件或 CFR 条件成交的情况下）、审单、付款和报关、接货及验收、拨交等，还须与国内订货单位结算货款和其他费用。如果货物到达后，经商检机构检验发现质量、数量、包装或其他方面有问题，须依据商检证书和其他单据对外进行索赔。

3.3　国际贸易术语

国际贸易买卖双方大都远隔重洋，货物从一个国家运送至另一个国家要经过许多关卡，办理各种手续，在运输途中又有许多环节，要支付不同的费用，承担各种风险。关于这些手续由谁来办理、费用由谁承担、风险如何划分等问题，买卖双方有时要经过较长的时间反复磋商，方能取得一致意见。这样不仅费时、费钱、费事，而且极易贻误时机。于是在长期的贸易实践中逐步形成了 FOB、CIF 等贸易术语以解决这些难题。贸易术语又称价格术语、价格条件、贸易条件，它是指用一个简短的概念或用这一概念的英文缩写来表示有关费用、责任、风险的划分和货物所有权转移的界限。

自从FOB、CIF两个贸易术语出现后，大大推动了国际贸易的发展，随后又相继出现了许多其他贸易术语。到20世纪20年代，一些国际性组织为了防止不同国家对一些贸易术语做出不同的解释，便呼吁对贸易术语做出具有通则性、规范性的解释，于是国际上先后出现了关于贸易术语的规定，主要包括以下几种。

3.3.1 《1941年美国对外贸易定义修订本》和《1932年华沙一牛津规则》

美国九大商业团体于1919年首先制定了《美国出口报价及其缩写条例》，1941年在美国第二十七届全国对外贸易会议上对该条例进行了修订并改名为《美国对外贸易定义修订本》，并一直沿用至今。该定义对ExPoint、Forigin、FOB、FAS、CLF、CIF、ExDock7种贸易术语进行了统一解释。

国际法协会1928年在华沙举行会议制定了《华沙—牛津规则》，1932年在牛津修订该规则，对CIF买卖合同的性质做了说明并规定了买卖双方所承担的责任、费用和风险。

3.3.2 《2000年国际贸易术语解释通则》

《国际贸易术语解释通则》（以下简称《通则》），英文名称为*International Rules for the Interpretation of Trade Terms*，缩写形式为INCOTERMS，它是国际商会为了统一对各种贸易术语的解释而制定的。最早的《通则》产生于1936年，国际商会为适应国际贸易实践的不断发展，先后于1953年、1967年、1976年、1980年和1990年进行了5次修改和补充。1999年9月国际商会又公布了《2000年国际贸易术语解释通则》（INCOTERMS 2000，以下简称《2000年通则》），成为国际商会第560号出版物，并于2000年1月1日起生效。

1. 对《通则》做历次修订的原因

对《通则》做历次修订的主要原因是为了使其适应当代的贸易实践。1980年修订是为了适应运输技术——集装箱运输和多式联合运输的发展；1990年修订是为了适应使用日益广泛的电子数据交换。鉴于《通则》在世界上已得到广泛的承认，国际商会为巩固其在世界范围内的权威，决定尽量避免改变。因此，在2000年的修订中，改动内容很少。

2. 《2000年通则》中的修改

（1）在FAS术语和DEQ术语下关于清关和支付关税的义务。

（2）在FCA术语下关于装货和卸货的义务。

《2000年通则》还做了一些形式上的改变：将买卖双方各自的10项义务，在编排上改为卖方义务和买方义务，逐项间隔排列，上下对照；在10项义务之首则标注“A卖方义务”

和“B 买方义务”，在每项具体义务前分别加注“卖方必须”和“买方必须”的词句。

3.《2000 年通则》对贸易术语的分类

《2000 年通则》将国际贸易中使用的贸易术语归纳为 13 种，并将这 13 种术语按不同类别分为 E、F、C、D 4 组。E 组只包括 1 种贸易术语——EXW；F 组包含有 FCA、FAS 和 FOB 3 种术语；C 组包括 CFR、CIF、CPT、CIP 4 种术语；D 组包括 DAF、DES、DEQ、DDU 和 DDP 5 种术语。

3.3.3　6 种常用贸易术语

《2000 年通则》中包含有 13 种贸易术语，但据统计，在实际业务中绝大多数合同都是采用装运港交货的 3 种术语，即 FOB、CFR 和 CIF。因此，人们习惯称这些术语为常用贸易术语。另外，根据《2000 年通则》的解释，FCA、CPT 和 CIP 这 3 种术语适用的运输方式更广，除了可用于水上运输方式外，还可用于其他各种运输方式。

1．FOB

（1）含义。装运港船上交货（Free on Board，FOB），是指当货物在指定装运港越过船舷时，卖方即完成交货。买方必须自该交货点起负担一切费用和货物灭失或损坏的风险。该术语适用于海运和内河运输。如果买卖双方不以越过船舷作为完成交货，则不宜采用这一术语，而应采用 FCA 术语。

（2）买卖双方的责任如表 3-1 所示。

（3）在使用 FOB 术语时应注意的问题。

1）“船舷为界”的确切含义。《2000 年通则》将 FOB 术语的风险划分界定为“装运港的船舷”。货物越过装运港船舷之后的一切风险和费用均由买方承担，但因为《2000 年通则》是一种惯例，它的规定并不是强制性的，在实际业务中买方往往要求卖方提供“已装船的清洁提单”。此时的风险界点已不在船舷，而是延伸至船上，这就意味着卖方必须负责在装运港将货物安全地装入船上，并承担货物装上船为止的一切灭失或损失的风险。

表 3-1　FOB 术语中买卖双方的责任

卖 方 责 任	买 方 责 任
交货（按合同规定）、移交单据	付款、接单、提取货物
办理出口清关手续、支付费用	办理进口清关手续、支付费用
	租船订舱、支付运费
	办理保险、支付保险费
承担货物越过装运港船舷之前的一切风险和费用	承担货物越过装运港船舷之后的一切风险和费用

2）船货衔接。按照 FOB 术语成交的合同属于装运合同，这类合同中卖方的一项基本义务就是按照规定的时间和地点完成装运。但 FOB 是由买方办理租船订舱的，这就存在一个船货衔接问题。因此，买方要与卖方保持密切联系，及时告知船名、船期及装运地以防船等货；卖方也应及时备货，按时按地装运，并向买方发出装船通知。

3）装船费用的负担问题。按照 FOB 的字面意思（船上交货），卖方要负责支付货物装上船之前的一切费用。但由于各个国家和地区在使用 FOB 术语时，对“装船”的概念没有统一、明确的解释，因此在装船作业的过程中涉及的各项具体费用，如将货物运至船边的费用，吊装上船的费用，理舱、平舱的费用等究竟由谁负担，各国的惯例或习惯做法也不完全一致。如果采用班轮运输，船方管装管卸，装卸费计入班轮运费，自然由负责租船的买方承担。而如果采用承租船运输，船方一般不负担装卸费用，这就必确明确装船过程中的各项费用应由谁负担。为此，双方往往在 FOB 术语后加列附加条件，这就形成了 FOB 的变形。

- FOB Liner Terms（FOB 班轮条件），是指装船费用按照班轮的做法来处理，即由船方或买方承担。采用这一变形，卖方不负担装船的有关费用。
- FOB Under Tackle（FOB 吊钩下交货），是指卖方承担将货物交到买方指定船只的吊钩所及之处的费用，而吊装入舱及其他各项费用概由买方负担。
- FOB Stowed（FOB 理舱费在内），是指卖方承担将货物装入船舱并承担包括理舱费在内的装船费用。理舱费是指货物入舱后进行安置和整理的费用。
- FOB Trimmed（FOB 平舱费在内），是指卖方承担将货物装入船舱并承担包括平舱费在内的装船费用。平舱费是指对装入船舱的散装货物进行平整所需的费用。

在许多标准合同中，为表明由卖方承担包括理舱费和平舱费在内的各项装船费用，常采用 FOBST 贸易术语，全称为 FOB Stowed and Trimmed。

FOB 的上述变形只是为了明确装船费用由谁负担。通常它们并不改变风险划分的界限，如果当事人有相反的意图，应在合同中加以具体规定。

4）《1941 年美国对外贸易定义修订本》对 FOB 的不同解释。以上有关 FOB 的解释都是按照国际商会的《通则》做出的，然而不同的国家和不同的惯例对 FOB 的解释并不完全统一，它们之间的差异体现在交货地点、风险划分界限及卖方承担的责任和义务等方面。例如，从纽约出口一批货物到上海，合同中的价格术语若为 FOB New York，那么我方派船去纽约港接货时，会发现接不到货，因为此时的货物被安放在纽约某内陆。原因是：如果买方要求在装运港口的船上交货，则应在 FOB 和港名之间加上“Vessel”字样，即“FOB Vessel New York”，否则卖方有可能在纽约市的内陆运输工具上交货。《1941 年美国对外贸易定义修订本》将 FOB 概括为 6 种，其中只有第 5 种是在装运港船上交货，其他 5 种皆为内陆交货。

即使都是在装运港船上交货，关于风险划分界限的规定也不完全一样。按照《1941 年美国对外贸易定义修订本》的解释，买卖双方划分风险的界限不是在船舷，而是在船上。但是，风险却都是在出口国的交货地点由卖方转移给买方，也就是说，货物在运输途中遭受损坏或灭失的后果概由买方承担。在费用负担上，《1941 年美国对外贸易定义修订本》规定，买方要支付卖方协助提供出口单证的费用和出口税，以及因出口而产生的其他费用。

2．CFR

（1）含义。成本加运费（Cost and Freight，CFR），该术语曾用“C&F”表示，《1990 年通则》将其国际代码改为 CFR。CFR 术语是指卖方必须支付将货物运至指定目的港所必需的费用和运费。但当货物在装运港越过船舷时，货物灭失或损坏的风险，以及由于货物已装上船后发生的事件而引起的额外费用，由买方承担。

（2）买卖双方的责任如表 3-2 所示。

表 3-2　CFR 术语中买卖双方的责任

卖 方 责 任	买 方 责 任
交货（按合同规定）、移交单据	付款、接单、提取货物
办理出口清关手续、支付费用	办理进口清关手续、支付费用
租船订舱、支付运费	
	办理保险、支付保险费
承担货物越过装运港船舷之前的一切风险和费用	承担货物越过装运港船舷之后的一切风险和费用

（3）使用 CFR 术语应注意的问题。

1）装船通知的重要性。按照 CFR 条件达成的交易，卖方需要特别注意的问题是，货物装船后必须及时向买方发出装船通知，以便买方办理投保手续。如果由于卖方未及时发出通知而使买方漏保，卖方就不能以风险在船舷转移为由免除责任。由此可见，尽管在 FOB 条件和 CIF 条件下，卖方装船后都应向买方发出通知，但 CFR 条件下的装船通知却具有更为重要的意义。

2）关于卸货费用的负担问题。按 CFR 术语成交的合同，卖方负责将合同规定的货物运往约定的目的港，并支付正常的运费。如果使用班轮运输，费用中已包括了装卸费用，故在装卸费的负担问题上不会引起争议。而在程租船运输的情况下，船方通常不负担装卸费用，这就需要买卖双方在合同中订明卸货费用由谁负担，以避免争议。为解决大宗货物的租船运输中的卸货费用负担问题，产生了 CFR 的变形。

- CFR Liner Terms（CFR 班轮条件），是指卸货费按班轮做法来处理，即买方不负担卸货费。

- CFR Landed（CFR 卸至码头），是指由卖方承担卸货费，包括可能涉及的驳船费。
- CFR Ex Tackle（CFR 吊钩下交接），是指卖方承担将货物从船舱吊起一直卸到吊钩所及之处（码头上或驳船上）的费用。船舶不能靠岸时，驳船费用由买方负担。
- CFR Ex Ship's Hold（CFR 舱底交接），是指船到目的港后，由买方自行启舱，并负担货物由舱底卸至码头的费用。

CFR 术语的以上变形只是为了解决卸货费用的负担问题，它们并不改变交货地点和风险划分的界限。如果当事人有相反的意图，也应在合同中加以具体规定。

3．CIF

（1）含义。成本、保险费加运费（Cost，Insurance and Freight，CIF），是指卖方负责按通常条件租船订舱、支付到目的港的运费，并在规定的装运港和规定的期限内将货物装上船，装船后及时通知买方。卖方还要负责办理从装运港到目的港的货运保险，支付保险费。

（2）买卖双方的责任如表 3-3 所示。

表 3-3　CIF 术语中买卖双方的责任

卖 方 责 任	买 方 责 任
交货（按合同规定）、移交单据	付款、接单、提取货物
办理出口清关手续、支付费用	办理进口清关手续、支付费用
租船订舱、支付运费	
办理保险、支付保险费	
承担货物越过装运港船舷之前的一切风险和费用	承担货物越过装运港船舷之后的一切风险和费用

（3）使用 CIF 术语应注意的问题。

1）CIF 属于“装运合同”。在业务上，有人误称 CIF 为“到岸价”，这只是单纯从价格构成上考虑。其实，按 CIF 条件成交时，卖方仍是在装运港完成交货，卖方承担的也是货物越过船舷之前的风险。还有，货物装船后产生的除运费、保险费以外的费用也要由买方承担。

2）保险险别问题。CIF 术语中的“I”表示“Insurance”，即保险。从价格构成来讲，这是指保险费，就是说货价中包括了保险费；从卖方的责任讲，卖方要负责办理货运保险。

但是，当货物在运输途中灭失或损坏，事后发生承保范围内的损失时，由买方凭卖方提交的保险单直接向保险公司索赔，至于能否索赔到手，卖方概不负责。由此可见，在 CIF 术语中，卖方办理货运保险是具有代办性质的，并且保险费一般都计入货价之中。办理保险须明确险别，险别不同，保险人承担的责任范围不同，收取的保险费率也不同。那么，按 CIF 术语成交时，卖方究竟应投保什么险别呢？一般的做法是，签订买卖合同时，在合同的条款中明确规定保险险别、保险金额等内容，这样卖方就应按照合同的规定办理投保。但如果合同中未能就保险险别等问题做出具体规定，按照《2000 年通则》对 CIF 的解释，卖方只需投保最低责任的险别。但在买方要求，并由买方承担费用的情况下，可加保战争险、罢工、暴乱和民变险等。

3）卸货费用负担问题。按照 CIF 交货条件，卖方负责将合同规定的货物运往合同规定的目的港，并支付正常的运费。如果使用班轮运输，由于卸货费用已计入班轮运费，卸货费自然是由负责运输的卖方负担。而如果使用租船运输，卸货费用就应通过 CIF 的价格变形来加以明确。CIF 的价格变形如下。

- CIF Liner Terms（CIF 班轮条件），是指卸货费用按照班轮的做法来办，买方不负担卸货费，而由卖方或船方负担。
- CIF Landed（CIF 卸至岸上），是指由卖方承担将货物卸到码头上的各项有关费用，包括驳船费和码头费。
- CIF Ex Tackle（CIF 吊钩下交接），是指卖方承担将货物从船舱吊起卸到船舶吊钩所及之处（码头上或驳船上）的费用。在船舶不能靠岸的情况下，租用驳船的费用和货物从驳船卸到岸上的费用，概由买方负担。
- CIF Ex Ship's Hold（CIF 船底交接），是指货物运达目的港后，自船舱底起吊直至卸到码头的卸货费用均由买方负担。

CIF 的变形也只是为了说明卸货费用的负担问题，并不改变 CIF 的交货地点和风险划分的界限。

4）关于象征性交货问题。在 CIF 条件下，当卖方提交了主要的货运单据（提单、保险单和商业发票）后，即算完成了交货义务，买方也是凭单付款。这种强调单款的对流的行为称做象征性交货，而与之相对应的实际交货则强调货款的对流。可见，在象征性交货方式下，卖方只要如期向买方提交了合同规定的全套合格单据（名称、内容和份数相符的单据），即使货物在运输途中损坏或灭失，买方也必须履行付款义务。反之，如果卖方提交的单据不符合要求，即使货物完好无损地运达目的地，买方仍有权拒付货款。

但是，必须指出，CIF 是单据买卖的说法并不意味着可以减轻卖方的交货义务。卖方履行其交单义务只是得到买方付款的前提条件，除此之外，卖方还必须履行交货义务。买方拥有审核装运单据、验收货物的权利，如果卖方提交的货物不符合要求，买方即使已经付款，仍可以根据合同的规定向卖方提出索赔。

4．FCA

（1）含义。货交承运人（Free Carrier，FCA），是指卖方必须在合同规定的期限内，在指定地点将经出口清关的货物交给买方指定的承运人监管，并负担货物交由承运人监管为止的一切费用和货物灭失或损坏的风险。

（2）买卖双方的责任如表 3-4 所示。

表 3-4　FCA 术语中买卖双方的责任

卖方责任	买方责任
交货（按合同规定）、移交单据	付款、接单、提取货物
办理出口清关手续、支付费用	办理进口清关手续、支付费用
安排运输、支付运费	
办理保险、支付保险费	
承担货交承运人控制之前的一切风险和费用	承担货交承运人控制之后的一切风险和费用

（3）使用 FCA 术语应注意的问题。

1）交货点和风险转移。由于 FCA 术语可适用于各种运输方式，它的交货点需按不同的运输方式和不同的指定交货点而定。《2000 年通则》将 FCA 术语下卖方如何完成交货义务概括为：如果交货点在卖方所在处所，则当货物被装上由买方指定的承运人的收货运输工具上后，卖方即完成了交货义务；如果交货点在买方所在处所，且在卖方的送货运输工具上（未卸下），则当货物被交由买方指定的承运人处置时，卖方即完成了交货义务。

2）买方安排运输。FCA 术语适用于各种运输方式，包括公路、铁路、江河、海洋、航空运输及多式联运。采用这一交货条件时，买方要自费订立从指定地点起运的运输契约，并及时通知卖方。如果买方有要求，或者根据商业习惯，买方没有及时提出相反意见，卖方也可按通常条件订立运输契约，但费用和风险要由买方承担。假如买方有可能较卖方取得较低的运价，或者按其本国政府规定必须由买方自行订立运输合同，则买方应在订立买卖合同时明确告知卖方，以免双方重复订立运输合同而引起问题和发生额外费用。如卖方不愿按买方的请求或商业惯例协助买方订立运输合同，也必须及时通知买方，否则可能会遗漏安排运输，也将引起额外费用和风险。

3）货物集合化的费用负担。由于在 FCA 术语下，卖方要承担完成交货义务之前所发生的一切费用，而货物大都采用集合化或成组化包装，如装入集装箱或托盘，因此卖方应考虑将货物集合化所需的费用也计算在价格之内。

5．CPT

（1）含义。运费付至（Carriage Paid to，CPT），是指卖方须支付货物运至指定目地的的运费。在货物交由承运人监管时，货物灭失或损坏的风险及其他额外费用即从卖方转移至买方。

（2）买卖双方的责任如表 3-5 所示。

表 3-5　CPT 术语中买卖双方的责任

卖 方 责 任	买 方 责 任
交货（按合同规定）、移交单据	付款、接单、提取货物
办理出口清关手续、支付费用	办理进口清关手续、支付费用
安排运输、支付运费	
	办理保险、支付保险费
承担货交承运人控制之前的一切风险和费用	承担货交承运人控制之后的一切风险和费用

（3）使用 CPT 术语应注意的问题。

1）保证买方及时办理保险。卖方将货物交给承运人后，应及时向买方发出货已交付的通知，以便买方能及时办理保险及在目的地受领货物。

2）风险划分的界限问题。按照 CFT 术语成交的合同，虽然卖方要负责订立从起运地到指定目的地的运输契约，并支付运费，但是卖方承担的风险并没有延伸至目的地。按照《2000 年通则》的解释，货物自交货地点至目的地的运输途中的风险由买方承担，而不是卖方，卖方只承担货物交给承运人控制之前的风险。

6．CIP

（1）含义。运费、保险费付至（Carriage and Insurance Paid to，CIP），是指卖方除了须承担在 CPT 术语下同样的义务外，还须为货物在运输途中灭失或损坏的买方风险取得货物保险，订立保险合同，并支付保险费。CIP 术语适用于任何运输方式。

（2）买卖双方的责任如表 3-6 所示。

表 3-6　CIP 术语中买卖双方的责任

卖 方 责 任	买 方 责 任
交货（按合同规定）、移交单据	付款、接单、提取货物
办理出口清关手续、支付费用	办理进口清关手续、支付费用
安排运输、支付运费	
办理保险、支付保险费	
承担货交承运人控制之前的一切风险和费用	承担货交承运人控制之后的一切风险和费用

（3）使用 CIP 术语时应注意的问题。

1）卖方办理保险问题。在 CIP 术语下，如果买卖双方事先未在合同中规定保险险别和保险金额，卖方只需按最低责任的保险险别取得保险，最低保险金额为 CIP 合同价款的 110%，并以合同货币投保。保险责任的起讫期限必须与有关货物的运输相符合，并必须自买方需负担货物灭失或损坏的风险时起开始生效，直至货物到达约定的目的地为止。

2）合理确定价格。与 FCA 术语相比，在 CIP 术语下卖方要负责办理从交货地至目的地的运输，承担有关的运费；办理货运保险，并支付保险费。这些都反映在货价之中。所以，卖方对外报价时，要认真核算成本和价格。在核算时，应考虑运输距离、保险险别、各种运输方式和各类保险的收费情况，并要预计运价和保险费的变动趋势等方面的问题。

3.3.4 其他贸易术语

1. EXW

Ex Works（...Named Place），即工厂交货（……指定地点），是指卖方在其所在处所（工厂、工场、仓库等）将货物提供给买方时，即履行了交货义务。EXW 术语适合于各种运输方式。

按 EXW 术语达成的交易，在性质上类同于国内贸易。因为卖方在本国的内地完成交货，他所承担的风险、责任和费用，也都局限于出口国国内，而不必过问货物出境、入境及运输、保险等事项，所以在他与买方达成的契约中可不涉及运输和保险问题。而且，除非合同中有相反规定，卖方一般无义务提供出口包装。

由此可见，按 EXW 术语成交时，卖方承担的风险、责任及费用都是最小的。在交单方面他只需提供商业发票或效力相等的电子数据，如合同有要求，才须提供证明所交货物与合同规定相符的证件。如买方不能直接或间接地办理出口手续，则不应使用本术语，而应使用 FCA 术语。

2. FAS

Free Alongside Ship（...Named Port of Shipment），即船边交货（……指定装运港），是指卖方在装运港将货物放置码头或驳船上靠船边，即完成了交货义务。如果买方所派的船只因港口吃水浅而不能靠岸，则卖方要负责用驳船将货物运至船边，仍在船边交货，但装船的责任和费用由买方来负担。FAS 术语通常被称做装运港船边交货，在这一术语后面要加注装运港的名称。使用 FAS 术语应注意以下问题。

（1）对 FAS 术语的不同解释

《通则》及《1941 年美国对外贸易定义修订本》对 FAS 术语的解释是有所区别的，前者认为 FAS 只适用于包括海运在内的水上运输，交货地点只能是在装运港；而后者认为 FAS 是“Free Along Side”的缩写，意指在各种运输方式下，卖方只要将货物交到运输工具旁即可。因此在与北美一些国家交易时，如要使用 FAS，且等同于《通则》中 FAS 的含义时，必须在 FAS 后面加上 Vessel 字样才表示“船边交易”。

（2）办理出口手续的问题。按《1990 年通则》的规定，FAS 术语下是由买方来办理出口清关的，但在实际操作中最普遍的做法都是由卖方来办理出口清关，而不是买方。《2000年通则》对此做了修订，把出口清关的义务交给了卖方。这一改动不但理顺了买卖双方办理报关的关系，而且也有利于开展业务。

3．DAF

Delivered At Frontier（...Named Place），即边境交货。采用 DAF 术语成交时，双方要在两国边境确定一个交货地点，并在 DAF 术语后面加以注明，卖方的基本义务是在规定时间将货物运到指定的交货地点，完成出口清关手续，并将货物置于买方的处置之下，即完成交货。使用 DAF 术语应注意以下问题。

（1）适用的运输方式。DAF 术语适用于各种运输方式，但主要用于铁路运输和公路运输。在采用铁路运输时，DAF 术语下的卖方可以从铁路方面取得货物运至最终目的地的全程联运单据，并安排有关的货物运输保险。但必须指出，卖方是在由买方负担风险和费用的情况下协助买方取得这种联运单据的。同样，卖方在边境交货以后的任何费用也需由买方负担。

（2）关于边境交货地点的问题。当边境上有几个可供交货的地点时，双方当事人应明确规定其中某一地点作为交货地点，并且在 DAF 术语之后列明，以免在履约时引起争执。如果双方在订约时未能就具体的交货地点做出明确规定，卖方有权自行选择最适宜的边境地点作为交货地点。

4．DES

Delivered Ex Ship（...Named Port of Destination），即船上交货（……指定目的港）。DES 通常被称做目的港船上交货。按这一术语成交时，在 DES 术语后面要注明目的港的名称，卖方要负责将合同规定的货物按照通常的路线和惯常的方式运到指定的目的港，并在规定的期限内，在目的港的船上将货物置于买方的处置之下，即完成交货。

前面提到 CIF 被误称为“到岸价”，其实它不是真正的到岸价，若海轮能够直接靠岸，DES 才是真正的到岸价。因为卖方要负责将货物安全运达目的港，在船上将货物实际交给买方才算完全交货。在 DES 条件下，卖方不仅要负担正常的运费、保险费，还要负担诸如转船、绕航等产生的额外费用，以及根据需要加保各种特殊附加险而支付的保险费。由此可见，DES 与 CIF 在交货地点、风险划分界限、责任和费用的负担等问题上都有区别。

5．DEQ

Delivered Ex Quay（...Named Port of Destination），即码头交货（……指定目的港），是指卖方将货物运至指定目的港的码头，未经进口清关，可供买方收取时，卖方即履行了交货义务。卖方承担在目的港码头完成交货之前的一切费用。DEQ 术语用做目的港码头交货术语，在 DEQ 术语之后要加注双方约定的目的港名称。

DEQ 术语要求买方办理进口清关，包括办理一切海关手续，并支付关税、捐税和进口时所需的其他费用。在办理进口手续的问题上，《1990 年通则》规定，在 DEQ 条件下通常由卖方负责办理进口手续，而《2000 年通则》改为由买方办理，如果买方要求卖方承担货物进口时支付某些费用的义务，则应在合同中写明。

6．DDU

Delivered Duty Unpaid(…Named Placed Destination)，即未完税交货(……指定目的地)，是指卖方将货物运至进口国的指定目的地，可供买方收取时，即履行了交货义务。DDU 术语适用于各种运输方式。

按照 DDU 术语成交，卖方应承担在进口国内的指定地点完成交货之前的一切费用，但不包括办理货物进口涉及的关税、捐税及进口时应缴纳的费用。买方承担受领货物之后所发生的一切费用，包括从目的港码头运往最终目的地的运输、保险和其他各种费用，以及办理货物进口涉及的关税和其他费用。

采用 DDU 术语时，如果进口国是属于结关困难而且耗时的国家，买方有时不能顺利地完成结关手续，这种情况下要求卖方承担按时在目的地交货的义务将有一定的风险。所以，作为卖方，在出口业务中采用 DDU 交货条件之前，应先了解进口国海关管理方面的情况，如果预计进口结关会遇到困难，则不应采用 DDU 术语。

7．DDP

Delivered Duty Paid (…Named Place of Destination)，即完税后交货 (……指定目的地)。按照 DDP 术语成交，卖方要负责将货物从起运地一直运到合同规定的进口国内的指定目的地，把货物实际交到买方手中，才算完成交货。DDP 术语适用于各种形式的运输。

DDP 与 DDU 属于同一类型的贸易术语。它们在交货地点上是相同的，即都是在进口国的内陆约定地点完成交货。两者的区别在于，DDP 条件下办理货物进口手续的责任和费用（包括进口税）全由卖方承担。另外，卖方要提交商业发票或效力相等的电子数据，自负费用向买方提交提货单或为买方在目的地提取货物所需的通常的运输单证。可见，DDP 条件下卖方所承担的风险、责任和费用是所有术语中最高的，所以 DDP 的价格也应该是最高的。

3.3.5 贸易术语的选择和运用

通过以上介绍，可以了解到贸易术语是用以确定价格构成和交货条件的专门用语。在交易磋商时，买卖双方从自身的利益考虑，都希望采用对自己有利的贸易术语。为了顺利执行合同和提高经济效益，选用贸易术语时应注意考虑以下几个因素。

1．贯彻平等互利、多创汇、少用汇原则

一般来说，在出口业务中，我国外贸企业应争取选用 CIF（CIP）术语，以便于船货的衔接，促进我国远洋运输和货物保险事业的发展，增加运费和保险费收入。在进口业务中，对于大宗买卖应争取选用 FOB（FCA）术语，可节省外汇运费和保险费支出，促进我国运输业和保险业的发展。但一切都应从实际出发，综合考虑，灵活选用贸易术语。在适当情况下，也可做一些让步。

2．货物特性及运输条件

不同类别的货物具有不同的特性，它们在运输方面各有不同要求，故安排运输的难易不同，运费开支大小也有差异，这是选用贸易术语应考虑的因素。此外，成交量的大小，也直接涉及安排运输是否有困难和经济上是否合算。当成交量太小，又无班轮通航时，负责安排运输的一方势必会增加运输成本，故选用贸易术语时也应予以考虑。

3．运价动态

运费是货价构成因素之一，在选用贸易术语时，应考虑货物经由路线的运费收取情况和运价变动趋势。一般来说，当运价看涨时，为了避免承担运价上涨的风险，可以选用由对方安排运输的贸易术语成交，如按 C 组术语进口或按 F 组术语出口。如因某种原因不得不采用由自己安排运输的条件成交，则应将运价上涨的风险考虑到货价中去，以免遭受损失。

4．运输条件

不同的贸易术语都有其所适用的运输方式，如 FOB、CFR、CIF 只适用于海运和内河航运，而 FCA、CPT 和 CIP 能适用于各种运输方式。目前集装箱运输和多式运输的广泛运用，使贸易术语的选用由以前传统的 FOB、CFR、CIF 发展为现在的 FCA、CPT 和 CIP，其原因有两个：① 传统的 3 种术语会增加我方的风险责任，把风险界点由货交承运人延伸到在装运港越过船舷；② 传统的 3 种术语推迟了运输单据的出单时间，因而延缓了我方交单收汇的时间，影响我方资金周转和造成利息损失。所以，在出口业务中应积极推广 FCA、CPT 和 CIP 贸易术语的应用。

5．海上风险程度

在国际贸易中，交易的商品一般需要通过长途运输，货物在运输过程中可能会遇到各种自然灾害、意外事故等风险，特别是当遇到战争或正常的国际贸易遭到人为障碍与破坏的时期和地区，则运输途中的风险更大。因此，买卖双方洽商交易时，必须根据不同时期、不同地区、不同运输线路和运输方式的风险情况，并结合购销意图来选用适当的贸易术语。

6．办理进出口货物结关手续的难易

在国际贸易中，关于进出口货物的结关手续，有些国家规定只能由结关所在国的当事人安排或代为办理，有些国家则无此项限制。因此，当某出口国政府规定买方不能直接或间接办理进口结关手续时，则不宜按 EXW 条件成交；若进口国规定卖方不能直接或间接办理进口结关手续时，则不宜采用 DDP 条件，而应选用 DDU 条件或 DES 条件成交。

综上所述，选用贸易术语要考虑的因素是多方面的，应根据不同贸易对象、不同商品、不同贸易条件全盘考虑，最终选择出能维护企业和国家最大利益的贸易术语。

3.4 国际货物运输保险

在国际贸易中，进出口货物需要远涉重洋，在运输、装卸、存储的过程中，往往会因遇到各种风险而使货物遭受损失。买方或卖方为了在货物遭到损失后得到一定的经济补偿，就需要在货物起运之前，为货物办理运输保险。

办理货物运输保险，是指被保险人（Insured）就其货物按一定的金额向保险人（Insurer）（亦称承保人）投保一定的险别，保险人按投保金额和投保险别的费率收取保险费，并出具保险单证。事后，如所保货物在运输过程中遭受保险责任范围内的损失，保险单证的持有人即可向保险人要求赔偿。

3.4.1 保险条款与险别

货物运输保险按运输方式不同分海上、陆上、航空、邮包运输货物保险，中国人民保险公司不仅可按“中国保险条款”（China Insurance Clause，CIC）承保，必要时根据投保人的要求，还可按其他国家的保险条款承保。

1. 海洋运输货物保险条款（Ocean Marine Cargo Clause）

（1）三个基本险别。

1）平安险（Free from Particular Average，F.P.A.）对下列情况负赔偿责任：① 由于恶劣气候、雷电、海啸、地震、洪水等自然灾害造成的整批货物的全部损失（实际全损或推定全损）；② 由于运输工具搁浅、触礁、沉没、互撞、与流冰或其他物体碰撞以及失火、爆炸等意外事故造成货物全部损失或部分损失；③ 在运输工具发生搁浅、触礁、沉没、焚毁意外事故的情况下，货物在此前后又在海上遭受恶劣气候、雷电、海啸等自然灾害所造成的部分损失；④ 在装卸或转运时，由于每一件或数件货物落海造成的全部损失或部分损失；⑤ 被保险人对遭受承保责任内危险的货物采取抢救、防止或减少货损的措施而支付的合理费用，但以不超过该批被救货物的保险金额为限；⑥ 运输工具遭遇海难后，在避难港由于卸货所引起的损失以及在中途港、避难港由于卸货、存仓以及运送货物所产生的特别费用；⑦ 共同海损的牺牲、分摊和救助费用；⑧ 运输契约订有“船舶互撞责任”条款，根据该条款规定由货方偿还船方的损失。

2）水渍险（With Particular Average，W.A）除包括上列平安险的各项责任外，还负责被保险货物由于恶劣气候、雷电、海啸、地震、洪水等自然灾害所造成的部分损失。

3）一切险（All Risks）除包括平安险和水渍险的各项责任外，还负责被保险货物在运输途中由于一般外来原因所致的全部损失或部分损失。

（2）除外责任。保险公司对于下列损失不负赔偿责任：① 被保险人的故意行为或过失行为所造成的损失；② 由于发货人的原因所引起的损失；③ 在保险责任开始前，被保险货物已存在的品质不良或数量短差所造成的损失；④ 被保险货物的自然损耗、本质缺陷、特性及市价跌落、运输延迟所引起的损失或费用；⑤ 属于战争险和罢工险条款所规定的责任范围和除外责任。

（3）保险责任起讫。在正常情况下为“仓至仓”（Warehouse to Warehouse，W／W），即自被保货物运离保单上所载明的起运地仓库或储存处所开始，至货物到达保单所载明的目的地收货人的最后仓库或储存处所为止。如因故货物未进入上述仓库或储存处所，则以货物全部卸离海轮后 60 天为止。

（4）附加险别。投保平安险或水渍险后，货物在运输途中还可能遭受由于外来原因所造成的各种损失，如偷盗、破碎、短量、沾污等。即使投保一切险，保险人也不对一切外来原因所造成的损失都负责赔偿。例如，因战争、罢工等原因造成的损失，保险人就不负责赔偿。因此，为了使不同的货物在不同的情况下能得到较为充分的保障，还应在投保上述三种基本险别之一的基础上再加保一种或几种附加险。附加险的种类很多，分一般附加险和特殊附加险。

1）一般附加险。目前中国人民保险公司承保的有：偷窃、提货不着险、淡水雨淋险、短量险、混杂沾污险、渗漏险、碰损破碎险、串味险、受潮受热险、钩损险、包装破裂险、锈损险 12 种。

2）特殊附加险。目前中国人民保险公司承保的有：交货不到险、进口关税险、舱面险、拒收险、黄曲霉素险、战争险、罢工险、货到港澳存仓火险责任扩展条款 8 种。

上述各种附加险均不能单独投保，只能附加于某一基本险别之后。但一切险中包括一般附加险，而不包括特殊附加险。所以在一切险的基础上只需加保特殊附加险而不必加保一般附加险。另外，根据国际保险业的习惯，罢工险一般都和战争险同时承保，保险费合并计收。如果已经投保了战争险，事后再加保罢工险，则不必再交保险费，仅需在保险单上加罢工险条款。

（5）海洋运输战争险的责任范围和责任起讫。

1）责任范围。海洋运输战争险的责任范围包括由于战争、类似战争行为和敌对行为、武装冲突或海盗行为所致的损失和由此而引起的捕获、拘留、扣留、禁制、扣押所造成的损失，或各种常规武器所造成的损失，以及由于上述原因所引起的共同海损的牺牲、分摊和救助费用。但对原子或热核武器所造成的损失不负赔偿责任。

2）责任起讫。海洋运输战争险的责任自被保货物装上保单所载明的起运港的海轮或驳船时开始，至卸离保单所载明的目的港的海轮或驳船时为止。如不卸离海轮或驳船，则保险责任最长期限以海轮到达目的港的当日午夜起满 15 天为止。如在中途港转船，不论货物在当地卸载与否，以海轮到达该港或卸货地点的当日午夜起满 15 天为止，待再装上续运海轮时保险责任继续有效。

2. 陆上运输货物保险条款（Overland Transportation Cargo Insurance Clause）

（1）两个基本险别。

1）陆运险（Overland Transportation Risks）对被保货物在运输途中遭受暴风、雷电、地震、洪水等自然灾害；或由于陆上运输工具遭受碰撞倾覆或出轨；如有驳运过程，包括驳运工具搁浅、触礁、沉没或由于遭受隧道坍塌、崖崩或火灾、爆炸等意外事故所造成的全部损失或部分损失负责赔偿。

2）陆运一切险（Overland Transportation All Risks）除包括上述陆运险的责任外，对在运输中由于外来原因造成的短少、短量、偷窃、渗漏、碰损、破碎、钩损、雨淋、生锈、受潮、受热、发霉、串味、沾污等全部损失或部分损失负赔偿责任。

在投保上述任何一种基本险别时，经过协商还可加保附加险。

（2）除外责任。与海洋运输货物保险条款中的规定相同。

（3）责任起讫。也是“仓至仓”。如未进仓，以到达最后卸载车站满 60 天为止。如加保了战争险，其责任起讫自货物装上火车时开始，至目的地卸离火车时为止。如不卸离火车，以火车到达目的地的当日午夜起满 48 小时为止。如在中途转车，不论货物在当地卸载与否，以火车到达中途站的当日午夜起满 10 天为止。如货物在 10 天内再行装车续运，保险责任继续有效。

3. 航空运输货物保险条款（Air Transportation Cargo Insurance Clause）

（1）两个基本险别。

1）航空运输险（Air Transportation Risks）对被保货物在运输途中遭受雷击、火灾、爆炸，或由于飞机遭受恶劣气候或其他危难事故而被抛弃，或由于飞机遭受碰撞、倾覆、坠落或失踪等意外事故所造成的全部损失或部分损失负赔偿责任。

2）航空运输一切险（Air Transportation All Risks）除包括上述航空运输险的责任外，还负责由于外来原因所致的全部损失或部分损失。

在投保上述任何一种基本险别时，经过协商还可以加保附加险。

（2）除外责任。与海洋运输货物保险条款中的规定相同。

（3）责任起讫。也是“仓至仓”。如未进仓，以被保货物在最后卸载地卸离飞机后满 30 天为止。如加保了战争险，其责任起讫自被保货物装上飞机时开始，至目的地卸离飞机为止。如不卸离飞机，以飞机到达目的地的当日午夜起满 15 天为止。如在中途港转运，以飞机到达转运地的当日午夜起满 15 天为止。待装上续运的飞机时保险责任继续有效。

4．邮包保险条款（Parcel Post Insurance Clause）

（1）两个基本险别。

1）邮包险（Parcel Post Transportation Risks）对被保货物在运输途中由于遭受恶劣气候、雷电、海啸、地震、洪水等自然灾害，或由于运输工具搁浅、触礁、沉没、碰撞、出轨、坠落或失踪，或由于失火和爆炸等意外事故造成的全部损失或部分损失负责。

2）邮包一切险（Parcel Post Transportation All Risks）除包括上述邮包险的责任外，对被保货物在运输途中由于外来原因造成的全部损失或部分损失负赔偿责任。

在投保上述任何一种基本险别时，经过协商还可加保附加险。

（2）除外责任。与前述海、陆、空保险条款中的规定相同。

（3）责任起讫。自邮包离开保险单所载起运地点寄件人的处所运往邮局时开始，至目的地邮局发出通知书给收件人的当日午夜起满 15 天为止。如在此期限内邮包一经递交至收件人处所，保险责任即终止。

如加保战争险，其责任起讫自被保邮包经邮局收讫后开始，直至该项邮包运达目的地邮局送交收件人为止。

5．其他新险别

中国人民保险公司为了适应对外开放的需要，于 20 世纪 70 年代末 80 年代初先后开办了以下几种与对外贸易有关的新险别。

（1）投资保险，又称政治风险保险。它不是为我国有关部门在外国投资提供保障，而是为外国或我国港、澳、台地区的投资者在我国内地进行投资提供保障。

（2）对外加工装配和补偿贸易保险。该险种是对加工装配和补偿贸易中有关财产在运输、储存、生产等过程中，因自然灾害或意外事故造成的损失进行承保的保险险别。

对外加工装配和补偿贸易业务保险分三段保险：第一段是从国外把原料和设备运入我国加工场所的进口货物运输保险；第二段是在国内加工期间的财产保险；第三段是把成品从加工场所运往国外收货人的出口货物运输保险。这三段可以由我国保险公司全部承保，也可以只承保一段或两段。三段全由国内保险公司承保的，称为来料加工一揽子保险。

（3）卖方利益险。该险别是指在国际货物买卖中，在以 CFR 或 FOB 贸易术语成交并使用托收方式时，卖方交付的货物如在运输途中遭遇保险范围内的损失，在买方不赎单付款的情况下，由保险人对卖方提供损失赔偿。保险公司通常按海运货物一切险和战争险承保，保险费率按一切险费率的 1／4 再加上战争险的费率合并计收。

（4）出口信用险。我国为了扩大出口，加强对国际市场的竞争能力，采用商业信用收款占有一定的比重。例如，在付款交单（D／P）、承兑交单（D／A）、赊销（O／A）等情况下，能否及时安全收汇全凭外商的信用，因此风险较大。出口企业投保出口信用险后，如遇上国外客户不赎单或无力赎单，或因政局变动而导致出口企业不能收汇时，中国人民保险公司将负责赔偿。投保金额一般为合同金额的 85%～90%，因为出口商投保时进口商已预交了 10%～15%的定金。保险责任一般从货物装运开始到收回货款时为止。

3.4.2 保险金额和保险费

保险金额是投保人对货物的投保金额，也是保险人据以计算保险费和办理赔偿时的最高数额。

投保人在向保险公司办理保险时，有的是逐笔投保，有的是预约投保。在保险金额上又分定值保险和不定值保险。

1. 出口货物

外贸企业对出口货物都是逐笔向保险公司办理定值保险，其保险金额通常是按 CIF 价格总值加一成（即 10%）投保，最高不得超过三成，所加的成数作为买方的经营管理费用和预期利润。如买方要求的加成数超过限额，则须征得保险公司的同意，而且所产生的保险费差额应由买方承担，才不致在价格上吃亏。其计算公式如下。

保险金额=CIF 价格×（1+加成率）

保险费=保险金额×保险费率

在计算保险费时，要注意不同的商品、不同的目的地、不同的险别，其保险费率不大相同，而且时有调整，故应仔细核算，不能有任何疏忽。特别是在保有战争险的情况下，如货物所至地区发生战争，该项费率会迅速上升。按国际贸易的习惯做法，在货物出运时，如保险公司增加战争险费率，卖方有权向买方增收保险费的差额。

2. 进口货物

对于进口货物，外贸企业与中国人民保险公司大都签有预约保险合同，即凡按 FOB 价格或 CFR 价格进口的货物都由中国人民保险公司承保。外贸企业只要收到每批货物的国外装船通知后，将船名、提单号、开船日期、商品名称、数量、装运港、目的港等内容通知保险公司，就算办妥保险，并将每批货物的 FOB 价格或 CFR 价格换算成 CIF 价格作为保险金额而不必加成。其计算公式如下。

（1）以 FOB 价格成交的货物。

$$保险金额=\frac{FOB价格\times(1+平均运费率)}{1-平均保险费率}$$

（2）以 CFR 价格成交的货物：

$$保险金额=\frac{CFR价格}{1-平均保险费率}$$

保险公司根据上述公式算出的保险金额，每月或每季汇总一次向投保的进出口公司收取保险费。如被保货物发生损失亦按所算保险额计赔，如发生整船货全部损失或涉及共同海损的赔款，则须改按实际运费算出保险金额进行理赔。

3.4.3　保险单证

保险单证既是保险公司对被保险人的承保证明，又是双方权利和义务的契约。在被保货物遭受损失时，它是被保险人据以索赔和保险公司据以理赔的主要依据。在 CIF 合同下，它是向银行办理结汇的重要单据之一。目前，我国使用的保险单证有以下几种。

1．保险单（Insurance Policy）

保险单的正面印有保险人名称、货物名称、数量、标志、运输工具的种类和名称、险别、起讫地点或保险期限、保险金额等项目，背面印有详细保险条款，以明确责任范围和双方权利与义务。这是正规的保险合同，也是使用最多的一种。

2．保险凭证（Insurance Certificate）

保险凭证只有正面的格式项目，而背面无条款，但其效力与保险单相同，不过很少使用。

3．联合凭证（Combined Certificate）

这是由保险公司在进出口公司开具的商业发票上加注承保险别、保险金额和保险编号的一种比保险凭证更为简化的保险单据。实际上是发票与保险单相结合的一种凭证。目前只有我国港澳地区少数华商可以接受，所以使用范围很小。

4．预约保险单（Open Policy）

预约保险单是承保一定时期内发运的货物的保险单。在预约保险单内载明保险货物的范围、险别、保险费率、每批运输货物的最高保险金额及保险费的结算办法等。凡属预保范围的货物一经起运，保险公司即自动承保。但被保险人在获悉每批货物的起运情况后，应及时将起运通知书送交保险公司。目前这种保单在我国只适用于进口货物。

3.4.4 保险索赔

被保险人向保险公司索赔时应注意以下问题。

1. 分清索赔对象

如果被保的出口货物遭受保险责任范围内的损失，应由被保险人向保单上所载明的国外理赔代理提出索赔。中国人民保险公司已在 100 多个国家设立了 300 多个检验理赔代理人。

如果被保的进口货物遭受保险责任范围内的损失，海运的应向进口港的保险公司提出索赔；陆运的应向铁路运单上注明目的地的保险公司提出索赔；空运的应向空运单上注明的目的地保险公司索赔。

2. 提供必要的索赔单证

索赔时应提供的主要单证通常有以下几种。

（1）保险单或保险凭证的正本。这是向保险公司索赔的基本证件。

（2）运输契约，如海运提单、铁路运单、航空运单、邮包收据等，用以证明货物的承运情况。

（3）发票，作为理赔的数额依据。

（4）装箱单、磅码单。这是核对损失数量的依据。

（5）检验报告。这是确定保险责任和应赔金额的主要证件。检验报告可以由第三方公证行或检验机构出具，也可以由保险代理人出具，或者由保险公司、商检机构、收货人联合出具。

（6）向第三者责任方要求赔偿的函电或其他文件，用以证明被保险人已经办理了索赔手续。

（7）货损、货差证明。这是由承运人或其代理人签发的货物残损或短少的证明。它既是向保险公司索赔的有力证明，又是日后向承运方追偿的根据。

（8）索赔清单。这是被保险人要求保险公司赔偿的详细项目和有关费用。

3. 必要时应办理权益转让手续

如果被保货物遭受的损失应由第三者负担赔偿责任，被保险人先从保险公司取得赔偿后，应将向第三者追偿的权益转让给保险公司，以便保险公司取代被保险人的地位向第三者追偿。

4. 必要时应办理委付手续

当被保险货物遭受严重损失，被保险人要求按推定全损赔偿时，应将货物及其一切权益委付给保险公司。如果被保险人不提出委付通知，则保险公司只能按部分损失赔偿。

5．注意索赔时效

根据保险业务的惯例，一般索赔时效为 2 年（自货物全部卸离海轮后起算）。如超过时效进行索赔，保险公司不再受理。

3.4.5　办理投保时货运代理应注意的问题

（1）货运代理应根据委托人的指示，填写运输险投保申请单（或采用投保发票）代向保险公司办理投保，投保时间应在货物发运港口之前，同时应注意不能将投保金额和投保险别弄错。

（2）保险公司审核投保申请单，同意承保后由其签发保险单证，投保人交付保险费后领取保险单。投保人对保险单上的内容要认真仔细核对，如发现问题应及时向保险公司提出修改，同时要注意出口货物保险单上的日期不得晚于提单的日期，最晚应为同一天。

（3）投保人如由于下述原因需要更改保险单时，必须向保险公司办理申请更改手续，经保险公司同意后，由保险公司出具批单粘贴在原保险单上并加盖骑缝章方才有效。

通常发生下述情况时，须办理更改手续：① 被保险人名称变动；② 变更商品的标志（唛头）；③ 商品的包装与数量有变动；④ 变更商品名称；⑤ 变更保险金额；⑥ 更改船名或须加注转船；⑦ 更改开航日期；⑧ 更改目的港（地）或转运内陆；⑨ 改变险别；⑩ 延长保险期限；⑪ 更改出单日期；⑫ 更改赔付地点。

3.5　国际结算的支付工具与支付方式

国际结算是指国际间办理清算了结债权债务的行为。它涉及的问题很多，现仅就货运代理业务中必须了解的支付工具和支付方式做如下介绍。

3.5.1　支付工具

在国际结算中，支付工具主要是货币和票据。货币是用以计价、结算和支付的工具，但在实际业务中很少使用货币（指现金）结算，一般都是采用票据结算。票据包括汇票、本票和支票，其中又以汇票为主，本票和支票使用较少。

1．汇票（Bill of Exchang，Draft）

（1）汇票的含义及其内容。汇票是由出票人签发的，要求付款人即期或定期或在可以确定的将来时间支付一定金额给收款人或其指定人或持票人的无条件支付命令。汇票为一式两联，只要其中一联付款，另一联即自动失效。汇票一般包括以下主要内容：① 出票人（Drawer），开出汇票的人；② 受票人（Drawee），汇票的付款人（Payer）；③ 受款人（Payee），受领汇票所规定的金额的人；④ 出票日期和地点；⑤ 付款期限；⑥ 金额；⑦ 付款地点；⑧ 汇票上须有“汇票”字样；⑨ 出票根据。

（2）汇票的种类。

1）按出票人的不同，分为商业汇票和银行汇票。由银行开出的汇票称为银行汇票；由企业开出的汇票称为商业汇票。

2）按流转时是否附有提单、发票、保险单等货运单据，分为光票和跟单汇票。不附货运单据的汇票称为光票；附有货运单据的汇票称为跟单汇票。在使用跟单汇票收汇时，买方必须在付清货款或保证按时付款的条件下，才能取得汇票所随附的货运单据。在国际贸易中，大多使用跟单汇票，光票只是在收取少量货款或代垫费用的情况下才使用。

3）按付款时间不同，分为即期汇票和远期汇票。凡规定付款人见票即付款的汇票称为即期汇票；凡规定付款人见票后若干时日付款的汇票称为远期汇票。规定远期的办法有 4 种：① 付款人见票后若干时日付款；② 出票后若干时日付款；③ 在提单签发日期后若干天付款；④ 确定付款日期。以第一种使用得最多，其次是第二种、第三种，第四种则很少使用。

对于见票后或出票后或提单日期后若干天付款的汇票，其时间的计算均不包括见票日或出票日或提单日，但须包括付款日。

4）按汇票的承兑人不同，分为商业承兑汇票和银行承兑汇票。凡由工商企业为付款人的远期汇票，经付款人承兑后，称为商业承兑汇票；凡以银行为付款人的远期汇票，经银行承兑后，称为银行承兑汇票。

（3）汇票的使用。汇票一般要经过出票、提示、承兑、付款等手续。汇票是一种流通工具，如需转让，要经过背书手续。如果遭到拒付，还要由有关方面出具拒付证书，才能行使追索权。

1）出票是由出票人在汇票上填写付款人、付款金额、付款期限和地点及受款人等事项，并由出票人签字盖章，把它交给受款人。只有完成上述全部手续，才算完成出票行为。在出票时，对受款人通常有 3 种写法：① 限制性抬头；② 指示性抬头；③ 持票人抬头，也称来人抬头。在我国进出口业务中，大量使用指示性抬头汇票。这种汇票只要出票人在汇票背面背书，便可转让。持票人抬头的汇票在转让时，无须由持票人背书，仅凭交付即可转让。限制性抬头汇票不能自由转让。

2）所谓背书（Endorsement），一般是由持票人在汇票背面签字，或于背书后再加上受让人名字，并把汇票交给受让人的行为。前者叫空白背书，后者叫记名背书。对受让人来说，所有在他以前的背书人及原出票人都是他的前手；对出让人来说，所有在他以后的受让人都是他的后手。前手对后手负有担保汇票必然会被承兑或付款的责任。

3）所谓提示，就是持票人将汇票提交付款人要求承兑或付款的行为。付款人看到汇票叫做见票。

4）所谓承兑，就是付款人明确表示同意按出票人的命令到期付款的行为。承兑只适用于远期汇票。即期汇票见票即付，无须承兑。

按照许多国家法律的规定，在使用远期汇票时，汇票上的付款人只有经过承兑以后，才对汇票承担付款的义务。因此其具体做法是付款人在汇票正面空白处横写“承兑”字样，由承兑人签字，并加注承兑日期，有时还加注汇票到期日。

5）汇票在提示时如遭到付款人拒绝付款或拒绝承兑，称为拒付（Dishonour）。汇票遭拒付时，持票人有权向出票人及所有的前手进行追索。为了行使追索权，持票人应及时请付款地的法定公证人或其他有权作证的机构（如法院、银行、商会）出具拒付证书（Protest），作为持票人向其前手进行追索的法律依据。

2．本票（Promissory Note）

本票是一个人向另一个人签发的保证在见票时或在指定的或可以确定的将来某一日期，支付一定金额给特定的人或其指定的人或持票人的无条件书面承诺。简而言之，本票是出票人对受款人承诺无条件支付一定金额的票据。因此，本票只有两个当事人，即出票人和受款人。

本票有由工商企业签发的一般本票（可分为即期和远期两种）和由银行签发的银行本票（只有即期一种）两种。在进出口业务中，使用的本票多为银行本票。

3．支票（Cheque，Check）

支票是银行存款户对银行签发的，授权银行对特定的人或其指定的人或持票人在见票时无条件支付一定金额的书面命令，所以支票是以银行为付款人的即期汇票。

支票的出票人必须是在付款银行设有往来存款账户的存户。出票人在签发支票时，应在付款银行存有不低于票面金额的存款。如存款不足，支票持有人在向付款银行提示支票要求付款时，就会遭到拒付，这种支票叫做空头支票。开出空头支票的出票人要负法律责任。

案例分析

开证行是否承担责任

我国某公司与外商就某商品按 CIF 和即期信用证付款条件达成一项数额较大的出口

合同。合同规定 11 月装运，但未规定具体开证日期，后因该商品市场价格趋降，外商便拖延开证日期。我方为防止延误装运期，从 10 月中旬起多次电催开证，终于使外商在 11 月 6 日开来信用证。但由于该信用证太晚，使我方安排装运发生困难，我方便要求外商对信用证的装运期和议付有效期进行修改，分别推迟 1 个月。外商拒不同意，并以我方未能按期装运为由单方面宣布解除合同，我方也就作罢。

思考：我方如此处理是否适当？应从中吸取哪些教训？

分析点评：从该案例中应吸取的教训主要有以下几点。

（1）在合同中未规定信用证开证日期，不妥。

（2）按照惯例，即使合同未规定开证期限，买方也应于装运期前开出信用证，如果买方未及时开出信用证，我方应保留索赔权。

（3）本案中对于外商以我方未能按时装运为由单方面宣布解除合同，我方未提出异议，事实上我方有权因外商晚开证，而将装运期相应推迟。

3.5.2　支付方式

目前，我国在对外贸易中所使用的支付方式基本上有 3 种，即汇付、托收和信用证。汇付和托收属商业信用，信用证属银行信用。汇付属于顺汇法，即债务人主动将货款汇给债权人；托收与信用证属于逆汇法，即债权人主动向债务人索取货款。

1．汇付（Remittance）

（1）电汇（Telegraphic Transfer，T／T）。由付款人将货款交给银行，由银行以电报、电传或其他电信方式通知其在国外的分支行或代理行，将款交给收款人，现在汇付绝大多数采用电汇方式。

（2）信汇（Mail Transfer，M／T）。由付款人将货款交给银行，由银行开具付款委托书，以航空方式邮寄给其在国外的分支行或代理行，委托他们将款付给收款人。此种信汇方式现在已很少使用。

（3）票汇（Demand Draft，D／D）。由付款人向当地银行购买即期付款的银行汇票，由付款人寄给收款人，由收款人持汇票向指定的银行取款。不过票汇并不仅限于银行汇票，使用本票、支票也可以。

2．托收（Collection）

托收方式是指出口商在货物装运后，开具汇票，连同全套货运单据，委托出口地银行（Remitting Bank，托收银行）寄往该行在进口商所在地的国外分支行或代理行（Collecting Bank，代收银行），向进口商收取货款。

（1）托收的种类。按照交单条件的不同，托收可分为付款交单（Documents Against Payment，D／P）和承兑交单（Documents Against Acceptance，D／A）两种。

1）付款交单。付款交单是以进口商付款作为出口商交单的条件。在这种方式下，进口商只有付清货款才能从代收银行取得全套货运单据。

付款交单又可分为即期付款交单和远期付款交单两种情况。即期付款交单是指出口商开具即期汇票，交托收行寄给代收行向进口商提示，进口商见票后，需先付款，然后才能取得全套货运单据。远期付款交单是指出口商开具远期汇票，交托收行寄给代收行向进口商提示，先由进口商办理承兑，待汇票到期时再由进口商先付款，然后才能取得全套货运单据。因此，进口商在未付清货款前，是不能取得装船单据的。如果进口商想提前取单提货，可以在提供一定担保的条件下向代收行出具信托收据（Trust Receipt），凭此向银行预借单据，并于汇票到期时付清货款。信托收据的内容主要包括：借单人（进口商）愿意以银行受托人的身份代银行保管货物，承认货物所有权属于银行，承诺货物出售后所得货款交给银行等。银行凭进口商出具的信托收据把全套货运单据借给进口商，并对出口商负汇票到期付款的责任。但如果出口商授权托收行凭信托收据借单，则银行不承担到期付款的责任，风险由出口商自负，这就同承兑交单差不多。此种做法称为远期付款交单凭信托收据借单。

2）承兑交单。承兑交单是以进口商对出口商开具的远期汇票进行承兑，作为出口商交单的条件。进口商对汇票进行承兑后，代收行即把全套货运单据交给进口商。如果汇票到期时进口商不付款，出口商则将钱、货两空，因此这种方式对出口商来说很不安全。

（2）托收的特点。托收完全凭进口商的信用，如果进口商拒绝付款赎单或拒绝承兑，与托收有关的银行不承担任何责任，银行也没有义务提取货物和把货物存仓、保险。即使银行愿意代办，出口商也要支付许多额外的费用。如果出口商在国外一时找不到新买主，还应想法将货物运回。但跟单托收方式对进口商有利，进口商可以免交开立信用证的押金，银行费用也较低廉。因此，这种支付方式对促进成交、扩大出口能起到一定作用。

（3）使用跟单托收应注意以下问题。

1）托收方式虽然有利于扩大出口、发展贸易，但对出口商风险较大。必须了解进口商的资信情况，成交金额不宜超过进口商的经营能力和信用额度。

2）必须注意进口国家有关进口管制和外汇管制方面的规定，以免货到目的地后，因不准进口或收不到外汇而造成损失。

3）采用托收方式时，出口货物应以 CIF 或 CIP 贸易术语成交，以防客户漏保或根本不投保。在这种情况下，若货物在中途遭损或灭失，出口方将遭受损失。对那些只接受 CFR 条件的国家，出口方可向中国人民保险公司投保卖方利益险或出口信用险（Export Credit Insurance）。出口信用险对于因客户拒不赎单、无力赎单或因进口国政局变动等情况所造成的经济损失承担责任。

4）必须熟悉有关国家的银行对托收的规定和一些习惯做法。对国际商会1996年1月1日生效的《托收统一规则》,（*Uniform Rules for Collection*，Publication No.522）简称522版本，应加以了解和研究。

3．信用证（Letter of Credit，L / C）

信用证属银行信用，是使用最多的一种支付方式。它比托收及汇付（预付除外）等以商业信用为基础的支付方式更为安全可靠。开证银行出具信用证时一般为信开，必要时也可电开。

（1）信用证的含义。信用证是银行应进口商的请求，开给出口商的一种有条件的保证付款的凭证。信用证授权开证行，如果出口商按证内规定的条款及条件出具各项单据，便可按期在指定地点收取货款。

（2）信用证有下列3个特点。

1）信用证是银行信用，开证银行负第一付款责任。信用证的受益人可凭信用证直接向开证行凭单取款，而无须先找开证申请人。开证行对受益人的责任是一种独立的责任。

2）信用证是自足文件。信用证虽然以买卖双方签订的买卖合同为基础，但信用证并不依附于买卖合同。它一经开出，就成为独立于买卖合同之外的另一种契约。信用证的有关当事人均受信用证约束。

3）信用证是一种单据买卖。在信用证支付方式下，实行的是凭单付款的原则。《跟单信用证统一惯例》规定："在信用证业务中，各有关方面处理的是单据，而不是与单据有关的货物、服务及其他行为。"所以，信用证业务是一种纯粹的单据业务。银行要认真地审核一切单据，以确定单据表面上是否符合信用证条款，开证行只根据表面上符合信用证条款的单据付款。银行对任何单据的形式、完整性、准确性、真实性及仿造或法律效力等不负责任。在信用证方式下，实行的是"严格符合原则"，即受益人提交的单据要做到"单证一致"和"单单一致"。

（3）信用证的主要内容。各国银行使用的信用证虽无统一格式，但其内容基本相同。

1）开证行名称、地点与时间。

2）信用证的种类和号码。

3）付款人名称、时间和地点。

4）开证人和受益人的名称和地址。

5）信用证金额。

6）应提交的单据。信用证对单据的要求各异，主要有发票、提单、保险单、产地证、装箱单、重量单等。

7）装运货物的品名、规格、数量、包装、价格等。

8）装运条款。包括装运地、目的港、装运期、能否分批及转运等。

9）信用证有效期及到期地点。

10）开证银行的付款保证。

11）特别条款，尤以中东某些国家开具的信用证较为常见。

12）《跟单信用证统一惯例》文句等。

（4）信用证的当事人。信用证一般涉及的当事人有开证人、受益人、开证行、通知行、付款行、偿付行、议付行、保兑行等。但并非每张信用证都会涉及这些当事人，有的信用证无保兑行或偿付行。

1）开证人（Applicant / Opener / Accountee / Principal），是指向银行申请开立信用证的人，一般是进口商。开证人向开证行申请开证时，要交付一定押金，并在信用证付款到期时向开证行付款赎单。

2）受益人（Beneficiary / In Favour of），是指信用证上所指定的有权使用该证的人，一般是出口商。受益人必须严格履行信用证规定的各项条款，并提供正确的装船单据，按时向付款行、议付行或承兑行提示，要求付款、议付或承兑。

3）开证行（Opening Bank / Issuing Bank / Establish Bank），是指接受开证申请人的委托开立信用证的银行。开证行接受开证人的开证申请后，便承担了开证责任和应有的风险。在受益人提交的单据与信用证条款相符的情况下，开证行应承担付款的责任。

4）通知行（Notifying Bank / Advising Bank），是指接受开证行的委托，将信用证转交或将信用证的内容通知受益人的银行。通知行无须承担责任，但应合理、谨慎地核对信用证上的印鉴或电开信用证的密押，以证明所通知信用证的表面真实性。如果通知行同意加保兑或接受议付，通知行就兼任保兑行或议付行。

5）付款行（Paying Bank / Drawee Bank），是指信用证上所指定的付款银行。付款行一般是开证行，也可以是开证行所指定的另一家银行。付款行如果不是开证行本身，其主要责任是在信用证到期时，凭持票人的正确单据付款，并按信用证的要求向开证行寄出单据和索回所垫之款及有关费用。

6）偿付行（Reimbursing Bank），是指信用证中所指定的代开证行偿付议付票款的银行。偿付行通常是开证行的存款银行或开证行的分行、支行。付款行与偿付行的区别是：前者是信用证上所指定的受票银行，因此付款行在付汇之前必须审单；后者是代开证行对议付行或付款行进行账务清算的银行，因此偿付行在进行偿付前不进行审单。另外，在一笔跟单信用证业务中并非都有偿付行，但任何一笔信用证业务都必须有付款行。

7）议付行（Negotiating Bank），是指愿意买入或贴现受益人跟单汇票的银行。议付行既可以是指定的，也可以是非指定的。议付行对受益人的单据进行议付属于垫款性质。议付行不论开证行因何种原因不付款，都可以向受益人追索，除非信用证上规定在汇票上注明“不受追索”（Without Recourse）的文句。

8）保兑行（Confirming Bank），是指对另一家银行开出的信用证加以保证兑付的银行。保兑行通常是通知行。信用证经保兑后，就有两家银行对受益人负责。在这种情况下，保兑行就与开证行一样对受益人承担第一付款人的责任。

（5）信用证的种类。

1）可撤销信用证与不可撤销信用证。可撤销信用证（Revocable L／C），是指在议付行议付之前，开证行可以随时修改或撤销，无须事先通知受益人或其他有关当事人，也无须征得他们的同意。因此，这种信用证对受益人的保障较小。但毕竟出口人可凭此证备货、制单，还可以向银行贷款，不过我国不接受这种信用证。

不可撤销信用证（Irrevocable L／C）一经开出，在有效期内未经受益人或其他有关当事人的同意，开证行不得自行撤销或修改。只要受益人按照信用证的有关规定提供单证，开证行必须承担付款责任。

2）保兑信用证与非保兑信用证。保兑信用证（Confirmed L／C），是指另一家银行接受开证行的要求，对其开出的信用证加以保证兑付。未经保兑的叫非保兑信用证（Unconfirmed L／C）。

3）即期信用证与远期信用证。即期信用证（Sight L／C），是指开证行授权受益人开立即期汇票，开证行或付款行见票即付的信用证。即期信用证有时加列电报索偿条款（T／T Reimbursement Clause），议付行在议付单据后，当天即用电信方式要求付款行偿付，付款行也应以电汇偿付。远期信用证（Usance L／C），是指开证行授权受益人开立远期汇票，开证行或承兑行见票承兑后，在规定的到期日付款的信用证。还有一种信用证，规定受益人出具远期汇票，并提供有关单据后可以即期收汇，国外付款行负责贴现，贴现费用由开证人负担。我们习惯上把这种信用证称为假远期信用证（Buyer’s Usance L／C）。

4）循环信用证（Revolving L／C），是指信用证被全部或部分利用后，能重新恢复到原金额再度被利用，周而复始，直到规定的利用次数或规定的总额用完时为止。

循环信用证可根据时间循环或根据金额循环。如根据金额循环，循环信用证可分自动循环、半自动循环和非自动循环。信用证金额在规定的总有效期内被使用后，无须等待开证行通知即自动恢复到原金额的称为自动循环；信用证金额被使用，若干天后如受益人未收到开证行不能恢复原金额的通知，即自动恢复到原金额的称为半自动循环；信用证金额被使用后，须等待开证行通知后方能恢复到原金额的称为非自动循环。如根据时间循环，又分可累计循环和非累计循环。例如，信用证上规定：“在6个月内，每月自动生效15 000美元，可累计使用。”在这种情况下，任何当月未用的金额均可结转下月使用。如果信用证规定“不能累计使用”，则任何当月未用的金额均不能结转下月使用。

循环信用证多用于买卖双方订有长期合同，且可分批交货的情况下，进口方可以节省开证手续、少交押金及其他费用，出口方也能减少等待开证和催证的麻烦，且有利于安排货源及运输。

5）红条款信用证（Read Clause L / C），是指信用证上允许受益人在出具书面保证补交货运单据的条件下，可在交单前预先向通知行或保兑行支取全部或部分信用证金额。由于这项特殊条款最初用红墨水书写以引人注目，所以称为红条款信用证。这种信用证能给出口人在采购和打包货物时提供融资的方便。当受益人装出货物并按照信用证规定提交单据时，银行便从应付的款项中收回预付款本息。如果受益人未能装出货物，那么通知行或保兑行有权要求开证行偿还预付款本息。同样，开证行也有向开证人追索的权利。

6）可转让信用证（Transferable L / C），是指信用证原始受益人有权将该信用证金额的全部或一部分转让给一个或几个本国或他国的第二受益人。可转让信用证仅限转让一次，第二受益人不得再行转让给第三者。信用证须按原证所定的条款进行转让，但信用证金额和单价可以降低，装运期和有效期可以缩短。信用证转让后，第一受益人并不能完全免除责任，当第二受益人不能交货或货物不符或单证不符时，第一受益人仍要承担合同上的卖方责任。可转让信用证上必须有"可转让"字样，否则为不可转让信用证。可转让信用证虽可转让，但不是必须转让。

7）对开信用证（Reciprocal L / C），又称回头证，是指即第一张信用证的受益人是第二张信用证的开证人，第一张信用证的通知行通常就是第二张信用证的开证行。两张信用证可以分别生效，也可以同时生效。例如，甲方首先开出一张信用证，但暂不生效，须待乙方开来金额相等或相似的回头信用证（即第二张），并经甲方同意接受后，才通知银行两证同时生效。在双方都担心对方只想出口或只想进口而无诚意履行另一半义务的情况下，必须在对开信用证中加对开生效文句。对开信用证多用于易货交易、来料加工和补偿贸易业务，可以相互约束，保证双方同时履行进口和出口的义务。

8）备用信用证（Standby L / C）。备用信用证与一般常用的跟单信用证不同，一般跟单信用证是购买货物、清偿货款的，而备用信用证则是作为借款、投标或履约保证用的。

（6）《跟单信用证统一惯例》国际商会自 1929 年发布《商业跟单信用证统一惯例》后，经过多次修订，自 1994 年 1 月 1 日实施，简称为第 500 号出版物。它虽不是国际法规，但已被世界上 170 多个国家的银行所采用，不少国家的司法部门或仲裁机构也以该惯例作为判定或裁决信用证业务纠纷的准则。

4．银行保函（Letter of Guarantee，L / G）

银行保函是银行根据委托人的申请向受益人开立的担保申请人履行某项义务，否则由银行承担经济赔偿责任的书面承诺文件。保函的名目繁多，常见的有进口保函、出口保函、投标保函、还款保函等。

保函与信用证均属银行信用，都规定有金额限度、有效期限和保付条款。其不同之处有：在付款责任上，信用证是第一性的而保函是第二性的，只有在商业信用不能兑现时银行才付款，信用证主要用于单边进口贸易，而保函的用途则较广；在信用证方式下货运单据是付款的主要依据，而保函是凭受益人的索偿申请书。

5. 国际保理（Factoring）

保理业务又称包理业务或保付业务，它盛行于日、美、英等国。保理业务的当事人有出口商、出口保理公司、进口商、进口保理公司。保理公司都隶属于经营国际贸易结算的商业银行。保理公司的业务主要有：承购出口商的跟单汇票；代出口商向国外进口商归收账款；为出口商提供资金融通，通常可预支货款的 80%；对国外进口商进行资信调查和信用评估，确定进口商的信用额度。

以上 5 种支付方式除保理业务外，其他 4 种不仅可单独使用，也可结合使用。例如，信用证与汇付相结合，信用证与托收相结合，汇付与保函相结合，托收与保函相结合等。

3.6 国际贸易合同的主要条件

在进出口贸易合同中，对商品的品质、数量、包装、检验、装运等条件的规定，是对卖方必须按时、按质、按量履行交货义务的具体说明；对价格、付款等条件的规定，是对买方必须按时、按价、按量付款的具体说明。同时为了督促买卖双方履行义务，并合理解决由于一方不履约而发生的争执，在合同中又订有异议索赔、不可抗力、仲裁等条款。因此，一般交易条件实质上都是围绕着卖方交货、买方付款这一对等义务所做出的各项具体规定。

3.6.1 货物品质

商品的品质，是指商品的自然属性，即使用价值，在合同中往往用商品的化学、物理性能，即构造、成分、性能和外形来说明。商品品质的好坏与商品的价值有直接联系，因此“按质论价、优质优价”，正确地规定商品的品质条件是十分重要的。

1. 凭样品买卖

在对外贸易中，有些商品的交易，通常以代表货物品质的少量实物作为买卖双方检验品质和交接货物的依据。这种凭实物确定商品品质的方法称为凭样品买卖，多适用于农产品或易于用肉眼观察的商品。由于科学日益发达，对商品检验的方法日益完善，目前在国际贸易中采用凭样品买卖的商品日益减少，有些商品虽然目前还需要凭样品买卖，但多数与凭文字说明的方法结合使用。

2．凭规格买卖

凭规格买卖就是在交易过程中根据用文字说明的商品外形和内在某些特征来确定商品的品质。商品的外形特征包括大小、长短、精细、杂净等指标。商品的内在特征有化学成分、物理性能等，这些特征是可以用肉眼来观察或用其他科学检验方法测定的。在国际贸易中，凭规格买卖最为普遍，一般来说此方法也较简便、准确。

3．凭标准买卖

在国际贸易中有不少商品是凭标准买卖的，这种“标准”一般有两种，一种是国家标准，另一种是习惯标准。这两种买卖都称为凭标准买卖，严格说来也是凭规格买卖，不过是引用现成的统一标准来加以说明而已。

4．凭商标或牌号买卖

在国际贸易中，部分商品的品质是以商标或牌号来表示的。这是由于有商标或牌号的商品，其商标或牌号能代表一定的品质，采用固定的配料、制作方法、包装材料和方法。生产者或经销人为了维护自己的信誉和销路，一般也都注意保护商品质量的稳定性，经过长期的销售，其品质已为国际市场所熟悉。买卖这类商品时，凭样品或标准已不必要，一般凭商标或牌号进行买卖即可保证商品质量。

3.6.2　货物数量

在数量条件时，一般应掌握规定数量的方法、衡量单位的选定、交货数量的依据和解决交货数量溢缺的方法。

1．规定数量的方法

确定商品的交易数量通常有两种方法，一是定量法，二是约量法。所谓定量法是指在交易和合同中明确一定单位的确切数量。这个数量表示卖方必须按量交货，不得多交或少交，否则视为违约。此种方法适用于价值较高的和易于精确衡量的商品，或者以包装或个数为单位的商品。所谓约量法是指在规定的交货数量前加上“约”字，这表示成交的数量是个概数。卖方有权多交或少交百分之几，有的则在合同中明确可以多交或少交 5%，这种方法的使用也较为广泛。

2．交货数量的依据

除了确定一定单位的数量外，还必须确定交货数量的依据。首先，应确定交货数量是装船数量还是到岸数量。所谓装船数量是指以货物在装运时衡量的数量为双方交接的依据，至于货物装上运载工具后在途中发生的和其他短少，卖方不负责任。所谓到岸数量是指以货物运抵指定目的地时的数量为双方交接的依据，至于货物在途中的耗损和有关短少（除规定的免赔额外）由卖方负责任。目前由于保险和海运事业的发展和完善，一方面货运数量短少量相对有所减少，另一方面保险公司和船公司对一定情况下的货物短少相应地承担一部分责任，因此目前的国际贸易中一般都是按装船数量来确定交货数量的。

3．解决交货数量溢短的方法

在国际贸易中，履行合同时经常发生实际交货数量与合同成交数量不符的现象，其原因有以下几个。

（1）因包装不善而发生破损渗漏。

（2）因自然条件的影响而发生损耗或溢短。

（3）运输工具载量的限制。

解决上述原因造成的交货数量的溢短，大致有以下几种方法。

1）规定伸缩幅度：对合同交货数量规定一个伸缩幅度，即卖方在规定幅度内可多交或少交，不作违约论。

2）规定免赔限度：装运数量和到岸数量不一样，当这个差额在免赔限度以内时就可以免除卖方的赔偿责任。

3）有的合同在数量前加上“约”字，表示合同中规定的数量只是一个概数，卖方可以多交或少交一定的货物数量。

3.6.3 货物包装

1．包装种类

目前我国出口商品多为包装货，也有一部分为裸装货。裸装货是指某些商品在制造过程中，已经按一定的重量、大小、式样进行生产，其产品在形态上自成件数，比较规格化、标准化，如锡锭、铝锭等。另外有些商品虽然本身不能自成件数，但只要稍加捆扎，在形态上也成为件数，如各种规格的元钢、扁钢等。另外还有散装货，即货物根本不加任何包装，本身在形态上也不自成件数，如散装的谷物、豆类、石油等。散装货一般使用专门装载某种类型商品的运载工具。

商品的运输包装从包装材质上看可分为 3 种：软包装，如纸、包等；半软性包装，如篮、篓、筐、箩等；硬性包装，如桶、罐、箱等。合同中关于包装种类的规定涉及商品的价格、成本的计算及双方的责任，因此在洽谈包装条件时，合同中一般应明确包装的外形和材料、包装的方法及是否需要衬垫物等。

2．包装标志

包装标志又称唛头，是指包装外部所绘制的记号。这些记号主要是为了满足运输与交接的需要，以便于出售人、托运人、承运人和收货人在托运、储存、调配、搬运过程中辨别货物，比较顺利、安全、完整地将货物运抵目的地。

唛头的主要目的在于容易辨认。唛头的文字部分主要分布于几何图形四周或空位，通常注明下列内容：收货人或发货人名称、目的地、合同号码、包装件号。一般来说，合同号或发货人名称位于图形下方，件数位于目的地的下方。除此之外，对货物在运输过程中应注意的事项也应在包装上表示出来，如易燃品、易爆品、防雨、防火、有毒物品、不能倒置等。

有些交易根据买方的要求，还要在唛头的基本内容之外附加其他内容，一般包括：商品的产地或出产国别、发货港、货物名称及规格、许可证号等。例如，有些国家规定进口货物的唛头必须刷注许可证号等，否则海关不予查验放行。这些内容视交易的具体情况由双方洽谈确定，达成协议的，在合同内予以明确反映。

在国际贸易中，包装一般由卖方供应，其费用也一般计算在价格内，不另外收取，但个别情况下也有例外。

3.6.4　装运期

在谈判和签订装运条件时，一般考虑以下内容。

1．装运期限的规定

装运期限是买卖合同的重要内容之一。在国际贸易中，由于买卖双方各处一地，往往远隔重洋，卖方很难控制确切的交货时间，因此习惯上把货物装运的时间，即把货物装到出口船上或他运输工具上作为卖方的交货时间。

2．装卸港口的规定

合同中对装卸港口的规定也有多种，有的规定具体的港口名称；有的经双方同意对具体港口名称不做规定，而规定一个范围，也可规定两个以上范围，并在一定时间内确定最后卸货港。

3．装运方式

买卖双方除应明确运输方式（海运、铁路、空运或邮包）外，还需明确下列问题。

（1）能否转运的问题。货物由出口装运地原船、原车一次运至进口国，称为直运；中途须经转船、转车运输的，称为转运。货物经中途辗转，不仅费用增加，交货时间延长，还会增加货物损伤和意外损失的可能性，因此买卖双方在合同中应明确是否允许货物转运。

（2）分批装运问题。成交的商品，有的是一次交货，有的是分批交货。如果是后者，装运条件中必须明确分批装运与分批付款之间的密切联系。从卖方来讲，交货必须收回价金。因此在分批装运的情况下，也要求买方分批付款，即按每批装运的实际货值支付价款。为了明确责任，应在合同中明文规定。

（3）特殊装运要求。货物的性质不同，在装运方式上也有不同的特殊要求。例如，易腐蚀的货物应装在冷藏舱内或船舶水位线之下，有些货物要求装载于远离锅炉的货舱内，有些要求不得装载于舱面上等。这些特殊装运要求，应事先明确，并在合同中加以规定。

（4）装运通知。在国际贸易合同中，一般都有"装运通知"的规定。从卖方来看，货物装运完毕后发出装运通知，作为其向买方应尽的义务之一，其目的是便于买方掌握货物装运的情况，以便安排接运、转运、销售或生产等工作。从买方来看，由于装运地和目的地相隔很远，买方急切需要了解货物的装运情况，特别是在由买方负责投买保险的情况下，买方在了解船舶、开航日期和货物的确切数量后才能向保险公司投买保险，因此装运通知就成为装运条件的重要内容之一。装运通知的内容一般包括合同号码、货物名称、数量、金额、船名、开航日期、预计到达日期等。在洽谈和签订装运条件时，重点是装运时间问题，它关系到能否按时、按质、按量对外执行交货任务。同时，装运时间掌握的好坏，也将影响价格的高低和成交额的大小。

3.6.5 装卸费用分担条款转换应用

1. 运输条款与装卸船费用分担

因不同航线或有关国家港口惯例，运输条款和装卸船费用分担条款出现组合应用，具体表现如下。

CY—CY/LO（船公司付卸船费）
CY—CY/FO（船公司不付卸船费）
CY—CY/LIO（船公司付装卸费）
CY—CY / FIO（船公司不付装卸费）
CY/LI—CY（船公司付装船费）
CY/FI—CY（船公司不付装船费）

2. 支、干线中转条款与中转装卸费用分担

在支、干线中转运输中，经常会出现支、干线中转条款与装卸费用分担条款组合应用的情况，具体表现如下。

（1）出口支、干线中转条款与装卸费用分担。

CY—FI（由干线船付中转装船费）
CY—FO（由支线船付中转卸船费）

（2）进口支、干线中转条款与装卸费用分担。

FI—CY　　　　　（由支线船付中转装船费）

FO—CY　　　　　（由干线船付中转卸船费）

复习思考题

选择题

（1）运输、保险、金融、旅游、技术等商品贸易叫（　　）。

A. 无形商品贸易　　B. 有形商品贸易

C. 出口商品贸易　　D. 进口商品贸易

（2）甲国的货物经过丙国过境输往乙国，这对丙国来说，就叫（　　）。

A. 出境贸易　　B. 过境贸易　　C. 入境贸易　　D. 有形贸易

（3）相邻两国之间在接壤地区进行的小额贸易叫（　　）。

A. 境外贸易　　B. 境内贸易　　C. 边境贸易　　D. 国际贸易

（4）海洋运输货物的三个基本险是平安险、水渍险和（　　）。

A. 运输险　　B. 海运险　　C. 平安险　　D. 一切险

（5）根据保险业务的惯例，一般索赔时效为（　　）。

A. 2年　　B. 3年　　C. 4年　　D. 5年

简答题

（1）什么叫总贸易？什么叫专门贸易？

（2）什么叫直接贸易？什么叫间接贸易？什么叫转口贸易？

（3）什么叫易货贸易？什么叫补偿贸易？

（4）出口交易程序有哪些？

（5）目前我国使用的保险单证有哪些？

实训题

货物被伪造提单提走，谁该承担责任

2011年，B进出口公司与美商W公司按CIF旧金山价格成交一批出口货物，价值160 817美元，支付方式为D/P即期托收。货物出口前B公司委托货运代理A公司办理订舱发货。A公司根据船期和航线向美国S船公司办妥委载，并按时将货物装船发运，随后A公司及时将S船公司签发的已装船清洁提单交B公司。B公司将所有货运单据和其出具的汇票委托银行向美国旧金山W公司按D/P方式收款。不料单据到达旧金山后，W公司迟迟不去银行赎单。B公司多次向W公司催询，几经周折时间已过去3个月。至此，B公司已察觉情况不妙，于是求助一家保理公司进行追讨。经保理公司了解，W公司的经理已逃匿不见，货物已被W公司用伪造提单于50天前提走。B公司在万般无奈下便找货运代理A公司索赔。理由是：A公司选择的承运人不当，故应承担由此而产生的责任。

货运代理A公司称："我是受你的委托办理托运手续，提单上的托运人是你B公司，与我无关。承运人在凭提单放货时理应检查并确认提单上签字的真伪，在不辨真伪的情况下，就轻易放货，这属于承运人的责任，你理应尽速向S船公司进行交涉，必要时应诉诸法律。"

于是B公司在货运代理的积极协助下在美国旧金山对S船公司正式起诉，理由是S船公司违反信托契约和疏忽职守。因为原始提单是由S船公司设在中国的分公司签发的，该公司在中国港口和其他港口都应留有职员签字登记的样本。如果该公司没有这种可用来比较其职员签字登记的样本，S船公司就犯有不可推卸的疏忽过失。同样，如果S船公司确有这种用以辨别职员签字登记的样本，但未认真使用，也是犯了不可推卸的疏忽过失。作为承运人S船公司处在一个完全被托运人信赖的位置上，如果它们不能做到保护货物的安全，便是违反了信托契约。

旧金山法院判决：根据有关法律，S船公司犯有民事侵权行为，应承担全额货款的赔偿责任。如果S船公司保有民事侵权行为险，则债权人也可向债务人的保险公司进行索赔以补偿本裁决所要求的赔偿金额。

最后原告B公司从S船公司的保险公司取得了全额货款赔偿。

（资料来源：金乐，武素秋. 国际货运代理实务[M]. 北京：对外经济贸易大学出版社，1999.）

问题

B公司和承运人S船公司应通过这件事情吸取哪些教训？

分析点评：（1）B 公司在选择贸易伙伴时应事先做资信调查，在无任何调查的情况下就与新客户按 D／P 方式收款有失慎重，过于草率。

（2）承运人 S 船公司对提单上的签字不认真仔细审核就轻易放货的行为，也值得一些船代和货运代理引以为戒。有的船舶代理、货运代理凭电话就放提单实属欠妥。

（3）货运代理在选择承运人时应充分考虑承运人的能力和声誉及船舶的新旧程度。有的承运人租用一些超龄船和一些潜在的不适航的船进行揽货，往往在航途中出事而给货主造成损失，从而影响货运代理的声誉。

第4章

国际货运代理中的集装箱货运业务

本章学习目标

- ◆ 了解集装箱货运的优点；
- ◆ 掌握集装箱货运的基本概念及集装箱理货与货运事故处理的有关内容。

集装箱货物运输属于班轮运输，对货运代理人来说，班轮运输是从揽货开始的。揽货是指货运代理人为使自己所经营的代理业务从货主那里争取更多的货源，以期获得最好的经营效益的行为。

班轮运输是船公司在特定的航线上，按照公布的船期表进行有规则的、反复的航行和运输。船公司为了使船舶的载重量或箱位得到充分利用，力争做到“满舱满载”，除了自己揽货外，还委托其代理人揽货，甚至主动与货运代理公司建立关系，签订协议，留给其一定数量的箱位，争取更多的货源。

4.1 集装箱的选用与货物装载

集装箱应根据所运输的货物种类、包装、性质和运输要求来选择。

4.1.1 集装箱的定义

国际标准化组织（ISO）对国际标准集装箱做如下定义。

相关链接

集装箱的定义

集装箱是一种运输设备。

（1）具有耐久性，其坚固程度足以反复使用。

（2）为商品运送而专门设计，在一种或多种运输方式中运输时，无须中途换装。
（3）装有便于装卸和搬运的装置，特别是从一种运输方式转移到另一种运输方式时。
（4）设计时注意到便于货物装满或卸空。
（5）内容积为 1 立方米或 3 立方米以上。
“集装箱”一词不包括车辆和传统包装。

除了上述国际标准化组织的定义外，其他国际机构和公约也提出了类似的定义，如 1977 年 9 月生效的国际集装箱安全公约（CSC）、联合国经济委员会（ECE）等所提出的定义。总的要求是集装箱的结构附件和固定器具必须能够在承受通常应力的情况下，不间断地进行运输而不会产生永久变形。至于对集装箱的容积尺寸的要求，不同定义则不完全一致。

要注意的是，集装箱是一种必须在取得有关检验机构签发的有效货运证书以后，才能投入营运的运载设备。在国际上营运的集装箱一般都有固定的符合国际标准化组织和其他国际公约规定的标记、标牌。目前，国际上发放这类证书的权威机构有美国船舶局、德国劳氏船级社、英国劳氏船级社、法国船级社、日本船舶用品检验局、日本海事协会、日本检查协会等。

在集装箱运输中，符合国际标准的集装箱是使货物标准化的装运设备和外包装，是集装箱运输的基本单元。在运输过程中，它既是货物的一部分，又是运输工具的组成部分。除少数属货主自有箱或租赁箱外，绝大多数集装箱是由船公司或其他集装箱运输经营人提供的。

4.1.2　集装箱和集装箱运输的优点

自集装箱运输问世以来，发展迅猛，这与其所具有的优点是分不开的。

1．集装箱的优点

集装箱是用钢、铝、胶合板、玻璃钢或这些材料混合制成的。它具有坚固、密封和可以反复使用等优越性，这是任何运输包装都无法与之相比的。集装箱放在船上等于货舱，放在火车上等于车皮，放在卡车上等于车厢，因此无论在单一运输方式下或多式联运方式下均不必中途倒箱。集装箱的内部容量较大，而且易于装满和卸空，在装卸设备配套的情况下能迅速搬运。

2．集装箱运输的优点

（1）可露天作业，露天存放，不怕风雨，节省仓库。
（2）可节省商品包装材料，可保证货物质量、数量，减少货损货差。
（3）车船装卸作业机械化，节省劳动力和减轻劳动强度。

（4）装卸速度快，提高了车船的周转率，减少港口拥挤，扩大港口吞吐量。据统计，一个集装码头的作业量相当于7~11个普通码头的作业量，一台起吊设备装卸集装箱要比装卸件杂货快30倍。一艘集装箱船每小时可装卸货物400吨，而普通货轮每小时只能装卸35吨，每小时的装卸效率相差11倍。

（5）减少了运输环节，可进行门到门的运输，从而加快了货运速度，缩短了货物的在途时间。

（6）减少了运输开支，降低了运费。据国际航运界报道，集装箱运费要比普通件杂货运费低5%~10%。

4.1.3 集装箱的种类

随着集装箱运输的不断发展和装运不同商品的需要，也出现了各种类型的集装箱，常见的有以下几种。

1．杂货箱（General Cargo Container）

这类箱型除大部分箱头开门外，还有的是箱顶开门或箱侧开门，适用于装运各种杂货。

2．保温箱（Thermal Container）

这类箱型分两种：一种是防热箱（Insulated Container），另一种是冷藏箱（Refrigerated Container）。它们适用于装运因温度变化而容易变质的商品。

3．散装干货箱（Dry Bulk Container）

这类箱型可用吸力或压力装卸，适用于装运散装的谷物、豆类、肥类、种子等。

4．平板箱（Flats Container）

这种箱的角柱和边围侧板均可拆开，折叠成平板，适用于装运钢材、木材等商品。

5．罐装箱（Tank Container）

这是一种圆桶形的不锈钢槽，适用于装运散装液体和压缩气体。

6．牲畜箱（Live Stock Container）

这类箱的箱壁为金属网附有饲料槽，适用于装运马、牛、羊等活牲畜。

7．载车箱（Car Container）

这是一种框架式的集装箱，适用于装运大型卡车、叉车等货物。

4.1.4　集装箱的规格和船型

国际标准化组织于 1970 年制定的集装箱标准规格共有 13 种，如表 4-1 所示。随后国际标准化组织根据实际需要又于 1991 年 5 月 1 日在汉城决定增加以下几种规格：

IAAA 型　8′ ×9.5′ ×40　总重 30 480 千克

IBB 型　8′ ×8.5′ ×30　总重 25 400 千克

IBBB 型　8′ ×9.5′ ×30　总重 25 400 千克

ICC 型　8′ ×8.5′ ×20　总重 24 000 千克

表 4-1　1A—3C 型集装箱外部尺寸和总重量

系　列	箱　型	高（毫米）	宽（毫米）	长（毫米）	最大总重量（千克）
I	1A	2 438	2 438	12 191	30 480
	1AA	2 591	2 438	12 191	30 480
	1B	2 438	2 438	9 125	25 400
	1C	2 438	2 438	6 058	20 320
	1D	2 438	2 438	2 991	10 160
	1E	2 438	2 438	1 968	7 110
	1F	2 438	2 438	1 450	5 080
II	2A	2 100	2 300	2 920	7 100
	2B	2 100	2 100	2 400	7 100
	2C	2 100	2 300	1 450	7 100
III	3A	2 400	2 100	2 650	5 080
	3B	2 400	2 100	1 325	5 080
	3C	2 400	2 100	1 325	5 040

在上述这些规格中应用较多、较广的是 20 英尺（8′ ×8′ ×20′ ）和 40 英尺（8′ ×8′ ×40′ ）的箱型。20 英尺的集装箱是国际上计算集装箱的标准单位，英文称为“Twenty - foot Equivalent Unit”（TEU）。一个 40 英尺的集装箱等于两个 TEU，以此类推。

当前用来运载集装箱的船舶类型主要有 4 种。

1．半集装箱船（Part Cellular Ship / Semi Container Ship）

这种船只有部分舱内装有格槽（Cellular）用来放置集装箱，其余舱位用来装运其他货物，所以这种船又叫混装船。它多行驶于集装箱装卸设备不齐全的一些港口。

2．可变换的集装箱船（Convertible Container Ship）

这种船经特别设计建造，不专以装载集装箱为目的，其船舱部分或全部可装集装箱，也可改装其他货物。

3．全集装箱船（Full Cellular Ship / Full Container Ship）

这种船是专门设计用来装运集装箱的。它的船内有固定的格槽，每个格槽内均有垂直导轨，集装箱可沿导轨放下或提升，箱子的四角因受格槽的制约，故能稳固重叠堆放。这种格槽船随着集装箱运输的不断发展而逐渐向大型化、高速化发展。

4．滚装船（Roll-on / Roll-off Vessel）

滚装船又名驶上驶下船，这种船的船首、船尾或船侧有门可以启闭。打开门只要将船上的伸缩跳板与岸上码头连接，就可将集装箱放在底盘车上用拖车直接拖上拖下。如果货物是车辆，可直接驶上驶下。

集装箱的积载随船只的类型不同而不同，在无格槽的船上将集装箱堆放在甲板上，沿船体靠拢并用粗铁链和锁头将集装箱捆牢固定。在格槽船上，集装箱堆放在格槽里，一般可堆放九层，舱内六层，舱上三层，通常甲板上的集装箱占 25%～35%。在滚装船上，甲板上的箱子用捆绑设备加以固定，在舱内的箱子置于固定的位置上或置于各种类型的拖车上。

4.1.5 集装箱运输的机构

随着集装箱运输业务的发展，各种运输机构应运而生。

1．无船公共承运人（Non Vessel Operating Common Carrier，NVOCC）

集装箱运输通常是从一个国家的内陆点收货，然后起运至另一个国家的内陆点交货，大都为多式联运，中途要经过多次换装。这种复杂的运输方式如单独由海运、铁路或公路承运人负责全程运输存在很大困难。无船承运人就是为了解决这一难题而产生的，它本身一般不具有运输工具，一方面以承运人的身份向货主揽货，另一方面又以托运人的身份向实际承运人托运。它将各种不同运输方式有机地结合起来，对货主签发联运提单并对全程运输负责。

2．实际承运人（Actual Carrier）

实际承运人是指拥有大量集装箱和集装箱船只的轮船公司。它除承运集装箱货物外，有的也经营揽货、装箱、拆箱等业务。例如，我国中远、外运除拥有集装箱船经营集装箱货运外，还设有货运代理部、货运站等业务职能部门。

3．集装箱码头经营人（Container Terminal Operater）

集装箱码头经营人是专门办理集装箱装卸、交接、保管的部门，一般备有集装箱专用码头（Container Terminal）和堆场（Container Yard，CY）。堆场是专门用来保管和堆放集装箱（重箱和空箱）的场所。对于由货主或货运代理自行装箱的整箱货或由货运站拼装的整箱货均需在堆场办理交接。堆场一般都设在港口的装卸区内。

堆场根据承运人委托办理下列业务。

（1）与货主、货运代理或货运站办理整箱的交接。

（2）根据装箱单（第四联）查对箱号、铅封，如无问题，签发场站收据（Dock Receipt，D／R）交货主或货运代理。

（3）办理集装箱的装卸并编制集装箱的装船配载计划。

（4）签发设备交接单和收、发空箱。

（5）办理集装箱存储、保管、维修、清扫、熏蒸和出租等工作。

4．集装箱货运站（Container Freight Station，CFS）

集装箱货运站又叫中转站或拼装货站。对于不足一箱的出口货物，由货主或货运代理将货物送到货运站，货运站根据货类、流向合理组合进行拼装，又叫集拼。对于进口的拼箱货物，由货运站进行拆箱并将货物分别交给有关货主。货运站一般设在港口、车站附近或内陆大城市交通方便的场所。货运站通常代表承运人办理下列业务。

（1）出口拼箱货物的交接、配载、装箱和将拼好后的重箱送往堆场。

（2）进口拼箱货物的接箱、拆箱、卸货、拨交和保管。

（3）办理集装箱的报关、铅封和签发场站收据。

（4）办理各项有关单证的编签工作。

但在各口岸也有部分货运代理专门从事集装箱拼箱业务，此类货运代理具有双重身份，它既是承运人又是托运人，并应具备下述各项条件：① 拥有装箱设施和能力；② 与国外目的港（地）的货运站或货运代理建有互相代理的业务关系；③ 经政府主管部门批准，有权与货主订立运输合同，签发自己的提单（House B／L），并受该单据上的条款约束。

他们在向实际承运人托运时对每票拼箱货都要制作一套托运单（含 D／R），并附在所拼成箱子的汇总托运单（含 D／R）之后。例如，由四票货拼成的一个整箱，该整箱总托运单上的货名应为集拼货物，重（数）量、尺码也应是四票货物的汇总数。但提单号只能是一个，因此在签发每票货的提单号之后应加注 A、B、C、D 字样以示区别。

5．集装箱租赁公司（Container Leasing Co.）及其租赁方式

集装箱的造价较高，一个 20 英尺的钢制集装箱为 2 000 ~ 2 500 美元，40 英尺的钢制集装箱为 4 000 ~ 5 000 美元，所以货主很少自备，就连一些小的轮船公司也购置不起，因此在国际上就出现了专门经营集装箱出租的公司，其业务范围包括出租、回收、存放、保

管、维修等，出租对象为承运人、无船承运人及货主等。

据报道，全世界集装箱租赁公司不下四五十家，其中有7家资本较为雄厚，闻名于世，它们拥有数以万计不同型号的集装箱。

（1）国际集装箱运输公司（Container Transport International，CTI）。该公司是7家中最大的一家，属美资企业，在世界上设有200多处出租点，拥有近20万只TEU。

（2）海上集装箱公司（Sea Container Inc.，SCI）。这是一家英资公司，拥有近20万只TEU。该公司的特殊箱型较其他公司多，在冷藏集装箱的出租上已占垄断地位。

（3）SSI集装箱公司。它是美国伊特公司的集装箱租赁部，拥有12万余只集装箱，其中以40英尺的箱型较多，以出租干货箱为主。

（4）尤尼弗莱克斯集装箱公司（Uni—Flex Container Corp.）。该公司也拥有10万余只集装箱，其中以铝制箱为主。

（5）英特普尔集装箱公司（Interpool Container Inc.）。该公司亦为美资公司，拥有近10万只集装箱，大多为干货集装箱。

（6）集成集装箱运输公司（Integrated Container Service，ICS）。该公司为美资公司，主要经营散装、开盖和干货集装箱，约拥有9万余只集装箱。

（7）XTRA公司。它也是美资公司，约拥有6万余只集装箱，其中一半为铝制箱。

上述7家公司约占世界集装箱出租总数的38%，不仅没有集装箱的轮船公司向它们租赁，就连自备有集装箱的一些大轮船公司，也往往因为自己的集装箱不够用而向它们租赁。

国际上集装箱的租赁方式分长期租赁和短期租赁两大类。在长期租赁中又分金融租赁和租期租赁。前者是在约定的租赁期限到期后由租方买断所租的集装箱；后者的租期通常为3年、5年、7年不等，期满应归还原箱。在短期租赁中又分单程租赁（One-way Lease）、来回租赁（Round Trip Lease）和灵活租赁（Master Lease）3种。

长期租赁的租金要比短期租赁的租金低。以单程租用一个20英尺的普通箱子为例，每天租金约2美元，提箱费约50美元，还箱费约100美元，若租用50天，则平均每天要支付约5美元。可见租箱的成本是相当高的，因此航运界最怕压港、压船、压箱。

4.1.6 集装箱内的货物积载

货物装在集装箱内虽然由于装卸次数减少而不致残损，但若积载不当或无视货物的性质和包装情况，也会造成货损。因此，在积载时应注意以下一些问题。

（1）要根据集装箱的尺寸，考虑单件货物的包装尺寸，以确定堆码的层次和方法。在往箱内装货时，只要总重量（集装箱的自重加货重）不超过集装箱所允许的载重量，就充分利用箱容，不要使箱内留有较多、较大的空隙。

（2）不同的货物混装在一个箱内，应根据货物的性质、体积、重量及包装的强度调配货物摆放的位置，通常应将包装牢固、分量重的货物放在箱内的下层，将包装不牢、分量轻的货物放在箱内的上层。

（3）箱内的货物重量要分布均匀，以防箱内某一部分的负荷过大而使箱底弯曲或开脱，或者在起吊时发生倾斜。

（4）在箱内堆码货物时，应视单件包装的强度决定堆码的层数。为了防止压坏下层货物，应在适当的层次间垫放缓冲器材。

（5）为了防止货物相互碰擦、沾污、弄湿，应视情况在货物之间加隔板或遮盖物。

（6）箱内如有空隙，应加缓冲物料以防货物晃动，缓冲物料应选用清洁、干燥的材料。

（7）对于挂装货（如服装）应根据货物的尺寸长短，尽量设法利用箱容，并要注意保洁，切勿弄脏货物。

（8）货物装完后，在关箱前应采取适当措施，以防开箱时箱口的货物倒塌造成货损甚至伤人。

（9）对于拼箱货，在拼箱时应注意水分大的货物与干燥的货物、气味浓的货物与怕串味的货物、粉状货物、危险品货物与其他货物的拼装问题。

4.1.7　集装箱运输的进出口操作程序

1．出口操作程序

（1）订舱（即订箱）。发货人根据实务合同或信用证中的条款，或者货运代理根据委托人的委托书的内容向船公司或其代理填送集装箱货物托运单，办理订舱手续。

（2）接受托运并制作场站收据。从理论上说，船公司或其代理接受订舱后应根据托运单的内容制作场站收据，但实际上包括场站收据在内的全套托运单均由发货人或货运代理制作。船公司或其代理接受订舱后应在托运单上加填船名、航次和编号（该编号应与事后签发的提单号相一致），同时还应在加盖船公司或其代理的图章以示确认，然后将有关各联退还发货人或货运代理以便其办理报关、装船和换取提单之用。

（3）发送空箱。整箱货所需的空箱由船公司或其代理送交，或由发货人领取；拼箱货所需的空箱由货运站领取。

（4）整箱货的装箱与交货。发货人或货运代理收到空箱后，应在装箱前（最晚不得晚于装箱前 24 小时）向海关办理报关，并应在海关监管下进行装箱，装毕由海关在箱门处施加铅封，铅封上的号码称为封志（Seal）。然后，发货人或货运代理应及时将重箱和场站收据一并送往堆场，堆场装卸区的工作人员点收货箱无误后，代表船方在场站收据上签字并将该收据退还来人，证明已收到所托运的货物并开始承担责任。

（5）拼箱货的装箱与交货。对拼箱货，发货人亦应先行办理报关，然后将货物送交货运站。但也可委托货运站办理报关，如属这种情况，则发货人应将报关委托书及报关所需要的单证连同货物一并送交货运站。货运站点收货物后，根据货物的性质、流向、目的港（地）的不同进行拼装。这时发货人最好派人在现场监装，以防发生短装、漏装、错装等事故。货运站的工作人员在点收货物后或在拼装完毕后应代表船方在场站收据上签字，并将该收据退交发货人证明收到所托运的货物，同时承担责任。

（6）货物进港。发货人或货运站接到装船通知后于船舶开装前5天即可将重箱运进指定的港区备装，通常在船舶吊装前24小时便禁止货箱进港。

（7）换取提单。场站收据是承运人或货运站收货的凭证，也是发货人凭以换取提单的唯一凭证。如信用证上规定需要已装船提单，则应在货箱装船后换取已装船提单。

（8）货箱装船。集装箱船在码头靠泊后，便由港口理货公司的理货人员按照积载计划进行装船。

（9）寄送资料。船公司或其代理应于船舶开航前2小时向船方提供提单副本、舱单、装箱单、积载图、特种集装箱的清单、危险货物集装箱清单、危险货物说明书、冷藏集装箱清单等全部随船资料，并应于起航后（近洋开船后24小时内，远洋起航后48小时内）采用传真、电传或邮寄的方式向卸货港或中转港发出卸船的必要资料。

2．进口操作程序

（1）寄送资料。起运港的船公司或其代理应在货轮抵港前（近洋24小时前，远洋7天前）采用传真、电传或邮寄的方式向卸货港提供提单副本、舱单、装箱单、积载图、危险货物集装箱清单、危险货物说明书、冷藏箱清单等有关的必要的卸船资料。

（2）分发单证。船公司或其代理应及时地将起运港寄来的有关货运单证分别送给有关的进口货运代理或收货人、堆场和货运站，以便各有关单位在货轮抵港前做好各项准备工作。

（3）发正式到货通知。船公司或其代理应预告进口货运代理或收货人货轮抵港日期，并应于船舶到港后发正式到货通知。

（4）换取提货单。进口货运代理或收货人接到通知后应持正本提单向船公司或其代理换取提货单。

（5）卸船提货。货箱自船上卸下后，整箱货先存放在堆场，拼箱货先运往货运站。进口代理或收货人应在规定的时间内向海关办理进口报告，待海关放行后凭提货单至堆场提箱或在堆场开箱提货。如提箱还应在提箱前交付押金和办理设备交接单的手续。拼箱货则凭提货单至货运站提货。

（6）收货人或其代理在提箱时如发现铅封损坏或丢失，箱上有孔洞、货物短少或损坏，应在提货单的交货记录联上详细列明，并应要求堆场或货运站共同签认，以便事后凭以向船公司索赔。否则，船公司将不承担责任。

4.1.8　集装箱的管理

1．集装箱管理工作的主要内容

（1）集装箱船公司或其代理对集装箱在运输过程中的调度、分派、分配和使用进行跟踪管理。

（2）对集装箱的起租、退租、修理、保险、报关进行跟踪记录。

（3）协调各个货源地区的箱量，合理调配货箱以提高使用效率和加快周转率，最大限度地减少和避免集装箱的闲置、致残和丢失。

只有认真做好上述 3 个方面的工作才能降低运输成本，提高服务质量。

2．集装箱的管理机制

大型集装箱船公司在集装箱管理机制上通常采用四级制：① 全球的调配和管理；② 地区的调配和管理（如欧洲地区、北美地区、亚太地区等）；③ 国家的调配和管理；④ 各港口的调配和管理。各级集装箱管理部门要对上一级集装箱管理部门负责并应及时沟通货源和箱量，力求箱货平衡。

3．集装箱管理的一般操作程序

港口的集装箱管理是基层集装箱管理，从集装箱进港到集装箱出港都要进行跟踪管理，具体的程序如下。

（1）进港前的准备。在集装箱船尚未进港前，该船所载的集装箱情况便由上一级集装箱管理或该船发运港集装箱管理代理通过电脑、传真或电传通知卸货港集装箱管理。这一通知通常称为“进口电”、“TDR”（Terminal Departure Report）或“CNTNR LIST”，均记载了该船所载的全部集装箱的箱号、尺寸、箱属（集装箱的所有人）、空重等情况，有的还载明各箱的收货人、货物、数量和重量等内容。卸货港的集装箱管理根据上述通知便可了解到港的集装箱情况，随即根据这一情况做出具体调度和安排并输入电脑，打印进口设备交接单，通知各环节的集装箱管理人员做好有关的准备工作。

（2）重箱进港。重箱进港按交接方式分整箱交和拆箱交两种。无论按哪种方式交接，收货人均需持提单和其他必要的单证到船公司或其代理的进口调度部门换取提货单，亦称小提单（Delivery Order，D／O）。提箱时，整箱的收货人要向集装箱管理缴纳集装箱押金，收取押金标准各地区、各港口规定不一。以天津为例，一般杂货箱为 3 000～10 000 美元／20′（即 20 英尺，余同）、5 000～20 000 美元／40′　。只有当收货人缴纳完押金后，集装箱管理部门才开具放箱单和进口设备交接单，然后凭所开单据提箱提货。拆箱交的集装箱于卸船后直接发往指定的货运站，再由货运站拆箱放货。拆后的空箱由集装箱管理码头调度，调回集装箱管理指定的堆场。

整提集装箱又分汽车整提和火车整提。不管采取何种整提方式，收货人将整箱运抵自己的仓库或工厂拆箱后，应负责将空箱按时送回集装箱管理指定的堆场。如超出免费使用天数，集装箱管理要在押金中扣除滞箱费，滞箱费按集装箱的种类不同而不同，一般杂货箱的免费期为 10 天。凡超过 10 天从第 11 天至第 20 天，按 5 美元 / 20′ / 天、10 美元 / 40′ / 天收取滞箱费，从第 21 天至第 40 天按 10 美元 / 20′ / 天、20 美元 / 40′ / 天收取滞箱费，从第 41 天起按 20 美元 / 20′ / 天、40 美元 / 40′ / 天，收取滞箱费。

（3）空箱进港。空箱进港多为上一级集装箱管理进行宏观调配和平衡箱量而安排的。进港时应由集装箱管理码头调度按规定向海关办理申报，通关后将空箱运至指定的堆场备用。

（4）堆场管理。无论整箱、拆箱还是空箱，都要安排到指定的堆场进行堆存。堆场在货箱进出场时都要进行检验，并在现场与提箱人、还箱人或拆箱人会签设备交接单，以便分析、分清货箱残损的责任，以有利于集装箱管理向有关责任方进行索赔。

在堆场内对集装箱的码放一般都是按箱属分类堆存的，并根据堆场的坐标进行记录。例如，按排、行、高进行记录，以利于管理和使用。堆场应严格服从集装箱管理的统一调度，根据“先进先出”的原则，合理派放货箱。凡有修箱能力的堆场，还应负责集装箱的维修和保养。

（5）空箱使用。发货人或货运代理向船公司或船代订箱委载时，有箱站装箱和自提装箱两种方式。集装箱管理根据各箱站装箱的货量安排空箱箱量，以供箱站拼装所委载的货物，箱站集拼后按统一规定将货箱集港。自提箱的发货人应先到集装箱管理缴纳集装箱使用押金，然后由集装箱管理开具提箱单，发货人凭此单到堆场提取空箱，并自行安排到工厂或仓库装箱，然后将重箱送回堆场或自行集港。

（6）重箱出口。箱站拼装的重箱及自提自装的重箱按规定集港装船后，港口集装箱管理根据出口舱单按目的港、箱号、箱型、尺寸、箱属制作“出口电”通知上一级集装箱管理或卸货港集装箱管理代理。

（7）空箱出口。集装箱管理根据上一级集装箱管理平衡量的安排，办理空箱委载，向海关申报，通关后集港装船发送指定的港口。

（8）起租和退租。有时上一级集装箱管理为了缓解某地箱源的紧张情况或为了减少某地货箱的闲置，需向租箱公司起租或还租一部分货箱，使箱货保持平衡，以降低费用成本。当地集装箱管理在取得租箱公司的租约号、放箱号和退租号后，应及时安排运力进行提箱或退箱，还需做好设备的交接手续。

4.2 集装箱货物的交接方式

在集装箱货物流通过程中，集装箱货物的流转程序主要有两种不同的形态，即整箱货货流和拼箱货货流。

整箱货是指由发货人自己负责装箱、计数，并加海关封志的集装箱货物，整箱货的拆箱一般由收货人办理。拼箱货是指不满一整箱的小票货物，通常由承运人或其代理人分别揽货，并在集装箱货运站或内陆仓库集中，将不同托运人的货物整理装箱，并加海关封志。拼箱货的拆箱、交货同样要在目的地的集装箱货运站或内陆仓库进行。

在集装箱运输中，根据整箱货和拼箱货的货源不同，其主要的交接方式有 9 种。

1．门到门交接（Door to Door）

该种货物的交接形式通常是指一个发货人和一个收货人。在由承运人负责内陆运输时，则在发货人的工厂或仓库验收后，负责将货物运至收货人的仓库或工厂交货。门到门交接的货物都为整箱货。

2．门到场交接（Door to CY）

这是一种在发货人的工厂或仓库接收货物并负责运至卸箱港集装货码头堆场的货物交接方式。门到场方式有时在承运人不负责目的地内陆运输情况下发生。

3．门到站交接（Door to CFS）

这是一种从发货人的工厂或仓库至目的地集装箱货运站的交接方式，通常是整箱接、拆箱交。

4．场到门交接（CY to Door）

这是一种在起运地装船港的集装箱码头堆场接货，并将其运至收货人工厂或仓库交货的交接方式，通常发生在承运人不负责起运地发货人至集装箱码头堆场间的内陆运输。

5．场到场交接（CY to CY）

这是一种从装船港的集装箱码头堆场至卸船港的集装箱码头堆场的交接方式，通常是整箱货。

6．场到站交接（CY to CFS）

这是一种从装船港的集装箱码头堆场至目的地的货运站集装箱交接方式。

7．站到门交接（CFS to Door）

这是一种从起运地的集装箱货运站至目的地收货人的工厂或仓库的交接方式，经常发生在拼箱接、整箱交的情况下。

8．站到场交接（CFS to CY）

这是一种从起运地的集装箱货运站至目的地集装箱码头堆场的交接方式。

9．站到站交接（CFS to CFS）

这是一种从起运地的集装箱货运站至目的地的集装箱货运站的交接方式，通常是拼箱接、拼箱交。

4.3 集装箱租赁业务

集装箱租赁业务对出租方和承租方均有利，所以在近十几年来，集装箱租赁业务得到了迅速发展。目前，全世界运营的集装箱有50%左右用于租赁。

4.3.1 集装箱租赁的优点

1．对于集装箱租赁的出租方

（1）投资风险相对小。对集装箱出租方而言，将资金投于集装箱船舶，开展航线运营，与将资金投于集装箱，从事集装箱租赁相比，后者的风险明显小于前者。

（2）加强了集装箱运输的专业化分工。专业集装箱租赁公司的出现与发展有利于箱务管理合理化程度的提高，有利于集装箱更有效地调配、提高利用率、加强维修，从而降低费用，提高整个集装箱运输的经济效益，使集装箱运输方式的优越性更充分地发挥。

（3）提高了集装箱的利用率。租箱公司的箱子可供各个班轮公司租用，所以箱子的利用率高而空箱调运次数低。

2．对于集装箱租赁的承租方

（1）可有效降低初始投资，避免资金被过多占用。租箱用少量资金就可取得集装箱的使用权，投资风险大为下降。

（2）节省空箱调用费用，提高箱子利用率。采用租箱可避免大量的空箱调运费。如合理利用单程租赁、短期租赁与灵活租赁等方式，则既能满足对集装箱的需求，又能节省租金，提高经济效益。

（3）避免置箱结构的风险。因为航线所运货物的结构变化，以及对特定箱型需求的变化，用箱人会面临无法满足所需箱量的情况。采用租箱，就可对所需特殊箱型随时予以调整，可规避由此带来的风险。有时由于国际标准的修订，有些箱型被淘汰，也不会由此带来损失。

4.3.2 集装箱租赁的方式

集装箱租赁大致可分成期租、程租、灵活租赁 3 种方式。

1. 期租

期租是指定期租赁的方式。按其租期的长短，可分为长期租赁和短期租赁两类。

（1）长期租赁。长期租赁一般指租期达 3 ~ 10 年的租赁。长期租赁的特点是承租人只需按时支付租金，即可如同自备箱一样使用；租期越长，租金越低。因此，对于货源稳定的班轮航线，采用这种方式租用一定数量的集装箱，既可保证航线集装箱需备量的要求，又可减少置箱费、利息及折旧费的负担，是一种比较经济的方式。

（2）短期租赁。短期租赁一般指租期在 3 年以下的租赁。这种租赁对班轮公司而言风险较小，较为灵活，而对租箱公司而言则风险较大。所以一般租期越短，单位租金越高。

2. 程租

程租是指根据一定的轮班航次进行租箱的租赁方式。这种方式对班轮公司而言灵活度大，对租箱公司相对不利。所以根据不同的实际情况，集装箱的单位租金会有很大的区别。程租可分为单程租赁和来回程租赁两种。

3. 灵活租赁

这是一种在租箱合同有效期内，承租人可在租箱公司指定地点灵活地进行提、还箱的租赁方式。它兼有期租和程租的特点，一般租期为 1 年。在大量租箱情况下，承租人可享受租金的优惠，租金甚至接近长期租赁。在集装箱货源较多，且班轮公司经营航线较多，往返航次货源又不平衡的情况下，多采用这种租赁方式。

在灵活租赁的情况下，由于提箱、还箱灵活，给租赁公司带来了一定的风险，因此在合同中规定有一些附加约束条件，如规定最短租期、基本日租金率等。一般最短租期不得少于 30 天，承租人须按租期支付租金。有时可能规定起租额，如规定承租人在合同租期内必须保持一定租箱量，并按超期租额支付租金（即当实际租箱量少于起租额时采用）。还可能规定全球范围内月最大还箱限额、月最小提箱量、各还箱地区的月最大还箱量等。

4.3.3 集装箱租箱合同的主要条款

1. 租箱合同的主要内容

租箱合同是规定承租人与租箱公司之间权利、义务、费用的法律文件。各租箱公司在开展租箱业务时，均制定具有一定固定格式的租箱合同文本，就双方承担的责任、义务、费用等方面的问题做出条款规定，其内容通常涉及以下方面：① 租金；② 租箱方式；③ 租箱数量与箱型；④ 交箱期与还箱期；⑤ 租、退箱费用；⑥ 交、还箱地点；⑦ 损坏修理责任；⑧ 保险。

2. 交箱条款

交箱条款通常规定租箱公司应在合同规定的时间、地点，将符合合同规定的集装箱交给承租人。

3. 还箱条款

还箱条款是指承租人在租期届满后，按合同规定的时间、地点，将状况良好的箱子退回租箱公司。

4. 损害修理责任条款

损害修理责任条款（Damaged Protection Plan，DPP）条款，指在承租人支付DPP费用的前提下，在归还箱子时，可不对租赁期间箱子的损坏负责，损坏的箱子由租箱公司负责修理。租箱合同中订有DPP条款，对承租人来说，可避免一旦发生箱子损坏后所引起的有关修理安排、查核、检验、支付修理费用等繁杂事务，并可节约将受损的箱子运至修理厂的额外费用。习惯上，DPP只承担比箱子本身价值低一点的一个固定限额。

5. 承租人的责任和义务

租赁合同中关于承租人的主要责任和义务如下。

（1）按合同规定的时间、方式支付租金。

（2）在租箱期内，承租人与租箱公司共同承担CSC规定的检验和修理责任。

（3）承租人在租箱期内，应承担本国或他国的一切有关集装箱的法律、法规规定的罚款、费用损失。

（4）承租人应承担租箱期内箱子的全损或灭失。

（5）承租人可在租赁的箱子外表贴上自己的标志，但不得任意更动原有的标志。

（6）在租箱期内，承租人应按有关规定使用箱子，不得超负荷装载，或者长期堆存有损箱体的货物。

（7）在租箱期内，承租人应对箱子进行良好的保养、维修，包括箱子的清洗、防污、油漆及更换必要的部件。

（8）在租箱期内，承租人应对第三者造成的箱子损坏承担责任，对其代理人或雇用人员对箱子造成的损坏负责。

6. 租金

租金支付条款的主要内容如下。

（1）一般租箱合同均规定租期以提箱日为起租日，退租日则根据租箱合同规定的租期或实际用箱时间确定。长期租赁的退箱时间根据合同确定。灵活租赁的退租日则为将箱子退至租箱公司指定堆场的日子。承租人在终止租箱时，应按合同规定的时间事先通知租箱公司，无权任意延长租期或扣留使用箱子。

（2）租金一般按每箱 / 天计收，即从交箱当日起算至租箱公司接受还箱的次日时止。

长期租赁或无 DPP 条款的租箱，原则上在修复箱子后退租。有的租箱公司为简化还箱手续，在合同中订立提前终止条款，承租人在支付提前终止费用后，集装箱进入租箱堆场，租期即告终止。此项费用一般相当于 5 ~ 7 天的租金。对于超期还箱，其超期天数的租金通常为正常租金的 1 倍。

（3）租金支付方式有两种：一种是按月支付；另一种是按季预付。承租人在收到租箱公司的租金支付通知单后的 30 天之内必须支付，如延迟支付租金，则按合同规定的费率支付利息。

（4）承租人应按合同规定的费率支付交、还箱手续费，此项费用主要用以抵偿租箱公司支付租箱堆场的有关费用（如装卸车费、单证费等）。其支付方式主要有两种：一种是按当地租箱堆场的费用规定支付；另一种是按租箱合同的规定支付。

7．保险条款

集装箱的保险是租箱业务的主要内容之一。在集装箱租赁期内，箱子的保险可由承租人自行投保，也可以与租箱公司订立协议的方式投保。

4.4　集装箱理货与货运事故处理

4.4.1　集装箱理货工作的意义和特点

1．集装箱理货工作的意义

理货工作是集装箱码头进出口业务中的一个重要环节，它具有点多、线长、面广、单人作业、三班昼夜作业的特点。理货质量的好坏不仅直接影响港口生产、船舶周转及进出口货物的运输，还会影响国家的对外信誉。因此，作为代表船方和收、发货人办理集装箱和集装箱货物交接工作的理货人员，应该而且必须熟悉和掌握集装箱理货的有关业务。由于理货工作处于承、托双方的中间地位，履行判断货物交接数字和状态的职能。因此，它对承、托双方履行运输契约，船方保质保量地完成运输任务，具有重要意义。

理货工作是国家对外的一个窗口。理货人员在外轮理货中，要接触外国船员，因此他们的一言一行和工作表现的好坏不仅代表一个国家理货人员的素质，还反映了一个国家和民族的精神面貌。

理货工作在一定程度上会影响国家对外贸易的顺利进行和发展。对于出口货物，理货把最后一道关；对于进口货物，理货把第一道关。因此，它对于买卖双方履行贸易合同，按质按量地交易货物，促进贸易双方的相互信任，以及船公司经营航线的积极性，都具有重要的意义。

理货工作是一项脑力与体力劳动相结合的管理工作，为船舶在港口装卸货物提供服务。由于各国理货机构的理货宗旨不同，因此各国理货具有不同的性质。有些国家和地区的理货机构是以提供服务为手段，以赢利为目的，这种理货就具有雇用和服务的性质。有些国家的理货机构是以实事求是为原则，以社会公益为目的，这种理货就具有公证或证明的性质。

2．集装箱理货工作的特点

集装箱理货主要具有以下 4 种特点。

（1）公证性。这是指以中间人的身份独立，公正地对承、托运双方交接的货物数字和状态做出实事求是的判断和确认，并出具理货证明，据以划分承、托运双方责任。

我国交通部颁布的《中国外轮理货公司业务章程》中明确理货的宗旨是："严守公正立场，遵循实事求是原则，维护委托方的正当权益。"同时在《中国外轮理货工作规程》中规定，"外轮理货工作具有公证性"、"理货人员必须立场公正"、"坚持实事求是原则"。以上表明我国的理货机构以实事求是为原则，以社会公益为目的，是公证性的理货机构。

（2）服务性。这是指理货服务于对外贸易和国际海上货物运输，服务于委托方，但又不受委托方的约束、授意和暗示，不偏袒委托方的利益。如当理货结果与委托方发生争议时，除非委托方能够举证说明理货结果错误，并被事实所证明，否则不能随意更改理货结果。因此，服务性是受到公证性制约的。这是我国理货的服务性和雇用性理货的根本区别。

（3）涉外性。这是指理货人员本身在外轮上工作，又与外国人打交道，这些外国人中有外国海员和外国企业家、商人等，因此不但要提高外事知识，而且要遵守外事纪律，要用自己的言行体现出中国人民的优秀品质，用自己的工作反映出中国理货的声誉。

（4）国际性。这是指船舶理货至少要由两个国家或地区的理货机构来共同完成，而且一个国家或地区理货机构的工作好坏，将直接牵连到另一个国家或地区的理货机构。这是由国际海上货物运输跨国家、跨地区的连续性特点所决定的。

4.4.2 集装箱理货工作的业务范围

根据理货公司的业务章程，集装箱理货工作主要的业务范围如下。

（1）航行国际航线船舶在我国港口装卸集装箱的理货工作。

（2）代表船方办理集装箱装、拆箱时的货物理货业务。

（3）接受收、发货人或国内外各单位委托，以第三者公证人身份，办理集装箱在各地装、拆箱时的理货业务。

4.4.3　集装箱理货工作的性质和原则

1．集装箱理货工作的性质

各国理货机构对船舶的理货，有的是委托性的，有的是强制性的，这取决于国家的规定。

（1）委托性理货。这是指要根据船方的申请，理货机构与船方才能建立理货关系。

（2）强制性理货。这是指不用根据船方的申请，理货机构就与船方自动建立理货关系。按照国际航运惯例，船舶在港口装卸货物时，要请理货机构代办理货业务。

根据我国交通运输部规定，外贸船舶在我国港口装卸计件货物时，实行带有强制性的理货。

2．集装箱理货工作的原则

《中国外轮理货公司业务章程》第 1 条规定："本公司的理货宗旨是：严守公正立场，遵循实事求是原则，维护委托方的正当权益。"

（1）坚持实事求是原则。理货工作必须以事实为依据，绝不能弄虚作假，有意掩盖事实真相，这就是实事求是的原则。因此，理货人员在工作中，必须做到不受任何一方的约束、授意和暗示，不迁就任何一方的不合理要求，不徇私舞弊，不屈从任何一方的压力，采取独立自主的立场，以货物的事实为依据，实事求是地理货。在编制各种单证时，要坚持"交前由交方负责，接后由接方负责"的原则，严格而公正地为船方和委托方把好数字和质量关。

（2）严守公正不偏立场。公正不偏的原则是对工作的高度责任感，公正的行为是对理货信誉的捍卫。要做到以事实为依据，如实反映理货结果，不受干扰，认真执行理货章程。

（3）维护委托方的合法经济权益。只要我们实事求是地反映理货事实，严格遵守公正立场，认真负责地进行理货，就能真正地维护委托方的合法经济权益。

4.4.4　进口卸船理货和出口装船理货

集装箱是一种现代化的运输工具，一只集装箱就是一个单元，所以每名理货人员必须以高度负责的精神，严格按工艺流程，有条不紊地进行集装箱的理货工作。理清箱号，检查铅封是否完好，集装箱外表是否残损，这是集装箱理货工作的中心环节。

1．进口卸船理货

（1）卸船理货准备工作。理货公司在收到船公司或其代理人提供的进口集装箱舱单、装箱单、积载图等单证资料后，应及时进行分类、装订和登记，防止遗失。核对进口舱单、装箱单和最后装箱港的集装箱积载图等单证，区别出整、拼箱，并按不同的装箱港结算出总箱数，计算出舱单上集装箱货物的净重，然后编制箱号圈销清单。如发现舱单与积载图上记载的内容不一致时，应立即联系外轮代理解决，如船舶已靠泊，则应联系船方解决。

根据船舶作业计划，派出理货组长和理货员。通常每艘船舶派 1 名理货组长，每条作业线派 2 名理货员。船舶作业前，理货公司将整理好的船舶资料交理货组长，并在单船记录本上交代任务，提出要求。理货组长收到资料后，应立即进行复核。对有特殊要求的船舶，作业前理货机构应召开船前会，制定相应的单船措施。理货人员登船前，应备齐单证资料和各种理货用品。

（2）卸船理货工作程序。理货组长登船后，应向船方索取集装箱积载图（远洋线）、进口集装箱舱单、进口装箱单和集装箱积载图（近洋线），以及一些附属的集装箱单证（如日本航线的集装箱清单、美国航线的参考清单、中国香港航线的重箱明细单等），了解集装箱的装载情况和危险品集装箱的积载位置，并商定对残损箱的验残方法等。

对近洋线船舶，理货组长收到上述有关资料后，要按照装箱单区别出舱单上的整箱或拼箱，并计算出舱单总箱数。所有箱号都要实行“三转移”（即舱单、装箱单、积载图三者之间的转移）。对远洋线船舶，理货组长要检查箱号圈销清单上的数字与积载图数字是否一致。

理货组长分配理货员的工作舱口，确定理货员的工作岗位和理货方法，提供理货资料，并交代有关的注意事项。理货员在接到理货组长提供的进口积载图和卸箱顺序单后，按分工实施如下的理货方法。

- 船边理货员应根据积载图，认真核对集装箱箱号，检查铅封是否完好，逐一圈销卸船的集装箱箱号，并在每工班结束后，与集装箱公司堆场人员办理交接手续。
- 甲板理货员的工作重点，是检查集装箱的外表有无残损，铅封是否完好。如发现异状，应及时通知船方验看确认，并记载在理货单和设备交接单上，经船方签认后方可卸船。工残集装箱则由责任工作组签认。

对铅封断失的集装箱，理货员须重新施封。重新施加的铅封号既要记录在设备交接单和理货单上，又要汇总记录在集装箱溢短、残损单上。

进口理货单由船上理货员根据船边理货员提供的箱号填制，作为理货组长圈销箱号清单或圈销积载图的原始凭证。

工班结束后，理货组长根据理货单编制日报单，并从总积载图上划去已卸船的集装箱移载箱位。

卸船结束后，理货组长根据理货单、设备交接单编制理货证明书和集装箱溢短、残损单，并填制单船报告单。

（3）有关卸船理货的附加理货工作。因船方原因造成理货人员停工待时，理货人员应编制理货人员待时记录，写明待时原因和起讫时间。各作业舱口的停工待时，应计入理货组长的待时时间。

在我国法定节、假日或每日后半夜工班，对外籍船舶、租船或中外合营船舶进行理货时，理货员应在理货单上注明“节、假日”或“夜班”字样。

对船方原因造成的舱内翻舱或出舱翻舱，应另外编制理货单和日报单，并注明翻舱或重装的起讫时间。

2．出口装船理货

（1）装船理货准备工作。理货公司收到船公司或其代理人送来的出口集装箱舱单和集装箱公司或其他订舱人送来的集装箱装船预配图装箱单和场站收据中的大副收据后，应及时进行整理登记，并做好如下几项工作。

1）根据装箱单分别核对出口舱单和大副收据。

2）根据装货单将箱号、铅封号、箱子状况（即整箱、拼箱和空箱）、卸货港名称等输入电脑，并打印集装箱清单。

3）计算全船出口总箱数和各卸货港的分箱数。

4）理货组长在船舶作业前，应向港区的有关配载部门索取两套装船预配图。

5）理货公司根据船舶作业计划，派出理货组长和理货员。与卸船理货一样，每艘船通常派 1 名理货组长，每条作业线派 2 名理货员。

对有特殊要求的重点船舶，要在作业前召开船前会，制定切实可行的单船措施。理货人员登船前，要备妥所需单证和各种理货用品。

（2）装船理货工作程序。理货组长登船后，应向船方了解出口集装箱的积载情况，征求船方对特殊集装箱的理货要求，并将这些内容详细记录在单船记录本上。

理货组长要根据集装箱清单，仔细核对港区提供的集装箱装船预配图，核对内容包括船名、航次、卸箱港、最后目的港、箱号和重量，并在集装箱装船预配图的每一个箱号旁边，打上已经核对的明显标记。若发现有疑问应及时与有关方面取得联系，以便妥善解决。

理货组长分配理货员的工作舱口，确定各自的工作岗位和理货方法，并向理货员提供有关资料，布置工作重点。

理货员接到理货组长的工作指令后，按分工实施如下的理货方法。

1）船边理货员应按理货组长提供的装船预配图，认真检查集装箱箱号，检查铅封是否完好，逐一圈销已装船的集装箱箱号。每工班结束后，按规定与集装箱公司船边验箱员办理交接手续。

2）在理货过程中，如发现出口集装箱外表残损，应及时通知集装箱公司船边验箱员验看确认，并编制设备交接单。

3）对铅封断失的集装箱，理货人员应联系集装箱公司或集装箱单位处理。验看确认后，由理货人员重新施封，并记载在理货单上。

4）甲板理货员应逐一记录每只集装箱的箱号，以及它们的实际装载位置。如发现集装箱破损或铅封断失，应及时通知船边理货员迅速处理。

5）工班结束后，理货组长应根据理货单编制日报单，根据甲板、船边两位理货员记录的箱号和集装箱的实际积载位置，校对与装箱单核对过的装船预配图，并在此基础上绘制集装箱实际积载图。

6）装船结束后，理货组长根据理货单编制理货证明书，再将集装箱的分积载图汇制成总积载图和各卸货港综合明细单（表）。

（3）有关装船理货的附加理货工作。出口的附加理货工作与进口相同。

4.4.5 拆箱理货和装箱理货

1. 拆箱理货

（1）拆箱前的准备工作。理货公司在拆箱理货作业前，必须设立单船拆箱表。所谓单船拆箱表，就是指把进口舱单上标明的提单号、箱号、每个提单号的总数及分箱数等有关数据，如实转移过来的一种供圈销用的台账。

（2）设立单船拆箱表时应注意的问题。转移进口舱单上的内容时，一定要参阅卸船理货过程中编制的集装箱溢短、残损单，尤其要注意已变动过的箱号和卸船结束日期，因为此日期是投保开始计算的日期。将各类集装箱残损和铅封断失等汇总情况，如实地转移到单船拆箱表上来。

设立单船拆箱表务求准确无误，因为该表在拆箱理货过程中将取代舱单，作为处理拆箱理货业务的主要依据之一。另外，拆箱理货人员必须在作业前备妥有关单船资料和理货用品。

2. 不同拆箱点的理货工作程序

不论拆箱在何地进行和采用何种操作过程，拆箱的依据都是集装箱公司签发的提货单。但是，由于接货人的不同，凭提货单发货允许用两种方式体现：① 当收货人或其委托人作为接货人时，一律凭提货单上记载的件数、标志等内容发货。② 当集装箱公司工作人员作为间接接货人时，可以凭集装箱公司签发的作业计划单、进货运站计划单等发货。

（1）拆箱进 CFS 作业。集装箱公司工作人员根据提货单编制作业计划单，理货公司接到作业计划单后应与单船拆箱表核对，确认其全部内容相符后，即安排理货员进行拆箱，与仓库人员进行点交点接。拆箱进 CFS 作业时应注意下面 3 点。

1）发现非作业计划单上所列内容的货物，要另做拆箱理货单，并应尽量完整地写明货物的包装、标志、重量和发货港名称等。

2）对上述货物，应要求仓库人员另外堆放，以便进一步复核。

3）当数只集装箱同时作业时，如箱内货物发生溢短、残损，则务必要查清溢出或短少、残损货物的箱号。

（2）港区内车提作业。凭提货单发货允许的两种方式和作业时的注意事项基本同拆箱进 CFS 作业一样。但当接货人是收货人或其委托人时，如提货单内容与海运提单（正本）有出入，则应以海运提单为准。如提货单内容与进口舱单有出入，除危险品货物外，原则上可以接受保函。

接受保函的前提条件是：出具保函人必须具有海运提单（正本）或各种由发货人直接邮寄给收货人的有关单证，能从这些单证中判断该批货物确属该收货人。

保函的内容大致包括：一旦查清该批货物属于他人所有，出具保函人应将货物运回或按价赔偿损失，对于发生的这一切，理货人员不承担任何责任等。

（3）港区内落驳、装火车作业。凭提货单发货允许的第一种方式作业，注意事项同前两种作业大致相同。对这种作业，理货人员要严格把牢提货单上表明的件数，特别是大宗货物，交接总数应掌握在提货单规定的发货数之内，不能超出。

（4）市区内、外拆箱作业。该作业也是按第一种方式凭提货单发货，注意事项也基本相同。但是，当箱内货物溢出时，理货人员原则上要在拆箱作业结束后，将溢出货物带回发箱处，不得随意采取接受保函等方式将这些货物留在拆箱点，尤其是对不同标志的货物。

3．拆箱作业的结束工作

每只集装箱拆箱作业结束后，理货人员要根据拆箱结果，编制拆箱理货单，提请接货人签认。

每日拆箱作业结束后，理货公司要及时安排人员销账，将经签认的拆箱理货单上的全部内容，如实转移到单船拆箱表上。

全船拆箱作业结束后，理货人员应根据单船拆箱表编制集装箱货物溢短、残损单。该单经公司加盖业务章后，分发给各有关单位。

4．理货公司提前出证业务

在拆箱理货作业中，还有一项属于理货公司提前出证的业务。这是一项慎之又慎的工作，处理得好与坏将直接影响理货公司的信誉。

提前出证业务是集装箱船舶所特有的，是由于整条船舶集装箱理货内货物过程过长而产生的。从某船第一只集装箱开始拆箱作业起，直至该船所有集装箱全部拆卸完毕，一般需要 3 个月左右的时间，这样就出现了持有某一提单的收货人未能按提单数收到全部货物，而要求出证的问题。根据理货公司业务章程规定，只有在全船集装箱拆卸完毕后，理货人员才能编制集装箱货物溢短、残损单，而不是按照每一个提单分别编制的。所以，在理货公司接受委托、办理货物交接手续时，为了维护委托方的正当权益，使他们能在规定的期限内提出索赔，减少损失，理货公司应安排人员做好该项工作。

5．装箱理货

（1）装箱前的准备工作。理货公司接受装箱理货业务后，首先应了解谁是委托方，即是代表船方还是代表其他委托方参加装箱理货，以便确定是否需要制作装箱单。

理货公司根据装箱业务的具体情况，确定采用派人定点，还是随时派人的办法，并通知装箱单位，同他们建立必要的业务联系。

理货作业前，理货人员应向有关方索取装箱预配单（该单记载内容较为简略，仅标明船名、航次、装货单、货名、件数、尺码号，以及准备用多少 20 英尺箱数或多少 40 英尺箱数）。在有条件的情况下，装箱理货人员应根据出口舱单和代理公司提供的装货清单进行核对，检查这些单证上记载的内容是否一致。

（2）装箱理货工作程序。装箱理货人员根据装箱预配单，向装箱单位索取装箱资料，包括装货单、箱号清单等，仔细核对装箱预配单，确认需装箱数和箱号清单上提供的箱数是否相符。

当发现不一致时，应联系装箱单位及时查明原因。然后，理货人员按装货单提供的货物标志、货物件数，与装箱单位工作人员点交点接，坚持在箱边理清装箱件数，剔除残损货物。

1）根据装箱预配单核对装箱货物的标志、件数、包装、重量、目的港等内容是否相符合，不相符的不能装，待联系发货单位处理后再装船。

2）严格执行箱边理货，逐件进行检查和核对，做好件数记录，剔除残损货物。

3）指导工人装箱积载，充分利用箱容，保障货物安全。

4）在装箱理货过程中，要准确计算箱内货物的重量，保证 20 英尺箱的最大总重量（含货物重量和集装箱自重）不得超过 20 320 千克，40 英尺箱的最大总重量不得超过 30 480 千克，以确保运输和装卸的安全。

5）装箱完毕后，由理货人员对集装箱施加铅封，并把铅封号填写在理货单上。集装箱施封后，如有关单位需要对集装箱再次施加铅封，则两个铅封号都应记录在理货单上。

6）理货人员根据每箱理货结果，编制装箱理货单，并与装箱单位工作人员办理交接手续。

（3）装箱作业时清点装箱件数的方法。

1）接受委托，以第三者身份参加装箱理货。在这种情况下，装箱单一般都已事先编制好，理货人员应根据装箱单上的内容，逐一圈销已装入箱内的货物。工班结束时，应及时编制装箱理货单，经发货人签认后，办妥货物交接手续。

2）代表船方装箱理货。理货人员应根据场站收据上的内容，划关计数。工班结束时，应编制装箱理货单，同发货人办妥交接手续，并在此基础上，编制集装箱装箱单。

（4）装箱作业的结束工作

编制集装箱装箱单时，要贯彻按货物进箱的先后顺序来排列装货单号的原则，以便为卸货港拆箱时提供方便。

理货公司要安排人员整理现场提供的装箱理货单和集装箱装箱单，根据装箱单批注装货单，然后把全部程序纳入集装箱的理货工序，让装箱和理货两道工序有机地结合起来。

4.4.6　集装箱货损事故及主要原因

集装箱货损事故的产生有以下几个主要原因。

1．货物本身或包装方面存在的缺陷

例如，木板箱包装没有足够的强度，造成木箱破损、货物倒塌。又如，进口采用“门到门”运输方式的奶粉，因其包装纸太薄，在拆箱时造成破损。还有装箱配载时忽视了货物可能产生的互抵性，造成箱内不同性质的货物相互损害等。

2．集装箱本身的缺陷

由于集装箱自身结构材料或设备的不足，以及操作不当也可能造成货损。如因集装箱防雨密封性能不良、附属器具不良、箱内清扫不彻底、选用不适货的集装箱等造成对箱内货物的损坏。

3．货物装毕封箱或开箱取货不当

货物装毕封箱或掏箱取货不当主要是指由于工作人员对业务知识或工作经验缺乏，在操作时导致货物损坏。例如，箱门密封垫损坏、损缺，或密封垫老化等原因造成箱门不密封而使箱内货物受潮损坏。

4．箱内货物积载或系固不当

集装箱在运输过程中不断地受到震动、颠簸和摇晃，装在箱内的货物如果缺乏必要的绑扎、衬垫和加固，或者重量分布不均匀，一旦遇上大风浪，就会在急剧移动中产生相互撞击和摩擦，导致货物受损。

5．运输途中对温、湿度的变化考虑不周

在众多影响货物质量的因素中，周围空气的温、湿度是最重要的，它会引起货物自身

的物理变化，使货物受损。集装箱运输通常是国际间的运输方式，要经过热带、温带和寒带地区，受周围的气候变化影响很大，因而对货物的影响也就很大。

6．集装箱种类选择不当

对必须装在封闭式集装箱内的货物选择了开顶集装箱，结果造成货物损坏。例如，运输钢铁制品采用开顶集装箱，但没有采取遮盖物遮盖而导致货物生锈。

7．集装箱内货物被盗

如由于封箱铅封等原因导致集装箱箱内货物被盗等。

8．集装箱处理不当及外来事故

例如，装卸作业中的碰撞、破损、跌落等；海运过程中的箱位移动、海水浸入、积载不当、加固不良、暴风雨袭击等；陆路运输中的装载、加固不当或发生交通事故等。还有因保管不善引起的，如堆场里的集装箱，上层空箱由于受台风影响而发生移位现象，擦伤下层集装箱的箱顶以及诸多的偷盗灭失、错装误发等。

9．集装箱装卸操作中的问题

由于操作人员的技术不精良、操作不熟练而发生的货损事故等。例如，吊运作业中集装箱发生碰撞而导致箱体受损等。

10．由于偶然性事故的发生

不可抗力等原因造成的事故，如集装箱堆场遭受台风影响，集装箱货堆上层空箱发生位移，导致下层集装箱箱顶破损而使箱内货物受损。

4.4.7 集装箱保险

由于在航运过程中，集装箱装于船舶舱面，因而风险较大，这就需要对集装箱办理保险。

1．集装箱保险类别

全损险针对集装箱的全部损失。综合险针对集装箱的全部损失或部分损失。

例如，这些损失可以是由沉没、触礁，搁浅、碰撞引起的，也可以是由陆上或空中运输工具的碰撞、倾覆及其他意外事故和外来的火灾、爆炸等引起的。

2．除外责任

除外责任主要指以下内容。

（1）由于集装箱不符合国际标准或因其内在缺陷或特性及工人罢工等引起的损失和费用。

（2）正常磨损及修理费用。

（3）集装箱战争险条款规定的承保责任和除外责任及费用。

（4）与投保集装箱经营有关的或由其引起的第三者责任和费用。

3．责任起讫

定期保险的起讫时间以保险单规定的日期为准。

4．赔款

赔款应按下列因素确定。

（1）集装箱全损时，全部赔付。

（2）集装箱部分损失时，部分赔付修理或作为推定全损处理。

（3）赔付保险费后，追赔权属保险公司。

4.4.8　集装箱货物保险

集装箱货物保险责任应做以下认定。

（1）进口集装箱货物运输保险责任按原运输保险单责任范围负责，但保险责任至原保险单载明的目的港收货入仓库终止。

（2）集装箱货物运抵目的港，原箱未经启封而转运内地的，其保险责任至转运目的地的收货入仓库终止。

（3）如集装箱货物运抵目的港或目的港集装箱转运站，经启封开箱，全部或部分箱内货物仍需继续转运内地时，被保险人或其代理人必须征得目的港保险公司同意，按原保险条件和保险金额加批加费手续后，保险责任可至转运单上标明的目的地收货入仓库终止。

（4）集装箱在目的港转运站收货入仓库或转运至目的地收货入仓库，被发现箱体明显损坏或铅封被损坏或灭失，或铅封号码与提单、发票所列号码不符时，被保险人或其代理人或收货人应保留现场，保存原铅封，并立即通知当地保险公司进行联合检查。

（5）凡集装箱箱体无明显损坏，铅封完整，经启封开箱后发现内装货物数量、规格等与合同规定不符，或因积载或配载不当所致的残损，不属保险责任。

（6）进口集装箱货物残损或短缺涉及承运人或第三者责任的，被保险人有义务先向有关承运人或第三者取证，进行索赔和保留追索权。

（7）装载货物的集装箱必须具有合格的检验证书，如集装箱因不适货而造成的货物残损或短少，不属保险责任。

4.4.9　事故理赔和索赔

理赔是指受理他人提出的事故经济损失的责任赔偿的事务性处理工作；索赔是指向他

人提出的因事故造成经济损失的追索经济补偿的事务性处理事宜。一旦事故发生，当事人之间和可能负有连带责任的第三方之间将进行事故善后处理的全过程，称为理赔索赔过程。负有责任赔偿或经济给付的一方称为理赔方；享有经济补偿或责任赔偿的权利一方称为索赔方；既是理赔方又是索赔方的一方，称为负有连带责任的第三方。要说明的是，由于第三方与事故发生有直接的因果关系，在经济赔偿上，既有可能会因合约或协议的免除责任、限额赔付等免赔条件而免责，又有可能因权利转让后追偿不足而遭受一定的经济损失。

1. 事故处理和施救措施

作为当事人无论采取多么完善的安全防范措施，总是会有事故发生的。即使当事人不发生负有责任的意外事件，不会造成他人损失，但他人在装卸生产过程中，总难免会发生事故。所以，一旦事故发生，处理过程应注意如下几点事项。

（1）保护现场，维护秩序，拍摄现场，事实记录。

（2）事故责任部门或涉及者应立即向上一级主管部门报告。

（3）召开事故分析会。

（4）通知事故涉及方，负有保险责任者，也应及时通知保险人。

（5）采取行之有效的施救措施，减少事故损失，不致损失扩大。

（6）当事人之间约定事故损失，不能约定者可请第三者参与。

（7）确定事故责任，按责任承担经济赔偿。

（8）责任者根据责任大小、有关法律条文及定损公估报告等事实依据，给予赔付。

（9）事故类别涉及相关的风险责任保险的，编制向保险人提出经济补偿的索赔报告，并根据保险合约追索应该享有的损失补偿和经济给付的权利。

（10）根据事故分析报告，落实相应的整改和防范措施，踏踏实实抓好安全生产，杜绝重复事故，遏制重大事故的发生。

2. 事故经济损失的计算内容

事故的经济损失分两种：一种是直接损失，另一种是间接损失。间接损失在一般的情况下不予计算在内，例如，因事故发生而影响的利润收入及影响第三方以外的经济收入（另有约定的除外）。直接损失是指以下内容。

（1）事故本身的实质性的物资损害。

（2）事故保护、整理、抢救等施救费用。

（3）修理费及因修理而产生的其他必要费用。

（4）事故鉴定费。

（5）事故处理的必要的行政开支。

（6）银行贷款利息。

（7）如需重新进口的物资，则增加运输费、保险费、理货费，检验费、仓储费等相关费用。

（8）如诉至法院或提至仲裁机构的，预计发生的律师费、诉讼费以及其他必要的合理费用。

（9）事故发生之前，当事人已同第二方订有合约、协议者，其违约责任也应计算在内。然而，虽有违约的存在，但尚未产生或可以补救以致无任何经济损失的，可以不计。

（10）有人身意外伤害伤亡的，则涉及抢救费、医疗费、医药费、丧葬费、抚恤费、抚养费或伤残补贴费、营养费、误工费、护理费、生活困难补助费等相关费用。

3．理赔索赔材料

合同成立通常有两种形式：一种是口头合同，另一种是书面合同。在事故处理的理赔索赔过程中，口头承诺、口头合同一般不予采纳和接受。所以在事故处理和交涉中必须以书面材料进行交换沟通，当事人之间应互相收集、提供、整理理赔索赔材料并归卷入档，以便历史审查。理赔索赔的材料包括以下几项。

（1）事故的现场记载。内容要求原始、真实。

（2）现场录像、拍照。要求前后、左右、上下各种角度拍摄。

（3）事故报告。详细说明事故发生的日期时间、地点环境、当事人、涉及者、事故原因、损害品名、目测损坏或伤害程度、初步处理意见。

（4）商检的检验报告或公估行的鉴定报告或理货报告等。

（5）事故损失的物体清单、价值、合同、发票等有效凭证。

（6）向责任方追索赔偿的索赔报告或受理损失方提出赔偿给付的理赔报告。

（7）如果是货损、货差、箱损、箱差、机损、船损事故，则需进出口仓单、装箱单、船舶规范等日常业务流转的有关单据。

（8）道路交通事故，需公安局交警机关出具责任认定书、裁决书、调解书、损失清单等有关费用单据。

（9）人身伤亡需医疗报告、病史记录、医药费凭证、伤残、死亡等医院证明。

（10）与事故发生和事故损失，或在事故处理中有因果关系的各种有效凭证等。

4．理赔索赔操作程序

在理赔索赔操作过程中，要将事故的经济损失缩小到最低限度，必须注意其操作程序，必要时还需进行适当的技术性处理。就码头的理赔而言，事故一发生，应立即通知事故损失方、保险人等有关单位，进行现场查看，确定损坏或损失事实，然后对损害的主体进行检查、鉴定、测试、定损。如损害主体是物体的，该修理恢复的立即修理恢复，该重新购买或进口的则购买或进口。如损害主体是人身的，应住院医疗或医治至康复。如伤残或死亡，则根据政府有关赔偿规定办理，最后由受损方向当事人出具索赔报告。如当事人在该事故中，确系事故的责任者，就应按事故的责任大小进行比例赔付，如能引用企业服务条款或运用海运提单背书条款或政府机构的有关法律规定的有限责任者就进行限额责任赔付。

如该事故类别系码头责任保险的，应编制索赔报告，将该码头赔付金额损失向保险人提出补偿，直至码头得到保险人的赔偿给付为止。但在此过程中值得一提的是：如该事故的损害主体原已购买相关的风险责任保险，其受损方应首先向该损害主体的保险人提出索赔。由其保险人首先对该损害主体做出赔偿，同时由得到赔偿的受损方出具其权益转让书给保险人，然后由该保险人凭该权益转让书和有关赔偿凭证向码头提出追偿。码头根据国际惯例或经协商进行一次性的协议赔偿。随后，码头仍可按协议赔偿的损失金额向负有码头操作风险责任的保险人提出经济补偿，保险人将根据同码头间的合约扣除免赔额后赔付给码头。

索赔程序则与理赔程序相反。因此，一旦受损事故发生，除施救和收集有关证人、证词或事实证据、物权凭证、残损记录、货损价值等有关技术部门的测定报告外，尚需编制一份严密的具有事实依据的合情合理的索赔报告，向事故责任方提出全额赔偿。当然，也可以向责任保险人提出索赔。但应注意的是，如向其保险人提出索赔，就会遭受保险合约中的免赔额损失，所以一般不急于采纳，除非该事故的责任方无能力赔偿或得不到应付的损失赔偿。

5．索赔时效

当发生集装箱装卸或业务操作进行中的行为或自然灾害和外来的意外原因导致的任何事故或事件时，任何一方都应以书面形式及时通知另一方。经事故施救、损失鉴定、分清责任、确定损失程度后，就应该及时向责任方或保险人提出索赔。如延误索赔时间，将会受到时效限制，受损方将由此而增加麻烦或蒙受更大的损失。

索赔时效包括以下内容。

（1）财产保险项下的财产物资遭受损失之日起，必须在1年内提出索赔，如遭盗窃应在通知保险人后10天内提出索赔请求。

（2）海洋运输的保险货物，从被保险货物在最后卸载港全部卸离远洋海轮后起算，向保险人提出索赔最多不超过2年。

（3）向承运人提出索赔，最多不得超过1年；在时效期间内或者时效期间届满后，要向第三人提出追偿请求的，时效期间为90天。

（4）属于集装箱码头责任造成货物或船舶损失的，从码头编制货运记录或船损记录的次日起，不超过 180 天；涉及国外的则不超过 1 年（另有合约或法律规定的除外）。

（5）码头道路交通事故的保险车辆自事故车辆修验或交通民警对事故处理结果之日起 3 个月内，不提出索赔或不提供各种必要大单证，即视为自愿放弃权益。

（6）码头员工的人身意外伤害应在事故发生之日起 30 天内通知保险人，2 年内必须以书面形式提出索赔申请，否则做自动放弃权益处理。

（7）当事人之间相互索取各项违约金、滞纳金、速遣奖金、滞期费的时效，均按有关规定，或当事人之间约定办理。

复习思考题

选择题

（1）集装箱的内容积为（　　）以上。

A. 1 立方米　　B. 2 立方米　　C. 3 立方米　　D. 4 立方米

（2）目前，集装箱应用较多、较广的是 20 英尺（8′×8′×20′）和（　　）英尺（8′×8′×40′）的箱型。

A. 30　　B. 40　　C. 50　　D. 60

（3）实际承运人是指拥有大量集装箱和集装箱船只的（　　）公司。

A. 铁路运输　　B. 公路运输　　C. 轮船　　D. 航空

（4）（　　）是一种从发货人的工厂或仓库至目的地集装箱货运站的交接方式，通常是整箱接、拆箱交。

A. 门到场交接　　B. 场到门交接　　C. 场到场交接　　D. 门到站交接

（5）集装箱保险的全损险是针对集装箱的全部损失，综合险针对集装箱的全部损失或（　　）。

A. 部分损失　　B. 意外损失　　C. 自然损失　　D. 人为损失

简答题

（1）集装箱运输有哪些优点？

（2）集装箱的种类有哪些？

（3）集装箱货运站代表承运人主要办理哪些业务？
（4）集装箱运输的出口操作程序有哪些？
（5）租箱合同的主要内容有哪些？
（6）集装箱理货工作的原则有哪些？

实训题

传真件发货引起的纠纷案

2009 年 11 月，韩国某银行开出一张金额为 28 万美元的假远期信用证，通过南阳市 A 行通知，受益人为某土产制品公司。发货前，受益人就租船问题曾多次要求买方将信用证上的目的港由昆山改为仁川，但直至最后装船期，通知行和受益人均未收到信用证修改的正本，在已超过最后装船期的情况下，受益人无奈，只好凭申请人的已盖有银行受理章的信用证修改申请书传真件匆忙发货，并倒签提单，随后马上将全套装船单据传真申请人。同年 12 月 25 日，受益人持同一证下两套单据交通知行办理议付，其中一套金额为 70 560 美元，通知行即议付行认真审核单据后，发现单据不符点太多，退回受益人改单。2010 年 1 月 5 日，受益人持修改后的发票、装箱单等单据重交议付行，并通报议付行买方已提货，由于目的港与信用证规定的不一致，企业向银行出具保函，这时信用证效期已过，银行的 7 个工作日合理审单时间已用足，议付行在没有时间向开证行电提不符点的情况下，分别寄单和汇票至开证行和偿付行。1 月 12 日，议付行收到偿付行偿付货款。1 月 18 日，开证行发来拒付电传，指出由于目的港与信用证不符，要求退还已付货款 70 560 美元，并称单据留存，听候议付行指示，另一票货款不再追偿。

接到开证行拒付电后，议付行立即与受益人取得联系，企业经理专程赴韩国解决此事，未果而返，后又委托在韩国的代理协助调查此事。这期间，开证行曾多次发电要求退款，议付行经认真审核，认为开证行确实按照《UCP 500》第 14 条 d 款的规定，在合理时间内提出拒付，而且受益人提交单据上不符点是毋庸置疑的。在没有得到开证申请人确凿提货证明的情况下，议付行一方面致电开证行答应在开证行退回全部单据后退款，另一方面通过受益人在韩国的代理继续了解情况。很快韩国代理通过其他渠道从韩国海关拿到了盖有银行担保章，开证行要求退款的这一票的发票、提单和此信用证项下另一票的担保提货书及其他单据影印件共 5 份，议付行收到这些单据传真件后，立即回传开证行，并发电要求其调查此事。同时，由于开证行未将单据退全，议付行一直没有退款。5 月 23 日，开证行复电议付行称其确实出具担保提货书给申请人，但随后很快就收回。在掌握申请人确已提货的情况下，议付行抓住开证行回复电传中出具提货担保书这一关键点，立即电告开证行出具提货担保书这一事实，就丧失了提不符点的权利，应该无条件地付款，同时正告开证行声明保留索赔的权利，要求开证行给予真诚的合作，避免给两行之间的友好关系造成大的伤害。经议付行的据理力争，开证行自此以后一直保持沉默，不再提退款之事。

（资料来源：金乐闻，武素秋. 国际货运代理实务. 北京：对外经济贸易大学出版社，1999.）

? 问题

我们应从本案例中吸取哪些教训？

分析点评：

（1）收益人盲目凭申请人的信用证修改申请书传真件并匆忙发货。

（2）货物本身存在质量问题。

（3）开证行错误地出具提货担保后又拒付。

（4）议付行接到重大不符点的单据时应先向开证行电提不符点，得到认可后再寄单以保证安全收汇。

第5章 国际海上货物运输代理实务

本章学习目标

◆ 掌握班轮运输的概念和运费项目；运输航线的基本知识；国际海上货物运输进出口代理业务。

在国际贸易运输中，班轮运输是主要的运输方式之一。它的服务对象是非特定的、分期的众多货主，因此班轮公司具有公共承运人的性质。

班轮运输是在不定期船运输的基础上而发展起来的，迄今已有150多年历史。目前班轮运输的航线，已遍及世界各海域和主要港口，有力地促进了国际贸易的发展。

5.1 班轮运输业务概况

5.1.1 班轮运输的概念

班轮通常是指具有固定航线、沿途停靠若干固定港口、费率相对固定，按照事先规定的时间表航行的船舶。对于停靠的港口，不论货物数量多少，一般都可接受托运。

班轮运输是指按照规定的船期表在固定的航线上定期停靠若干个固定的港口所进行的货物运输方式。班轮运输分为正规班轮运输和非正规班轮运输。正规班轮运输的特点是船期准，各航次船舶对装货港的受载额相对固定，船方在接收货物后签发专用格式的提单。非正规班轮运输的特点是不定期、不定港或不定船，虽有船期表，但船舶到、离港口的时间可以有一定的伸缩性；虽然有固定的始发港和目的港，但中途挂靠的港口则视货源情况可能有所增减。

班轮运输较适合于数量较少、票数较多的杂货运输，如五金、纺织品、食品或某些贵重物品的运输。由于托运人的货物一般不足整船，甚至不足整舱，因而托运人采取托运方式，将货物交给承运人运输。目前大多数杂货船公司都用集装箱运输，分整箱和拼箱，装载效率很高。

5.1.2　班轮运输的特点

（1）班轮运输具有固定航线、固定港口、固定船期和固定费率，这是其最基本的特点。

1）固定航线。分远洋和近洋班轮公司航行航线。

2）固定港口。有固定的停靠港口，除了有固定的起运港、目的港外，还有固定的沿途停靠港口。这些固定停靠的港口，统称为基本港。

3）固定船期。指有固定的船期，班轮一般都排好船期表，定期开航，中途停靠港口的到达和离开时间也事先排定。

4）固定费率。班轮公司均备有运价表，亦称费率表，是班轮公司收取运费、托运人支付运费的依据。运价表中规定的基本运费率在一定时期内是固定的，运费包括基本运费率和各种附加费。

班轮运价内包括装卸费用，承托双方不计滞期费和速遣费，但双方须按船舶装卸速度交货或提取货物。

（2）承托双方的权利和责任豁免以船公司或其代理人签发的提单条款为依据，并受统一的国际公约制约，而不需要另订运输合同。

（3）承运人对货物负责的时限是从货物装上船起，到货物卸下船止，即“船舷至船舷”或“钩至钩”。目前承运人对货物负责的期间正延伸至在装港船边或承运人的码头仓库接运货物，在卸港船边或班轮公司或其代理仓库交货，并负责装卸。也就是说，承运人是在装货港指定的码头仓库接受货物，并在卸货港的码头仓库向收货人交付货物。

（4）承运人负责装货、卸货和理舱作业，有时还负责码头至船边（或船边至码头仓库）的搬运作业。航线两端的货运业务一般委托代理人安排和处理。

班轮运输有利于一般杂货和小批量货物运输；班轮运输时，买卖双方按船期表商定装运期和停靠的港口，运费也可事先按照运费表进行估算；班轮因竞争原因，船质较好，设备齐全，在其停靠的港口一般都有班轮公司的自用码头、仓库和装卸设备，对货物的安全、质量较有保证；班轮运输手续简便，方便货主。班轮一般采用码头仓库交接货物，并办理转口等方面的业务，为货主提供了极大的方便。

我国绝大部分进出口物资都是通过班轮运输的，占海运总量的 70%以上。在我国沿海、沿江各开放港口运营的班轮主要分为 3 类：自营班轮（如中国远洋运输公司经营的班轮、中国对外贸易运输公司经营的班轮、各地方轮船公司经营的班轮等）、中外合资班轮（如中波轮船公司、中坦轮船公司的班轮等）和外国班轮（如美国轮船公司的班轮，日邮、大阪三井、日本海运、川崎、东方等轮船公司的班轮，亚澳轮船公司的班轮等）。

5.1.3 班轮运输在国际海上货物运输中的地位和作用

由于班轮承运的对象是件杂货物，与大宗货物相比，具有批次多、批量小、货价高等特点，对港口装卸要求高。班轮运输的运输组织技术比较复杂，每艘班轮航次一般都要接运数百份、甚至上千份提单，且货物特性、包装差异很大，沿途挂靠四五个港口，每个港口有卸有装，又要不误船期，这就需要具备一定实力的设备和人员。因此，一个国家有多少定期班轮航线，每月能开出多少班轮航班，是衡量这个国家对外贸易和航运业发达程度的重要标志之一。

5.1.4 班轮运输承运人同托运人的责任划分

班轮运输承运人是指班轮运输合同中承担提供船舶并负责运输的当事人。班轮运输托运人是在班轮运输合同中委托承运人运输货物的当事人。

承运人同托运人责任和费用的划分界限一般在船上吊杆所能到的吊钩底下。换言之，托运人将货物送达吊钩底下后就算完成交货任务，然后由承运人负责装船。但风险的划分一般以船舷为界，即货物在装运港越过船舷以前发生的风险由托运人负责，越过船舷以后发生的风险由承运人（即船方）负责。承运人最基本的义务是按合理的期限，将货物完整无损地运到指定地点，并交给收货人。托运人的基本义务是按约定的时间、品质和数量准备好托运的货物，保证船舶能够连续作业，并及时支付有关费用。

5.1.5 班轮运费

班轮运费包括基本运费和附加费两部分。基本运费的计收标准不一，附加费又名目繁多且时有变动。

1．基本运费

基本运费是指货物在预定航线的各基本港口之间进行运输所规定的运价，是构成全程运费的主要组成部分。基本运费的计收标准，通常按不同货物分为下列几种。

（1）按货物的毛重计收。在运价表中以“W”表示，即英文“Weight”的缩写。一般以1吨为计算单位，吨以下取两位小数，也有按长吨或短吨来计算的。

（2）按货物的体积计收。在运价表中以“M”表示，即英文“Measurement”的缩写。一般以1立方米为计算单位。

（3）按货物的毛重或体积计收。在运价表中以“W / M”表示，以其价高者计收运费。按惯例，凡1重量吨货物其体积超过1立方米者即按体积收费；反之，1重量吨货物其体积不足1立方米者，按毛重计收。如机器、零件小五金工具，常按此办法计算。

（4）按货物的价格计收运费，又称从价运费。在运价表中以“Ad Val”表示，一般按商品 FOB 货价的百分之几计算运费。按从价运费计算运费的，一般都属高值货物。

（5）按货物重量或体积或价值三者中选最高的一种计收。在运价表中以“W / M or. Ad Val”表示。也有按货物重量或体积计收，然后再加收一定百分比的从价运费，在运价表中以“W / M plus Ad Val”表示。

（6）按货物的件数计收。如汽车、火车按辆（per unit）计算，活牲畜如牛、羊等按头（per head）计算。

（7）大宗低值货物按议价运费（Open Rate）。如粮食、豆类、煤炭、矿砂等大宗货物，一般在班轮费率表内不规定具体费率，在订舱时由托运人和船公司临时洽商议订。议价运费通常比按等级计算运费低廉。

（8）起码费率（Mini Mum Rate）。按每一提单所列的重量或体积所计算出的运费，尚未达到运价表中规定的最低运费额时，则按最低运费计收。

应当注意，如果不同商品混装在同一个包装内，则全部运费按其中较高者计收。同一票商品如包装不同，其计算标准及等级也不同。托运人应按不同包装分列毛重及体积，才能分别计收运费，否则全部货物均按较高者收取运费。另外，同一提单内如有两种或两种以上不同货名，托运人应分别列出不同货名的毛重或体积，否则全部货物均将按较高者收取运费。

2. 附加费

为了保持在一定时期内基本费率的稳定，又能正确反映各港的各种货物的航运成本，班轮公司在基本费率之外，又定了各种附加费（Surcharges）。班轮运费中的附加费名目繁多。

（1）超重附加费（Heavy Lift Add）。一件货物毛重超过运价表中规定的重量即为超重货。但各轮船公司对每件货物的重量规定不一，有的为 2.5 吨，有的为 3 吨，有的为 5 吨，有的为 8 吨。我国的轮船公司规定每件货物不得超过 5 吨。如超过限额，则按每吨加收一定的超重附加费。

（2）超长附加费（Long Length Add）。一件货物的长度超过运价表中规定的长度即为超长货。一般规定为 9 米，如超过则按每米加收超长附加费。如一件货物既超重又超长，则按价高者计收。如需转船，则每转一次，加收一次超重或超长附加费。这类货物在托运时，如有条件最好能拆装，将一大件拆装为几小件便可节省运费。如不能拆装，应在托运时在托运单上注明货物的重量、尺寸及其他应注意的事项，以便承运人在装卸时加以注意，以防造成货损。

（3）转船附加费（Transhipment Surcharge）。凡运往非基本港口且须转船运往目的港口的货物，须加收转船附加费，其中包括中转费和二程运费。但有的轮船公司不收转船附加费，而分别另收中转费和二程运费。中转费和二程运费连同一程运费，叫做“三道价”。

（4）燃油附加费（Bunker Adjustment Factor）。在燃油价格上涨时，轮船公司便按基本运价的一定百分比或按每一运费吨加收附加费。

（5）直航附加费（Direct Sur）。运往非基本港口的货物达到一定数量（如中远规定近洋直航须达到 2 000 吨，远直航须达到 5 000 吨），轮船公司始肯安排直航，直航附加费较转船附加费低。

（6）港口附加费（Port Add）。有些港口由于设备条件差或装卸效率低，轮船公司便加收附加费以弥补其因船舶靠港时间延长所造成的损失。一般按基本运价的百分之几收取。

（7）港口拥挤附加费（Port Congestion Sur）。有些港口由于拥挤压港压船，以致停泊时间较长，一般按基本运价收取附加费。通常此项费用金额较大，遇有这种费用，卖方应设法让买方负担。

（8）选港附加费（Optional Port Add）。托运时因不能确定卸货港口，只能预先提出两个或两个以上（最多不得超过 3 个）的港口作为选卸港。但所选港口必须是班轮的基本港口，货主应在货船到达第一选卸港之前 24 小时或 48 小时（各轮船公司规定不一）通知船方最后确定的卸港，否则船方有权将货物卸在所选港口中的任何一个港口。

（9）变更卸货港附加费（Alternation of Destination Charge）。货主要求改变原定卸货港口，如有关当局（海关）准许、船方又同意时便要加收此项附加费。如因倒舱困难或使船舶停留时间过长，船方也可拒绝，此项费用应由买方负担。

（10）绕航附加费（Deviation Sur）。当正常航道不能通行，须绕道才能将货物运至目的港时，轮船公司便要加收此项费用。

（11）货币贬值附加费（Devaluation Sur）。当运价表中规定的货币贬值时，轮船公司为弥补其损失便按基本运价加收一定比例的货币贬值附加费。

除上述各种附加费外，还有一些附加费须由船、货双方临时议定，如洗舱费、熏蒸费、破冰费、加温费等。

3．班轮运费的计算

上述基本运费和各种附加费均按班轮运价表计算。运价表又称运价本和费率本。它不仅包括商品、单位费率、计费标准、收费的币别、计算运费和附加费的方法，还包括适用范围、基本港口、港口规则、船货双方的责任和权利，以及直航、转船、回运、选择或变更卸货港口的方法等内容。

（1）运费计算步骤。

1）选择相关的运价成本。

2）根据货物名称，在货物分级表中查到运费计算标准和等级。

3）在等级费率表的基本费率部分，找到相应的航线、起运港、目的港，按等级查到基本运价。

4）再从附加费部分查出所有应收（付）的附加费项目和数额（或百分比）及货币种类。

5）根据基本运价和附加费算出实际运价。

6）运费=运价×运费吨。

（2）计算公式。班轮运输的计算公式为：

$$F = Fb + \Sigma S$$

式中，F 为运费总额，Fb 为基本运费，S 为某一项附加费。基本运费是所运货物的数量（重量或体积）与规定的基本费率的乘积。

即

$$Fb = f \times Q$$

式中，f 为基本费率，Q 为货运量（运费吨）。

附加费是指各项附加费的总和。在多数情况下，附加费按基本运费的一定百分比计算，其公式为：

$$\begin{aligned}\Sigma S &= (S_1 + S_2 + \cdots S_n) \times Fb \\ &= (S_1 + S_2 + \cdots S_n) \times f \times Q\end{aligned}$$

式中，$S_1+S_2+\ldots+S_n$ 为各项附加费。

5.1.6　班轮运输操作流程

（1）船公司以船期表将船舶行驶航线、挂港、船名、装港、船期、结载日期通过装货经纪人即指定的货运代理或船舶代理传达给出口商，或者直接刊登在公报上，以招揽货源满足满舱满载的需要。

（2）货运代理人或出口商向船舶代理人或船公司托运，递交装货单（S／O），提出货物装运申请。

（3）船代或船公司接受承运，指定船名签发 S／O，将留底联留下后退还给托运人。

（4）货运代理将货物送到装货码头，办理商检及海关申报手续，海关放行时在装货单上加盖海关放行章。托运人将放行的 S／O 交港口货运部门。

（5）船代编制货物装货清单 L／L 送船上、理货公司和港口装卸公司。

（6）船方按照 L／L 编制积载图，交船代分发理货公司和港口装卸公司安排装船。

（7）货物装船后，理货将 S／O 交给大副，大副核对无误签发收货单（大副收据或 M／R），记录货物的装货日期、识别标记、包装、重量、件数及收到货物时的状态有无任何缺陷。大副签发了大副收据即承认船东收到收据所列货物。

（8）船代将装货单转船公司或者由船代公司签发提单。

（9）货运代理或者出口商付清运费，领取已装船清洁提单。出口人将提单连同其他单证送至议付银行结汇。议付银行将提单寄回国外开证银行。

（10）船代根据提单副本编制出口载货清单（M／F），送船长签字后向海关办理船舶出口手续。编制出口载货运费舱单（F／M）以及提单副本，M／R 送船公司。卸货港代理需要的单据应由国内代理寄给船公司的国外代理。

（11）船舶载货从发货港运至收货港，途中船方对货物负责照管。

（12）卸货港代理接到船舶抵港电信后，通知收货人做好提货准备。

（13）国外收货人到开证行付清货款取回提单。

（14）卸货港代理根据装货港代理寄来的货运单证，编制进口载货清单或其他卸货单证，联系泊位做好卸货准备。船舶抵港后办理船舶进口报关手续。船靠泊后开始卸货。货物在收货港储存保管。

（15）收货人或委托货运代理向海关办理货物进口手续，缴纳关税。向卸货港船代付清有关港口费用后以正本提单换取码头提货单（D／O），凭 D／O 到码头仓库换取提货卡片提取货物。

5.1.7 相关运输单证

1．托运单（Booking Note，B／N，又称订舱单）

出口人委托货运代理订舱配载或办理出口代运委托单，或出口人向船公司或船代办理订舱委托单，由出口人根据贸易合同和信用证内容填制。

托运单的主要内容包括：托运人名称，收货人名称，货物的名称、重量、尺码、件数、包装式样、标志及号码、目的港、装船期限、信用证有效期、能否分运或转运，对运输的要求及对签发提单的要求等。

2．装货单（Shipping Order，S／O，又称关单，俗称下货纸）

装货单是由托运人按照订舱单的内容填制，交船公司或其代理人签章后，据以要求船公司将承运货物装船的凭证。

装货单的内容包括：托运人名称、承运船舶、卸货港；有关货物的名称、标志、件数、重量等详细情况；装船日期及装舱位置；货物实收时的情况以及理货人员签名等。

装货单是国际航运业通用的货运单证，通常为一式三联。第一联是装货单正本（Original）；第二联是收货单，习惯上称为大副收据；第三联是留底（Counterfoil），用于缮制装货清单。

除上述三联外，根据业务需要，还可增加若干份副本，如外代留底联、运费计算联、理货公司留底联、货运代理留底联等。

3．收货单（Mate Receipt，M / R）

收货单是货物装船后，承运船舶的大副签发给托运人或其代理人，表示已收到货物，并已将货物装船的货物收据。习惯上收货单也称为大副收据。

收货单是装货三联单中的一联，其记载内容与装货单相同。

4．装货清单（Loading List，L / L）

装货清单是由承运人或其代理人，根据装货单的留底联制作，按到港先后把性质接近的货物加以归类后制成一张装货单的汇总清单。

5．载货清单（Mani Fest，M / F）

载货清单又称舱单，是按卸货港逐票罗列全船载运货物的汇总清单，是在货物装船完毕后，由船公司或其在装货港的代理人根据提单编制的，编妥后再送交船长签认。

6．载货运费清单（Freight Manifest，F / M）

载货运费清单又称运费舱单，是由船公司或其在装货港的代理编制的。

7．货物积载计划（Stowage Plan）

货物积载计划是船方大副在装货前根据装货清单按货物装运要求和船舶性能绘制的一个计划受载图，又称为货物积载图。货物装船后根据实际装舱情况绘制的图表称为实际积载图。

8．提单（Bill of Lading，B / L）

货物实际装船完毕后，经船方在收货单上签署，表明货物已装船，发货人将经船方签署的收货单（大副收据）交船公司或其代理公司换取已装船提单。

9．提货单（Delivery Order，D / O）

提货单亦称小提单，是收货人向船公司提取货物的凭证。

收货人或其代理人向船公司在卸货港的代理人交出正本提单后，船公司或其代理人核对提单和其他装货单证的内容是否相符，并将船名、货物名称、件数、重量、包装标志、提单号、收货人名称等记载在提货单上，由船公司或其代理人签字交给收货人到现场提货。

5.1.8　海运提单

海运提单是海运进出口最主要的货运单证。进出口商货运代理人的全部工作可以说都是为提单而展开的，出口结汇时提单是不可缺少的，进口时交了货款才能取得提单，有了提单（正本）才能换取提货单。出口报关、报检等港口操作都是为了取得提单，进口报关、报检、提货索赔时缺少提单也不能进行相应程序。提单的重要性不言而喻。

1．提单的概念

提单是指用以证明海上货物运输合同和货物已经由承运人接收或者装船，以及承运人保证据以交付货物的单证。提单中载明的向记名人交付货物，或者按照指示人的指示交付货物，或者向提单持有人交付货物的条款，构成承运人据以交付货物的保证。这一点《汉堡规则》和我国海商法均已有明文定义。《1978 年联合国海上货物运输公约》（汉堡规则）（United Nation Convention the Carriage of Goods by Sea 1978-The Hamburg Rules）中的“提单”是指用以证明海上货物运输合同和货物已经由承运人接收或者装船，以及承运人保证据以交付货物的单证。提单中载明的由记名人交付货物，或者按照指示人的指示交付货物，或者向提单持有人交付货物的条款，构成承运人据以交付货物的保证。我国海商法采用了上述定义，在第 71 条中做了有关规定。

2．提单的当事人与关系人

提单的当事人是承运人与托运人。关系人有进出口商、提单持有人、银行、保险人、运输代理和通知人等。提单对不同的当事人和关系人有不同的意义和作用：承运人利用提单保护本身的利益；提单持有人可凭提单提取单上所列货物；托运人把提单视为货物已为承运人收讫的收据；进出口商可以利用提单周转资金；银行可凭提单进行抵押货款；保险人可承保提单上所列货物的风险；运输代理可受货物关系人的委托代办货物交接手续；通知人是代表收货人接货或通知收货人提货的人。

3．制约提单条款的国际公约

（1）1924 年 8 月 25 日在布鲁塞尔签订了《统一提单的若干法律规则的国际公约》（简称《海牙规则》）。

（2）1968 年 2 月 23 日在布鲁塞尔签订了《修改统一提单的若干法律规则的国际公约的议定书》（简称《维斯比规则》）。

（3）1978 年 3 月在汉堡通过的《联合国海上货物运输公约》（简称《汉堡规则》）。

《汉堡规则》虽已通过，但国际上使用的提单中仍以《海牙规则》的内容为依据的居多。

4．提单的作用

根据法律的规定，提单具有 3 项主要的作用。

（1）提单是海上货物运输合同的证明（Evidence of Contract）。承运方和托运方之间为了运输而订立的合同称为运输合同。海洋运输合同可分为租船运输条件下的租船合同和班轮运输条件下的班轮运输合同。

提单是运输合同的证明，而不是运输合同本身。因而我国《海商法》第 78 条第 1 款规定："承运人与收货人、提单持有人之间的权利、义务关系，依据提单规定确定。"

（2）提单是证明货物已由承运人接管或已装船的货物收据（Evidence of Receipt），是承运人签发给托运人的收据，证明已收到或接管提单所列货物。已装船提单是承运人出具的，是证明货物已收到并装上船付运的收据。

（3）提单是承运人保证凭以交付货物的物权凭证（Document of Title）。

按照提单的定义，承运人要按提单的规定凭提单交货。在货物交付以前，货物是处于承运人的保管或占有之下的。只要不是记名提单，提单就可以转让，即在市场上同有价证券一样转让，善意受让提单的持有人即可凭以向承运人提货。

另外，提单也是托运人凭以向银行办理议付结汇的单据。提单经过背书后在货物到达目的港之前，可以在市场上进行转让。

5．提单的种类

提单的种类很多，这里仅列出与货运代理业务有直接关系的提单。

（1）清洁提单和不清洁提单。

1）清洁提单（Clean B / L）。这是指没有任何有关货物残损、包装不良或其他有碍于结汇的批注的提单。银行只接受清洁提单结汇。

2）不清洁提单（Unclean B / L or Foul B / L）。这是指承运人在提单上加注有货物及包装状况不良或存在缺陷，如水湿、油渍、污损、锈蚀等批注的提单。

国际航运公会规定，下列 3 种批注不能视为不清洁提单：① 没有说明货物或包装不能令人满意，只是批注"旧包装"、"旧箱"等；② 强调承运人对货物或包装性质所引起的内在危险不负责任；③ 否认承运人知悉货物内容、重量、容积、质量或技术规格。

由于银行不接受不清洁提单结汇，变通的办法一般是出口人委托货运代理向船舶代理出具保函，要求船公司签发清洁提单先顺利结汇，并且保证如因货物破残短损及承运人因签发清洁提单而引起的一切损失由托运人负责。有的船公司要求货代出具赔偿保证书，因而货运代理出具的保函必须有出口人的书面委托。

（2）直达提单、转船提单、联运提单、多式联运提单。

1）直达提单（Direct B / L）。这是指货物从装运港装船后，中途不转换船而直接驶达目的港卸货的提单。

2）转船提单（Transshipment B / L）。这是指船舶从装运港装货后，不直接驶往目的港，而在中途的港口换船把货物运往目的港。凡按此条件签发的包括运输全程的提单，称为转船提单。转船提单往往由第一程船的承运人签发，货物中途转船，增加费用和风险并影响到货时间，故一般信用证内均规定不允许转运。但有些偏僻港口，直达船较少，买方一般也可以同意转船。

3）联运提单（Through B／L）。这是指经过海运和其他运输方式联合运输（例如海陆、海空联运）时由第一程承运人（船公司）所签发的，包括全程运输并能在目的港或目的地凭以提货的提单。签发此种提单的承运人应对货物负全程运输责任，一旦货物在运输过程中发生损害或灭失，货主只向签发此种提单的承运人索赔，承运人再向分程运输的实际承运人索赔。

4）多式联运提单（Multimodal Transport B／L or Intermodal Transport B／L）。这是指一批货物的运输需要包括两种以上不同运输方式，由一个承运人负责全程运输所签发的提单。这种提单主要用于集装箱运输。

按国际公约适用法律签发多式联运提单的承运人，应对货物的全程运输负责。各种运输方式的承运人，应对各自运输区段的货物负责。

如经证明，货物的灭失或损坏发生在多式联运的某一运输区段，多式联运承运人的赔偿责任和责任限制，应按适用于该运输区段的国家法规或国际公约办理。无法确定货物的灭失或损坏所发生的运输区段，多式联运承运人应按海上货物运输赔偿责任和责任限制负责赔偿。参加多式联运的各种运输方式的承运人，应按各自收取运费的比例分摊赔偿金额。

多式联运承运人与各种运输方式承运人之间，有关履行多式联运合同的关系，一般另行订立合同，但这项合同不得影响多式联运承运人履行多式联运合同的义务。联运提单和多式联运提单的区别与联系如表 5-1 所示。

表 5-1　联运提单和多式联运提单的区别与联系

项　目	联运提单	多式联运提单
英文名称	Through B／L	CT B／L，MT B／L，IT B／L
运输方式	海—海、海—其他方式、其他方式—海	两种以上不同方式
责任期间	船到船	交货到交货
提单类型	已装船提单	收货待运提单
签发人	海上承运人	多式联运经营人
签发时间	装船后	收货后
签发地点	装港或承运人所在地	收货人或经营人所在地
银行对单证的处理	《UCP500》23	《UCP500》26
责任界限	承运人仅对自己完成的区段承担责任	经营人对全程运输承担责任

（3）预借和倒签提单。

1）预借提单（Advanced　B／L）。又称无货提单，由于信用证规定的结汇日期已到，而货主因故未能及时备妥货物装船或尚未装船，或因为船期延误，影响了货物装船，托运人为及时结汇向承运人预先借用提单。

2）倒签提单（Anti　dated B／L）。这是指承运人或其代理人应托运人的要求，在货物装船后，以早于该批货物实际装船完毕日期作为签发提单的日期，以符合信用证或合同中关于装运期的规定所签发的一种提单。

倒签提单或预借提单，其签发提单的日期肯定早于实际装船完毕的日期。承运人签发倒签提单或预借提单（特别是预借提单）虽然是商业习惯所允许的，而且也是应托运人的要求，为了使托运人能及时结汇才签发的，但是承运人毕竟要承担很大的风险，因而应像不清洁提单的担保方法由托运人（委托货代）向船公司（或船代）出具保函。作为货运代理，在船公司同意的情况下，应确保这两种提单的货物完整装船，减少船公司的风险，而且近洋船倒签、预借提单的日期不能太长，签发日期不应超过船舶在港的实际日期。预借提单如需后拖，绝不能超过航程期限。

（4）并提单和分提单。

1）并提单（Omnibus B／L）。这是指应托运人要求，承运人将同一船舶装运的相同港口、相同货主的两票或两票以上货物合并而签发的一套提单。

2）分提单（Separate B／L）。这是指应托运人要求，承运人将属于同一装货单号下的货物分开，并分别签发的多套提单。

（5）租船提单和运输代理行提单。

1）租船提单即租船合同项下的提单（Charter Party B／L）。定程租船的船方根据定程租船合同签发的提单，通常使用简式提单形式。这种提单在出租人与承租人之间不具有约束力，出租人与承租人之间的权利、义务仍依据租船合同确定。

2）运输代理行提单（House B／L）。这是指由运输代理人签发的提单，运输代理行提单不是一种可以转让的物权凭证，而只是运输代理人收到托运货物的收据，不能凭以向承运人提货。因此，除非信用证另有规定，银行不接受这种提单。《UCP500》第 30 条的新规定是除非信用证另有授权，银行仅接受运输行出具的表面注明下列内容的运输单据：① 注明作为承运人或多式联运经营人的运输行的名称，并由充当承运人或多式联运经营人的运输行签字或以其他方式证实；② 注明承运人或多式联运经营人的名称，并由作为承运人或多式联运经营人的指明代理或代表的运输行签字或以其他方式证实。

（6）无船承运人提单（Nvocc B／L）。无船承运人提单是指由无船承运人或其代理人所签发的提单。在集装箱班轮运输中，无船承运人通常为拼箱货签发提单，因为拼箱货是在集装箱货运站内装箱和拆箱，而货运站又大多有仓库，所以称其为仓／仓提单。因此，整箱货物由无船承运人装箱，整箱货提单也就可以由无船承运人签发。无船承运人提单实际上是无船承运人以承运人或其他代理人身份签发的提单。

美国承认无船承运人提单，但要经联邦询事委员会确认（即备案登记）。我国海运条例允许无船承运人签发提单，我国《海商法》规定无船承运人非以承运人或其他代理人身份签发的提单仅具结汇功能，并不具有物权效力。持有人或收货人不能向无船承运人主张物权或其他依提单产生的权利。国际商会允许凭无船承运人提单结汇，目前还是按《UCP500》第 30 条，即按运输行提单原则精神，也就是说无船承运人（或运输行）只要作为承运人、多式联运经营人或其代理人签发 FBL，并符合相应的运输单据所应具备的条件，FBL 就是可接受的。

无船承运人提单与货运代理人提单的区别是：无船承运人签发的提单是以承运人的身份签发的提单，因而可以被《UCP500》所接受；而货运代理人签发的运输单据有两类，一类是以承运人身份签发的提单，另一类是以运输代理行的身份签发的运输单据。

6．提单签发

（1）提单的签发人。一般包括承运人、承运人的代理人和船长。提单只有经签字才产生效力。代理人签发提单必须经承运人授权。

（2）提单签发地点、时间。签发提单的地点应当是货物的装船港。签发提单的日期应当是货物实际装船完毕的日期，并且与大副收据的日期一致。

船公司签发的提单是在开船以后签发给货代公司的，货代公司把提单寄给发货人，发货人再把提单寄给收货人，到目的港代理处据以提货。

货代公司签发提单，也是在开船以后签发，然后寄给发货人，再由发货人寄给收货人据以到码头提货。

（3）代理代签提单依据。代理人在代签提单时应遵守有关法律的规定和航运习惯的要求。在件杂货运输情况下，应将收货单作为签发提单的依据；在集装箱运输的情况下，应将场站收据作为签发提单的依据。代签中途港换发提单时，应收回全套交换提单，即以交换提单作为签发提单的依据。

（4）提单签发份数。提单一般签发三正三副。如果信用证要求签发三份正本提单，其中两份正本通过议付行寄给开证行办理结汇手续，而另一份正本要求航空寄给或随船带交给在另一地的目的港客户的分社或代理行办理提货手续。

副本提单的份数按需要而定。副本提单虽然没有法律效力，不能据以提货，但也是装运港、中转港及目的港的代理人和载货船舶不可缺少的补充的货运文件。提单上通常都列有“承运人或其代理人已签署本提单一式×份，其中一份经完成提货手续后，其余各份自动失效”字样。

（5）提单的更正与补发。提单由船公司印制，货运代理预制后由发货人审核，用信用证进行结汇的，就一定不能有错误，一旦有错误，就必须重签一份正确的提单。如果提单不幸遗失，船公司要在发货人出具证明时，才会重新出提单。

5.2 国际海上货物运输出口代理业务

5.2.1 海上出口代运业务

海上出口货物运输业务涉及的环节多、问题复杂，要做好出口运输代理工作，必须了解和熟悉出口运输代理的各个环节、各种单证和操作程序。有些企业的海运出口业务往往是由代运部和海运出口部来共同完成的。海运出口部往往是从揽货、货主提交委托书、订舱配载开始的，而前面的业务由代运部来完成。

1. 出口代运的主要业务

为了满足发货人的需要，解决内地出口的运输问题，在港口的货运代理开办出口代运业务是十分必要的。

为了履行贸易合同，卖方若要把卖给国外客户的货物通过海上运输方式运到目的港，发货人就必须根据贸易合同的有关条款，办理备货、包装、刷唛、制单、报验、催证、集运装车、向港口发运，货到港口后的接货、储存、制单（装船运输单证）、复验、报关、订舱配载、修补包装、港内集运、投保、装船、结汇等项业务。上述业务环节除了备货是由发货人自己进行以外，其他项目都可以委托代理来办理。这样的货运代理通常称为出口代运。

2. 出口代运的方式

（1）全部代办。港口的货运代理接受发货人的委托后，负责办理自港口接货、储存开始，到制单、复验、报关、保险、订舱配载、修补包装、港内集运，直至装船、换取提单、结汇等一系列工作。发货人只负责备货，将货物装车向港口发运。

（2）部分代办，自行结汇。

港口的货运代理接受委托后，负责办理出口货物抵港后的接货、储存、货场管理、制单、报关报验、订舱配载和装船，而由发货人自行备单结汇。而备货、集运装车、催证等业务由发货人驻港业务人员自行办理。

（3）部分代办，异地催证。港口的货运代理接受委托后，除发货人负责办理催证以外，货运代理负责包括投保、结汇在内的全部业务。而催证则由发货人在内地进行，证到港口中国银行后，转发货人驻港口业务人员审查，再交港口货运代理，据此办理装船、结汇手续。

3．内地发货人委托代运的方式

内地发货人委托代运可采用三种方式进行。

（1）由内地货运代理归口委托港口的货运代理人办理代运业务。

（2）由内地进出口公司或有进出口权的工贸、农贸及其分支机构直接委托港口的货运。

（3）内地的进出口公司通过其对口的口岸进出口公司委托港口的货运代理公司代办货运业务。

委托与代理双方须签订委托代运合同，以明确委托的项目，双方的权利、义务和责任、费用结算和劳务费的计算标准等，以免日后产生纠纷。

5.2.2 海运出口代理业务的主要环节

1．委托代理合同的签订

按照我国《民法通则》的规定，委托人与代理人之间必须签订代理合同，以确定代理的范围及双方的权利和义务，在授权范围内代理人的行为后果由被代理人承担，因此委托代理合同是检查双方关系的重要依据。

（1）签订委托代理合同的现实意义。在货运代理的市场机制并没有完善的情况下，代理人代理的业务完成以后，有些被代理人不承认委托代理关系，拒绝支付代理费用，甚至代垫代付费用也长期拖欠，有的还拒付。更有甚者，托运的货物由于承运人的责任而产生的索赔，托运人不向承运人提出，反而向代理人索赔、起诉，从而导致委托人与代理人之间的纠纷时有发生。代理人有时付出很多的劳动，却收效甚微，没有签订委托代理合同，或者虽然签订合同，但其代理范围、两者之间的义务和权利不明确。因此，在委托人与代理人之间签订委托代理合同是货运代理行业走向市场、规范经营必不可少的重要环节。

（2）委托的形式。双方建立的委托代理关系可以是长期的，在目前条件下以一年或者两年期为好，双方都有机会就当时的情况变化提出修改意见，若无大的变化还可以续约，这对双方都比较主动。

委托代理合同可以就一定数量的货物签订，也可以就某批货物签订，还可就某一贸易合同的货物运输签订，或者一次托运多次装运等多种形式。

对某一批货物也可以采用委托书的形式，但必须具有类似提单背面条款的代理条款等要件。

（3）委托的范围。委托的范围可以根据上述出口代运的范围由双方协商议定并在合同中明确。例如，运输的形式，委托代理的项目，采取杂货船还是集装箱运输，保险、商检、报关、包装、仓储等，以及委托方提供的相应单证和提供单证的时间。明确了代理范围，一旦发生意外就容易判明责任，也可避免因双方责任不明而造成的损失。

由于货运代理在委托代理合同中往往处于主动承揽货载的地位，因此货运代理可以准备一些委托代理合同的范本，作为合同的基础，供签约双方讨论修改。

2. 信用证的审核

审核信用证包括以下内容：政策方面的审核；对开证银行资信情况的审核；对信用证是否已经生效、有无保留或限制性条款的审核；信用证不可撤销性的审核等，主要由出口商进行。货运代理审核信用证主要进行专项审核，特别是对装运条款的审核。代理人在收到委托人交来的信用证和贸易合同复印件后，重点审核以下几个方面：

（1）支付货币。信用证支付的货币应与合同规定相同，如不一致，应按人民银行颁布的人民币市场汇率表折算成合同规定的货币，在不低于或相当于原合同货币总额时才能接受；否则，原则上应要求开证人改正。

（2）信用证金额。信用证金额一般应与合同金额相符。信用证上金额总值的阿拉伯数字金额和汉字大写金额必须一致，若两者不一致，应要求改正。按《跟单信用证统一惯例》第 39 条 a 款规定："在金额前有'约'、'近似'、'大约'或类似意义的文字的，应解释为有 10%的增减幅度。"该条 c 款又规定："除非禁止分批装运的信用证另有规定……如信用证规定货物数量而该数量已全部装运，另如信用证规定单价而该单价并未减底，则支取金额可允许有 5%的减少幅度。"信用证金额是开证银行承担付款责任的最高金额，因此发票和汇票金额不能超过信用证金额，否则将被全部拒付。所以，如果合同订有商品数量溢短装条款时，信用证金额也应按溢装幅度增加或规定相应的机动条款。信用证没有此规定的，装货时不能使用溢短装权利。

（3）到期日、交单期和最迟装运日期。《跟单信用证统一惯例》第 42 条 a 款指出："所有信用证必须规定一个到期日和一个交付期交单，承兑交单的地点，或除了自由议付信用证外，一个议付交单的地点，规定的付款、承兑或议付的到期日将被解释为交单到期日。"据此，未规定到期日的信用证是无效信用证，不能使用。凡晚于到期日提交的单据，银行有权拒收。信用证的到期还涉及信用证的到期地点，即以受益人最迟应向何地银行交单的日期为准。

信用证还应规定一个运输单据出单日期后必须向信用证指定银行提交单据要求付款、承兑或议付的特定期限，即"交单期"（Date for Presentation of Documents）。如信用证未规定交单期，按惯例银行有权拒受迟于运输单据日期 21 天后提交的单据，但无论如何，单据也不得迟于信用证到期日提交。如信用证规定的交单期距装运期过近，如运输单据出单日期后 2 天或 3 天，则应提前交运货物，或要求开证人修改信用证推迟交单期限，以保证能在装运货物后如期向银行交单。

最迟装运日期（Latest Date for Shipment）是指卖方将货物装上运输工具或交付给承运

人接管的最迟日期。在实际业务中，运输单据的出单日期通常就是装运日期。假如信用证未规定装运日期，受益人所提交的运输单据的装运日期不得迟于信用证的到期日。

信用证的到期日同最迟装运期应有一定的间隔，以便装运货物后能有足够的时间办理制单、交单议付。在我国的出口业务中，如交单地点在我国，通常要求信用证的交单到期日规定在装运期限后15天。有时来证规定的最后装运期和交单到期日为同一天，或未规定装运期限，称做双到期。在这种情况下，应在信用证到期日提早几天将货物装上运输工具或交给承运人，以便留出足够时间制备单据，向银行交单办理议付承兑手续。

（4）转运和分批装运。信用证的转运和分批装运条款必须与合同规定相符。如信用未规定"不准分批装运"和"不准转运"，可以视为"允许分批装运"和"允许转运"。如信用证规定在指定时间内分批定量装运，则如其中任何一期未按规定装运，信用证对该期和以后各期均告失效。在海运情况下，即使信用证禁止转运，只要提交提单或不可转让海运单，证明有关货物是装在集装箱、拖车及滚装船中装运的，如果同一单据包括全程海运，银行也将接受。

（5）开证申请人和受益人。开证申请人大都是买卖合同的一方当事人（买方），但也可能是对方的客户（实际买方或第二买方），因此，对其名称和地址应仔细核对，防止错发错运。受益人通常是出口商，合同的卖方。在实际业务中，由于同一客户与我国几个外贸企业同时往来，或我出口方同时向几个客户发运，特别是当某出口公司对外磋商订立合同，而由其他企业或其分支机构交货时，就会发生信用证受益人与发货人名称不同的问题。对此，如信用证中规定"可转让"，就可通过转让解决，如未规定可以转让时，则应要求加列；否则，只能按信用证受益人名义发货、制单，向银行交单。

（6）付款期限。信用证的付款期限必须与买卖合同的规定相一致，如迟于合同规定，必须要求改正。

以上仅是审证的要点。在实际业务中，还应按照贸易合同条款逐条详细审核。例如，商品的名称、规格、包装、数量、价格、保险金额、险别、单据种类和份数及填制要求等均需审核，特别是装运港、目的港，是否指定船名、船籍和船级等，有的来证要求提供的各种证明，如离港证明书、航线证书、船长接受随船单证收据等，应根据我国政策、国际惯例，视其要求是否合理或是否能办到等，考虑接受或提出修改要求。

3．备货报验

卖方应根据出口成交合同及信用证中有关货物品种、规格、数量、包装等的规定，按时、按质、按量地准备好应交的出口货物。但是实际业务中，货主出口货物如不在装运港所在地，代理人可根据委托代理合同，代办或协助卖方将货物集中到港口所在地。

凡属于法定检验的出口商品和合同规定须由商检机构检验出证的商品。须经检疫的动植物及其产品，必须根据《中华人民共和国进出口商品检验法》及《中华人民共和国进出口商品检验法实施条例》规定，在商检机构规定的地点和期限内，持买卖合同等必要的单证向商检机构或国家商检部门、商检机构指定的检验机构报验，商检机构或被指定的检验机构应当在不延误装运的期限内，实施或者组织实施检验并检验完毕。检验合格的，按照规定签发检验证书或放行单，或者在报关单上加盖印章，海关凭以放行，否则不能装运出口。在产地检验的出口商品，需要在口岸换证出口的，应向产地商检机构提出申报，由产地商检机构按照规定签发检验换证凭证，发货人应在规定期限内将检验换证凭证和买卖合同等单证转港口货代，由港口货代向口岸商检机构报请复验。经查验合格的，由口岸商检机构换发检验证书或放行单，或者在报关单上加盖印章。货、证齐全后，方可办理托运手续。

值得注意的是，对商检机构检验合格的出口商品，发货人应当在检验证书或放行单签发之日起 60 天内报运出口。鲜活类出口商品应当在规定期限内报运出口。逾期报运出口的，必须重新向商检机构报验，取得合格证书后方可办理托运出口。

4．托运订舱

（1）托运。所谓托运，是指出口商委托货运代理或自己向承运人或其代理（船代）办理海上出口货物的运输业务。其主要形式有以下几种。

1）已委托货运代理进行出口代运的委托人，可由接受代理的出口代运部缮制托运单，由货运代理的海运出口部办理订舱手续。

2）没有委托代运的出口公司，特别是口岸城市的进出口公司往往是自己缮制托运单，委托货运代理的海运出口部办理订舱手续。

3）出口商自己缮制托运单，直接向船公司或其代理（船代）办理订舱手续。

由此可见，货运代理的海运出口部门可以直接接受货主的委托，也可接受本公司代运部的委托，根据他们的具体要求，及时向船公司或船代办理订舱手续。

（2）订舱。指发货人或其代理人向承运人或其代理机构申请货物运输，洽谈订船舶舱位，承运人或其代理人对这种申请给予承诺的行为。

订舱的目的是发货人意欲利用班轮运输的特点，在贸易合同规定的装运期内，及时出运货物，保证履约，从而维护货主在国际贸易市场中的信誉。

办理订舱应注意的事项如下。

1）货、证是否齐全。订舱所需的托运单、装货单、收货单等单证已经缮制完备，货物已经备妥。

2）根据船期表，了解所需要的船舶能否按装船期相应的时间到港，并注意营运船舶的截单期。所谓截单期，是该船该航次接受订舱的最后日期。超过截单期，船舶位（集装箱船的箱位）若有多余，船公司或其代理再次同意订舱，称为加载舱。截单期一般在预定装船期前若干天（一般为5~10天，但至少是3天），以利于报关、制单、保险及货物集港、集装箱装箱等工作的进行。

3）选择合理的航线。一般来说直达船快于中转船，在直达船中尽可能选择挂靠港少的航线，或者选择挂靠第一港或第二港，以达到快速运达的要求。

4）应选择运价较为低廉的船只和转船费低的转口港。但必须注意船舶状况和港口的换装能力。

5）对于杂货船班轮要考虑港口的条件、船舶吃水、泊位长度、吊杆或起重机负荷等，以保证船舶能够安全靠泊和正常装卸。

6）要考虑特殊商品的运输安全，如超大件货物（超长、超宽、超重）能否装运，鲜活商品的冷藏舱条件，冷冻商品的冷冻条件等。

5．代理保险

出口货物订妥舱位后，根据委托代理合同中的委托项目，属于卖方保险并有委托保险要求的，货运代理人可办理货物运输险的投保手续，否则由货主自己投保。

6．货物集中港区

散杂货出口货物，在货运代理接受托运、订妥舱位后，必须在船舶截港期以前交付货物，并将货物及时运到港区集中，等待装船。

7．代理报关

（1）报关单证包括以下几种。

1）基本单证，是指与出口货物直接相关的商务和货运单证。

2）特殊单证，是指国家有关的法律法规规定实行特殊管制的证件。

3）预备单证，是指在办理进出口货物手续时，海关认为必要时需查阅或收取的证件。主要包括：贸易合同、货物原产地证明、委托单位的工商执照证书、委托单位的证册资料及其他有关单证。

接受委托的报关企业或代理报关企业要向委托单位收取正式报关委托书。委托书应载明委托人和被委托人双方企业名称、海关注册登记编码、地址、法定代表人姓名，以及代理事项、权限、期限、双方责任内容，并加盖双方单位的公章。

（2）通关的主要程序如下。

1）出口申报。进出口货物的收、发货人或其代理人向海关申报，请求海关查验放行进出口货物的行为称为报关。出口报关是出口货物的发货人或其代理人向海关申报交验有关单据、证件、申请验关并办理货物通关出境的手续。

根据我国《海关法》第 18 条有关规定，出口货物的发货除海关特准者外，应当在装货 24 小时以前向海关申报。一般而言，出口货物应由发货人在货物的出境地海关办理报关手续。

2）出口查验，是指海关以出口报关单为依据，在海关监管区域内对出口货物进行实际检查和核对。

在查验过程中，海关检查出口货物的名称、品质规格、包装情况、数量、质量、标记唛头、生产或贸易国别等事项是否与出报关单和其他证件相符，以防止非法出口、走私及偷漏关税等。

海关查验货物一般在海关监管场所，如码头、车站、机场、邮局等地仓库、货场或装卸现场。在特定情况下，可经海关同意派员去发货人仓库查验。海关查验货物时，报关单位派员到场提供协助，并应海关要求，随时提供有关单证、文件及必要的资料。

3）缴纳出口税。准许出口且按规定应当缴纳出口税的货物，由海关根据我国《关税条例》和《海关税则》规定的税率征收出口税。出口货物经海关查验情况正常，在缴清税款或提供担保后，海关方可签章放行。

4）出口放行。出口放行是海关对出口货物进行监管的最后一项业务程序。在申报人按照海关规定办妥申报手续，经海关审核单证和查验有关货物，办理纳税手续后，海关解除货物监管准予出境。在放行前，海关派专人负责审查该批货物的全部报关单证及查验货物记录，并签署认可，然后在装货单上盖放行章交货主或其代理人签收，货主方可把货物装运出境。

8．货物装船

在班轮运输的情况下，承托双方的责任界限一般是以船舷为界，即船公司的责任与风险是从货物越过船舷开始的，装货前的货物责任和风险由托运人承担。因此，装船是承、托双方货物交接、责任划分的分界线。但是一般做法是托运人将货物送到港口的码头仓库或前方堆场，然后由港务（或装卸）公司集中装船，装卸费由船公司负担。特别是集装箱运输，托运人送重箱至港口码头检查交接，港内这一段水平运输由港务（装卸）公司负责。即使如此，仍不改变承、托双方的责任关系。

9．换取提单、发装船通知

装船完毕后，货运代理从理货人员处取得经大副签收后的收货单，到船公司或其代理（船代）交付预付运费，用收货单换取已装船的提单，交给货主，准备结汇。

货物装船后，卖方应及时向买方发装船通知（Shipping Advice），以便对方准备付款、赎单，办理进口报关和接货手续。如为 CFR、FOB 合同条款，由买方自办保险，则及时发出装船通知尤为重要。

装船通知的内容一般有：订单或合同号、信用证号、货物名称、数量、唛头、总值、装运口岸、装运日期、船名及预计开航日期等。

10．船舶离港后的工作

（1）出口商负责以下工作。

1）结汇。货物装运后，出口商应在信用证到期前和交单期限内，备妥所有单据送交议付银行，银行对这些单据确认无误后，根据信用证规定的付汇条件，向出口商支付货款。在我国出口业务中的结汇是指银行将外汇货款按当日人民币市场汇价结算成人民币支付给出口企业。

2）出口收汇核销。出口收汇核销制度，是国家为了加强出口收汇管理，保证国家的外汇收入，防止外汇流失，指定外汇管理局等部门对出口企业的贸易项下的外汇收入情况进行事后监督检查。我国的核销工作由国家外汇管理局在海关、银行等部门的配合下具体实施。

3）退税。出口退税是国家为了降低出口产品成本，增加出口竞争力，鼓励出口而制定的一项政策性措施。我国政府为了加强对出口退税的管理，采取了出口退税与出口收汇核销挂钩的办法。

（2）货运代理人负责以下工作：

1）抓紧退证工作。报关单出口退税专用联是出口企业向税务部门办理退税的主要证明。为慎重考虑，海关须核对船公司或其代理提供舱单后方可盖章退还，因此时间较长，通常在货物出口后1～4个星期内才可以办妥。货运代理人应抓紧此项善后工作，把应退单证及时抓紧、汇集交给出口委托单位。

2）退关处理。货运代理人受委托办理订舱和通关手续以后，在货物装运过程中因故中止装运，称为退关。退关的原因多种多样，有的由于委托单位货未备妥备齐或信用证没有如期开到；有的因单证差错不能及时更正或补齐；有的是货已进港，通关时因单证不全或存在问题，海关不予放行；也有的是船公司因船舶超载或漏配、漏装造成退关。

3）做好航次小结。货运代理人在做完这一航次出口代理后，应及时进行航次总结，汇总并整理单证、电传、传真及书面联系单等有关资料，将资料存档、备查。

5.2.3 国际海上货物运输出口代理业务程序

1．接受委托（签订委托代理合同或接受货主委托书）

附带的单据有：信用证和贸易合同副本，出口货物明细单、商检初验证、出口许可证、出口收汇核销单和进料加工登记手册、来料加工和补偿贸易登记手册等。如果是危险品需要有危险品说明书，并提供齐全。

2．审证

接受委托后，对代办出口手续所需要的一切单证都需要经过认真审核，其内容是否齐全、准确、符合要求。凡发现单证有错、漏、不齐全或无效的，应及时通知货主补齐。

3．托运订舱

单证齐全后，根据装船期和目的港，以及船期表，按要求的份数缮制托运单、装货单和收货单；由本公司海运出口部或船公司及其代理订舱，取得船名、航次和提单号，并在装货单上签章，以便报关。若船期或目的港与委托要求不符时，应及时通知货主。

4．报关、报验及危险品申报

（1）缮制出口货物报关单、报验单及危险品申报单等有关单证。

（2）法定商检的货物或要商检出具商检证的货物，一定要在装船前提前报验。报验前要按委托或信用证的要求填制商品检验单（报验单），然后再由商检人员进行验货检验（包括动植检），商检放行或检验合格方可装运。同时，出具商检证书或放行单，或在报关单上加盖印章。

（3）携带报关单、装货单和收货单、委托单等到海关申报。如果该出口商是第一次在此出口口岸报关，还需货主提供营业执照和有关部门的批文、合同。如需要许可证的货物，还需提供出口许可证，法定检验的商品需提供商检证书、放行单或在报关单上加盖的商检放行章，以及海关需要的其他单证和证件。

（4）危险品的申报。应按照《国际海上危险货物运输规则》规定的品名进行申报，填写危险货物申报单向港监申报，并送船舶代理、港口港务公司的商检科，同时要附带危险品说明书。需要港监检验的货物，要带领检验人员到仓库检验，这项检验要在装船 3 天前完成。

5．货物集中港区

（1）散杂货应根据港务局每天的调度会和港务公司调度室碰头会通知的时间、仓库和场地，安排车辆把货物运到港内指定地点。

（2）集装箱货要在船舶开航前规定的天数（一般为 5 天）以前，将货物报关、报验后，安排车辆把货物送集装箱场地装箱，并在港口规定的时间入港。

散杂货装船由货运代理的港口办公室的现场人员负责监装。单证由监装人员交船上理货人员，负责与仓库交接，外轮理货公司理货人员与船方交接后取得大副签收的收货单，转回出口代运业务员。

6．换取提单

（1）根据货主提供的信用证和委托，参照货物实际装船情况，缮制海运提单，按要求份数制成后，对照信用证要求核对准确，经复核后，在船舶代理规定的时间内送船代。

（2）货物装船后，从港内监装理货人员取得经大副签章后的收货单到船舶代理换取签署后的清洁提单。

（3）将签署的提单同商检证、动植检证等有关结汇单证一起交货主。外地货主应特快专递寄去，保证货主及早结汇。

7．费用结算

（1）在代运手续办理完毕船舶开航后，应在30天内填制代运费结算账单，转交本公司财务部门。

（2）在与货主订立委托代理合同时，应向货主收取足够的备用金，并及时向有关方面结算各项费用。

（3）每票货物代运结束后，及时按要求记入台账，按船名、航次、开航日期及一些单证副本进行整理，归档备查。

案例分析

舱面装载受损赔偿

浙江省工艺品进出口公司（以下简称托运人）于2009年6月6日委托上海外贸运输公司（以下简称承运人）往美国运输滑雪手套一批，价值151 224美元，价格条件为CIF PITTSBURGH。

托运人于2009年7月14日取得由承运人签发的“香港金发船务有限公司”的全程已装船清洁提单。起运港为上海，卸货港为香港，最终目的地为PITTSBURCH。提单注明：W / TATH.K.BYA.P.L.CONTAINER VESSEL，签发日期为10 JUL 2009，一程船名是“龙江”（LONGJIANG V.8907）。

托运人在货物装运前即按常规向中国人民保险公司浙江省分公司（以下简称保险公司）投保了一切险和战争险，保险金额为16 634美元。

该批货物于2009年8月中旬运抵目的地。收货人发现部分货物因受潮而发霉，即向保险公司当地代理TOPLIS & HARDING INC.提出检验和理赔要求。该代理于2009年8月22日以电传通知保险公司称货物受到不同程度的损坏，整个损失约占全部保险的55%，索赔金额为8 226美元。保险公司当即派人到上海调查货物装运经过，查明该批货物在上海装船时被配载在龙江轮的舱面上，并取得配载船图。据此，保险公司以被保险人未保“舱面险”而拒绝理赔，托运人向承运人索赔。

2009 年 8 月—2010 年 6 月，托运人不断与承运人进行口头和书面的交涉、协商，但承运人以自己是“无船公共运送人”为由，认为应向“承运人”，即一程船舶公司（深圳宝达集运公司）和二程船舶公司（美国总统轮船公司）索赔。

鉴于《海牙规则》第 3 条第 6 款及我国《民法通则》第 136 条的规定，此类案件的诉讼时效为 1 年。托运人于 2010 年 7 月即委托上海对外经济贸易律师事务所对该案提起诉讼，确定被告为“合同承运人”香港金发船务有限公司，后又补充提单签发人上海外贸运输公司为第二被告。上海海事法院于 2010 年 8 月 13 日受理此案，经过初步调查，即向被告发出应诉通知，双方律师在管辖权问题上进行了书面的辩论，最后托运人于 2010 年 10 月派人来上海与发货人协商，双方于 2010 年 11 月 28 日达成和解协议，由香港金发船务有限公司赔偿发货人损失 5 500 美元，约占全部损失的 2/3。另外 1/3 的损失经发货人与保险公司协商，取得了保险公司的理解和支持，由保险公司予以补偿。托运人在收到全部赔偿后，于 2011 年 1 月 5 日向上海海事法院申请撤诉。

思考：本案例给了我们哪些启示?

分析：

1. 托运人在遇到此类索赔案件，而保险公司又拒绝理赔时，不能知难而退，要根据事实和法律据理力争。本案中，托运人充分体现了这种锲而不舍的精神。在事故发生后，经过将近 1 年的反复交涉，托运人未能取得任何结果，于是决定聘请有经验的律师在诉讼时效内及时向上海海事法院起诉。最后在法院审理的过程中又努力与被告达成和解协议，终于得到了全部外汇损失的赔偿。

2. 就本案而言，起诉的对象当然是“承运人”，但“承运人”的情况比较复杂，从表面上看，上海外贸运输公司是直接的承运人，又是提单的签发人，似乎就是被告，然而，提单上的具体人是“香港金发船务有限公司”，而上海外贸运输公司是该公司的代理人。从法律上讲，香港金发船务有限公司是“合同承运人”，列为第一被告，而代理人即上海外贸运输公司应列为第二被告。

3. 本案争议的焦点是货装舱面而托运人未投保舱面险。根据海洋运输的配载规则，一般货物都必须装在舱内，如果遇到实际困难，承运人认为不得不装在舱面时，承运人必须先征得托运人的同意，并取得其书面确认。在本案中，承运人违反上述规则和惯例，擅自将货物配载在舱面上，并且事先未以任何方式告知托运人，在这种情况下，托运人并不知道需要投保“舱面险”。

4. 保险公司调查后认为，货物受到海损与货物装在舱面有关，但托运人未投保“舱面险”，因此拒绝理赔。另外，保险公司理解托运人是在“不知情”的情况下未保“舱面险”的，因此，在本案最后和解时，保险公司也从实际出发给予损失差额的补偿，充分体现了保险公司对出口的支持和处理具体问题的灵活性。

5.3 国际海上货物运输进口代理业务

5.3.1 整箱货运进口程序

海运代理进口业务是从承揽和接受货物，安排船舶到国外装港装货，运至国内安排卸货并将货物送交收货人的整个过程。在实际操作中，货运代理仅涉及国内段货物进口报关、内陆运输等业务。

1．建立委托

因进口货物运输业务的特性，货运代理与委托人在发生业务代理关系前，应签订进口货物代理委托协议。进口货运代理委托协议能规范双方的责任和义务，它既是双方处理进口业务的依据，也是双方权益的保障条件之一。进口货运代理委托协议的内容应明确如下事项。

（1）委托人法人单位的全称、住址、联系电话、具体联系人。

（2）委托人委托货代代理进口业务事项的授权范围。

（3）委托方提供进口单证、报关单证的时间范围。

（4）代垫费用、货运代理业务操作费用等进口业务费用的结算标准、结算方式。

（5）委托人和货运代理双方商定的其他特定条款。

（6）双方的违约责任条款。

（7）发生纠纷的法律管辖地条款。

（8）协议的有效期限。

（9）协议双方法人或法人授权的代理人的签章和签字（公章或合同章）。

2．换单报关

货运代理在接受进口货运委托后，应根据委托人提供的提单、海运单副本或电放提单的装运证明等货物运输单证，及时与承运船公司或其在卸货港的船舶代理人取得联系。查询船舶靠港、卸货、换单的准确日期。在船舶代理发出或收到到货通知书的最短时间内，凭收货委托人背书的提单或证明收货委托人身份的文件等向船代换取相关进口货物的提货单，由委托人自行办理进口报关报检，或由货代代理进口报关报检等手续。

3．交货转运

在货物进口报关通关验放后，货代将加盖海关放行章的提货单交委托人，由委托人自行安排提箱、运输、拆箱和还箱等事宜，或由货代根据委托要求，安排相关交货、拆箱、还箱等事宜。若涉及转关运输的，则在办理完进境地海关转关运输手续的前提下，安排持有经海关核准的转关运输准载证的运输企业负责转关运输。

5.3.2　海运进口代理业务主要环节

1．接受委托租船订舱

以 FOB 成交的进口贸易合同，租船订舱由买方负责。在合同规定交货前一定时期内卖方应将预计装运日期通知买方。买方接到通知后，委托货运代理人或直接委托船公司、船务代理租船订舱。

（1）填制进口订舱联系单。进口公司进口大宗货物应在交货期 45 天前，一般货物应在 30 ~ 35 天前向货运代理公司提出租船订舱的申请，附带贸易合同副本，并填制进口订舱联系单，提供组织运输的有关情况。由于进口订舱联系单是货运代理人安排运输的重要依据，所列项目必须完整、正确地填写。

（2）接受委托。货运代理人接到进口订舱联系单后，把各进口公司的货源资料集中、归纳、综合形成分航线、分港口的基本货源，可以得出一个货物种类、数量、分布和流向的大致情况，有助于联系船舶，根据航线安排舱位。

（3）租船订舱。货运代理人与委托人签订委托代理合同以后，就承担了安排进口货物运输的责任，负责选择运输形式和承运人，代办订舱或代签租船合同，安排装船并进行货物交接等项业务。

2．代理保险

进口货物在国外装船后，卖方应按合同规定，向买方发出装船通知，以便买方做好接货准备。

进口货物的运输保险一般有两种方式。

（1）预约保险。我国大部分外贸企业都和保险公司签订了海运进口货物的预约保险合同，简称预保合同（Open Policy）。这种保险方式手续简便，对外贸企业进口的货物的投保险别、保险费率、适用的保险条款、保险费及赔偿的支付方法等都做了明确的规定。

预约保险合同对保险公司承担每艘船舶每一航次的最高保险责任，一般都做了具体规定。如承运货物超过此限额时，应于货物装运前书面通知保险公司，否则仍将原定限额作为最高赔付金额。

（2）逐笔投保。在没有与保险公司签订预约保险合同的情况下，对进口货物就需要逐笔进行投保。进口公司在接到卖方的发货通知后，必须立即向保险公司办理保险手续。在一般情况下，进口公司填制装货通知代投保单交保险公司。装货通知中必须注明合同号、起运口岸、运输工具、起运日期、目的口岸、估计到达日期、货物名称和数量、保险金额等内容。也可以填写运输险投保单，保险公司承保后，进口公司向保险公司缴纳保险费，然后保险公司给进口公司签发一份正式保险单。进口次数少的企业一般采用逐笔投保的方式。

3．掌握进口船舶动态

掌握进口船舶动态和船期，正确掌握到货时间，及时、合理地安排进口船舶卸货，尽快把货物交给收货人，对做好进口货物的港口业务来说，有着极为重要的意义。货运代理人填写运输卡片、进口船舶动态表和班轮进口动态表，作为安排船、货的根据。运输卡片的内容包括船名、船期、各港所配货物的主要货类、数量、实装量、离港和抵港日期等运输过程中的主要情况。进口船舶动态表的主要内容有：船舶类型、卸港顺序、各港货类、货量、预计抵达国内第一卸货港的时间等。

4．收集整理单证

各项进口单证是进口货物在卸船、报关、报验、接交和疏运各环节中必不可少的，因此必须及时收集整理备用。这些单证包括商务单证和船务单证两大类。① 商务单证有合同副本、发票、提单、装箱单、重量单、品质证明、产地证明、保险单等，是办理货物报关报验、港口接交、代运或自提、理赔索赔的根据资料，要妥善保管。② 船务单证有舱单、货物积载图、租船合同或提单副本、重大件货物清单、危险货物清单、国外装船通知、装（转）船有关的电信资料等。这些单证是掌握船期、及时交接、港口卸货、理货的主要依据，要掌握清楚，便于做好卸货准备。

上述这些单证来源于银行、国外发货人、装货港代理、港口船务代理公司，也有随进口船舶带来的。

5．报关报验

按照《中华人民共和国海关法》的规定，所有进出境的货物和运输工具必须通过设有海关的地方进境或出境，接受海关人员对其所报货物的查验，依法缴纳税费和其他由海关代征的税款，然后才能由海关批准货物放行。这一请求和接受办理进境通关手续的整个过程，通常简称为报关。其主要过程有：① 申报；② 查验；③ 征税；④ 放行。

6．卸船接交

进口货物到港后，货运代理人受收货人委托，负责在港口卸船交接工作。这项工作包括卸船前的准备、理货与监卸、残损和溢短的处理、特殊货物的接交，以及交货方式等各主要环节。

（1）卸船前的准备。接到进口货物到货通知书以后，要与进口流向单的到站、收货人、品名、提单、标志等项目逐项核对，核对无误后登记入账，做好接货准备。与港务公司保持联系，准确掌握靠船时间、靠泊位置。船靠泊后及时将货物流向单送至船所靠的港务公司的货商（运）、调度部门和仓库，需要更改和补充说明时，须用联系单注明更改的事项送交有关部门。在船舶卸货前要及时登船勘察船货情况，由于船舶在装货港按卸货顺序和货物的特性配载。若分票、隔垫良好，没有混装，在航行中未发生影响装卸作业的海损及货物质量事故，可以按港务公司的安排卸船；如发现船货有异常现象，应及时申请船舶检验或商品检验部门进行检验，确定船舶或货物受损原因。

若接卸的货物有重大件、危险品等特殊货物，在接到进口货物到货通知书后，就应及时通知收货人，事先落实接运工具。

（2）理货与监卸。按我国港口规定，由船方申请外轮理货公司代理船方理货，港务公司代表货方，港口货运代理作为货主的代表，派员在现场监卸。货物从船上卸下，进入港务公司仓库的货物，由理货公司与港务公司的仓库办理交接，实行双边交接。双边交接以卸船船边为界，交接前的货物由交方负责，交接后的货物由接方负责。若由港务公司的驳船驳运货物时，应在货物装驳时，由理货公司与驳船交接。在驳运途中发生货物残损或短少，由驳船负责。

双边理货交接要做到关关清、班班清，责任分明。当双方数字不一致时，应当班、当船复查清楚，由责任方负责。如因故不能复查清楚时，以理货公司数字为准，由造成不能复查的责任方负责。

在卸货过程中，监卸人员要和理货人员、仓库人员密切配合，把好货物数量与质量关，要求港方按票卸货，一票一清，不能混票。严禁不正常的操作和混卸，并分清原残与工残。对危险货物和船边现提货物应与收货人配合做好衔接，并直接交接清楚；对进库待提货物，应按提单、标记分别堆放。

货物卸货后，应下船舱检查，防止漏卸。在卸船作业结束后两小时内，为整理货物单证、办理交接手续和签证的正常时间，由船方会同理货组长、货运代理派出的监卸人员与港方人员办理交接手续。

（3）残损和溢短的处理。进口货物在卸船过程中，如发现货物残损，应进行检验，并要查清残损的原因。如系原残，即发货人交货时或在启卸时就有残损者，应及时同理货人员填制货物残损单，由理货人员要求船方或其代理人签证，它是表明货物残损情况的证明，以便向责任方索赔。如系卸货过程中的工残，应向港方索取商务记录，作为向港方索赔的依据。

（4）特殊货物的接交。对于重大超限货物，应在货物到港前，提供尺码和重量、起吊点、图纸，准备接货车辆和驳船。船卸货时，要准确掌握卸船时间，并与港方联系研究作业方式，提供有关资料，以免过驳产生额外费用。卸货后，及时将货物的三向视图尺码和重量、件数等相关资料提供给铁路公司或运输公司、港方有关部门，及时研究装车方案，做好装车前的备车、加固材料、各种手续等准备工作。装车后及时组织验收、提票，使货物安全发运。

对危险货物应填写进口危险货物说明书，在船舶靠泊前送港务监督，并在船舶靠泊时将其与危险货物流向单一起送到卸货公司所辖属的货商（运）料和仓库，并了解港方的要求和准确的卸货时间，熟悉其性质、要求，并与港方研究作业方式后，通知货主按时提货。按港方规定，在船舶卸货后 24 小时内将货物安全转运出港，提货时要与港方、货主做好交接手续。

（5）接交方式。

1）按货运代理人与货主交接来分，有两种方式。① 货主自提，即进口货物卸船报关后，经海关验放，并在提货单上加盖放行章，货运代理人将该提货单交给货主，即为交货完毕，称为象征性交货或单证交货。② 实际性交货，即货运人除完成报关手续外，还负责向港口办理提货，并负责将货物运至货主指定地点，交给货主，这种交货方式也称为代运。

2）按货主或其代理人与港方的交接方式来分也有两种方式。① 船边提货，即货物卸船时，港口的作业方式是船—车直取或船—驳直取作业时，在船边进行交接。对危险货物或重大超限货物等特殊货物，一般较多采用这种方式，也常称为船前或船边交接。② 从仓库提货，即货物卸船时，其作业方式是船—库作业。提货时要从仓库提货，货主或其代理人与港方仓库进行交接。

从港口提货时，必须持经海关放行的提货单，货物在港区因堆存收取保管费，根据港口拥挤的程序往往采取不同的收费规则或费率。

7．进口代运

对港口没有转运机构的进口商的进口到货，港口货运代理人接受其委托，代表收货人办理接交，并安排运力，将货物转运到收货人指定的地点，这就是进口代运。

货运代理人开展进口代运业务，解决了收货人在到港口无机构和人员的困难，并使进口货物得以及时提离港口，可以防止压货、压港、压船，加快了进口货物的疏运，对保证港口畅通起到积极作用。

（1）开展进口代运业务的代理人的主要经营范围如下。

1）联系船舶靠泊、卸货监卸和进口货物在国内港口的接交、报关、报验和转运。

2）受理进口货物经由铁路、公路、水路、空运、集装箱和各种联运方式的港到门运输服务。

3）受理进口的特殊货物，如成套设备、重大超限、危险货物、放射性物质、鲜活动植物、冷藏保温等的接交转运业务。

4）根据具体情况，接受临时委托，办理接交托运业务。

（2）委托代理关系的建立。开展进口代运业务的代理人与港口的港务公司、安全监督局、海关、商检，以及铁路、公路、航空等机构和部门有着密切的联系和协作关系，可以为收货人节省人力、物力和财力，极大地方便货主。进口公司、订货部门或收货单位，可以直接向开展这项业务的货运代理人提出长期的或临时的委托，签订《海运进口国内接交、代运协议书》（代运委托代理合同）。长期合同委托期可以是一年或两年，也可以是临时的委托代理合同，合同项下货物转运完毕，合同即告终止。委托的项目也可以根据委托人的需要，由双方协商确定订入合同中。

（3）货物的发运。

1）选择运输方式。进口货物代运的运输方式经常采用铁路运输、公路运输、水陆联运等。具体采用哪一种运输方式，应视具体情况而定，进口代运业务的代理人有选择的权利。其基本原则是在安全、迅速的基础上，注意合理运输路线，尽量节省运杂费用，将货物运输到收货人指定的地点。

2）编制要车（船）计划。为了保证进口货物的疏运，代理人必须按船舶预报提前编制要车（船）计划。编制计划的依据是本月月末港口的存货量、已到船待卸量、本月和下月预计进口货物到货量和到货时间。提前一个月做下个月车辆、船舶计划，不能预计到达的货物及时做计划外车辆计划。做计划时要准确掌握货种、数量、重量、体积情况，根据具体情况准确申请车种、车型、车数。

3）货物发运的组织与实施。

- 货物发运的现场组织。现场发运要配备足够的业务人员，其工作时间应尽量和铁路、港务、公路等部门作业时间一致；现场人员要对所装货物逐项核对，并防止在港口货物装运过程中遭受损失；要车种类、数量要准确，要清楚掌握装运过程中货物溢短和残损情况；装车（船）完毕要核对，并填写运单；掌握对外索赔有效期，并保证在规定的有效期内若干天前发运；建立复核制度，保证货物准确发运。
- 组织落实火车零担货物发运。首先要向铁路车站提交发运申请，批准后要按铁路要求准时将货物送至指定地方，同时做好费用结算。货物装车后，立即将货名、数量、重量、到站、收货人、地址、车号、篷布号、铅封号准确填写到运单上，复核后递交铁路部门。对火车、汽车直取作业，零担货物发运装车时，业务员要上岗定位，监装、监卸，核对提单号、标志、货种、数量、重量等，装车后与港方、外轮理货人员共同清点数量，做好交接。对于发运工作，一旦出现错发错运事故，及时联系有关单位，做好善后处理。
- 特殊货物的发运。特殊进口货物的代运要比一般货物复杂。如重大货件、超限货物、危险品货物、鲜活货物、冷冻保温货物等，它们在保管装卸、运输过程中都有各自的特殊要求。因此，在进口时大多都是提前与各有关部门联系，准备好接运工具，卸船时在船边进行船车（船）直取作业，直接发运。

对于品种单一、整批、大吨位和流向畅通而且批量大的散装货物，如散装粮食、煤炭等在港占用库场量大，大都进行船—车或船—船直取作业。进口货物发运后，代理人应以提货通知及时通知收货人提货。

（4）收货人接货。货物到目的地后，收货人应与承运人办理交接手续。如发现货物不符或有残损、短少时，应取得承运部门的商务记录或普通记录，直接向承运部门或责任方索赔。

8．审核账单

货运代理人要替货主把好运费关，认真审核账单，包括：国外段的班轮运费清单、装货费用、加班费、垫料费、捆扎费、杂费；国内段的到货费用、代运费用、自提费用以及进口货物劳务费等，并及时支付运费给船方，支付港口费用给港方。如货物买卖合同订有滞期/速遣条款，应及时向买方提供装、卸货事实记录，或按协议代表货主与船东结算。货运代理人自己也应缮制船舶航次盈亏计算表，填写清楚各项费用的支付情况。

5.3.3 海上货物运输进口代理业务程序

1．签订委托代理合同

根据进口订舱联系单的要求，货运代理人落实船舶后，应签订委托代理合同。

2．租船订舱

根据进口货物的数量和性质、装货港、装期、班轮航班和航运市场租船行情，选择班轮订舱还是租船运输，确定后货运代理人通知卖方和装港代理人，准备装船。

3．代办保险

货物在装港装船后，装船代理人发出装船通知，货运代理人除准备接卸外，对买方保险的条件（FOB，CFR），首先要尽快对货物办理海运货物保险。

4．集整理单证

货运代理人通过多种渠道掌握船舶动态，关心运输中的货物，重点掌握转船二程船的到港时间。同时，从国外发货人、装货港代理人、银行、到港船务代理人处收集各种商务和船务单证，准备进口货物的接交。

5．报关报验

货运代理人接到进口通知单后，属法定商检货物、需动植物检疫的或药检的货物，先申请检验，取得检验合格证书或商检在进口货物报关单上盖放行章后，凭进口货物报关单，并随附发票、提单等有关单据申请报关。海关查验、征税后，放行货物。

6．卸船接交

货运代理人在卸船过程中，派人现场监卸，组织好衔接运输工具。对特殊货物的运输尽量组织船边接运，对入库货物做好交接，对卸船过程中的残损和溢短货物做好记录，作为索赔的依据。

7．代运交货

货物到港经海关验放，并在提货单上加盖海关放行章，将该提货单交给货主，即为交货完毕。货主可以在卸货船船边提货，对入库货物可从港口库场提货。

对港口没有转运机构的进口商，可委托货运代理人办理接交，并安排运力，将货物转运到收货人指定地点，就是进口代运。代理人将货物发放后，以提货通知的形式通知委托人提货。

8．费用结算

货运代理人将货物发运后，审核账单，对委托人租船订舱的海运费账单进行审核，对港口费用进行计算，按委托代理合同的规定结算。航次结束后，及时记入台账，按船名、航次将委托代理合同副本和有关单证副本进行整理，归档备查。

5.3.4　进口索赔

进口商品到达国内后，常因品质、数量、包装等不符合合同的规定，会因此使买方的利益受损而引起向有关方面提出索赔。

进口货物贸易合同一般都规定：如货物到达后，发现质量、数量、残损等问题，以中国商检机构的检验证书作为索赔依据。所以货物到港口发现残损和短卸，货运代理人应立即通知投保的保险公司，会同有关部门进行联合检验，出具联系检验报告，明确损失原因，准备向有关方面提出索赔。

1．索赔对象

根据商检机构出具的检验证书或联合检验报告，判明责任归属。按其不同的责任范围可分为发货人（卖方）、承运人（船公司）和保险人三个索赔对象。

（1）向发货人索赔。凡属下列情况者，均可向发货人索赔：货物原装数量不足；货物的品质、规格与合同的规定不符；包装不良致使货物受损；未按期交货或拒不交货等。要凭商检证书由外贸经营单位对外索赔。

（2）向承运人索赔。凡属下列情况者，均可凭船方签发的货物残损单和溢短单，以及有关商检证书向船公司索赔：货物数量少于提单所载数量；提单是清洁的，但货物却有残损、短缺情况，并且是船方过失所致；货物所受的损失，根据租船合同有关条款规定应由船方负责的。这些均可由货运代理人对其索赔。

（3）向保险人索赔。凡属下列情况者，均可向保险公司索赔：由于自然灾害、意外事故或运输过程中其他事故的发生致使货物受损，并且属于承保险别以内的。

除上述3种情况外，属于国内运输部门责任的，如因运输不慎或装卸不当造成的残损，应由国内有关运输部门做出商务记录或残损报告，直接交国内有关运输部门的商务机构办理索赔。

2．索赔单据

（1）向承运人索赔的主要依据是租船合同和海运提单。它们是海上货物运输合同和合同证明，前者决定了租船人与船东之间的法律关系，后者决定了收货人与承运人之间的法律关系。为了举证，索赔时还必须提出能够证明货运事故的原因、种类、损失规模及能区分责任的货运单据。其主要索赔单据如下。

1）索赔函（书）。这是向对方提出索赔的文件，在函件中提出确切的根据和理由。

2）索赔清单。这是索赔人向承运人要求赔偿的书面文件。根据损失的程度和造成损失的原因，确定索赔金额。其内容包括索赔人的名称和地址、船名和航次、货名、装货港名、抵港日期、提单号、接货地点、残损或短卸数量、索赔日期、索赔金额及索赔理由等。

3）提单或租船合同正本或影印件。

4）过驳清单或卸货报告。

5）货物溢短单和货物残损单。

6）重理单。当卸货完毕后，船方对所卸货物件数或数量有可能要求复查或重理，并在证明货物溢短的单证上做出批注。如果船方在这种证明货物溢短的单证批注了“复查”或“重理”等字样，则索赔时必须同时提供复查结果的证明文件或理货人签发的重理单。

7）货物残损检验证书或商检证书。

8）商业发票。发票金额是计算赔偿金额的主要依据，赔偿金额一般按CIF价索赔。如果发票上是FOB价，则按CIF价索赔时，索赔人还应提供运费及保险费收据。

9）装箱单、重量单。用以证明保险货物原来状况，索赔时据此可以确定损失程度。

10）修理单。对于仪器设备、机械等成套货物发生货损提出索赔时，须附有这类货物的修理单，以表明修理所花费用。如果修理后的货物有所贬值，还须附有检验部门出具的贬值证明。

11）施救、残损检验费清单。

12）保险单和保险凭证等。

此外，还有来往函电、船舶检验证书、卫生检疫或动植物检疫证书等。

总之，在提出索赔时提供必要的索赔单据是一项非常重要的事项。凡是能够充分确定发生货运事故的原因、损失程度、索赔金额，并有说服力地明确责任的单据都应尽可能提供，并且要单证相符，否则就属无效举证。

（2）向保险公司索赔的单据。向保险公司索赔主要依据保险合同及其所属的保险条款。索赔时也需提供有关单据，如索赔清单、运输单据、发票、装箱单、重量单、磅码单、保险公司与买方的联合检验报告、货损货差证明等。如属港方或仓储公司等第三方的责任，则除上述单据外，还须提供第三人出具的货运记录、理货报告或商务记录等。

3．索赔程序

（1）向保险公司索赔的一般程序如下。

1）进口货物发现遭受损失后，货方或其代理人应尽可能保留现场，保持受损货物的原来状态，并立即向投保的保险公司发出损失通知，即说明索赔行为已经开始，从而可以不受索赔时效的限制。

但是发出通知的期限，最迟不得超过保险责任终止日起 10 天。如因特殊原因无法按期发出损失通知进行检验的，则需向保险公司申请延期，否则被保险人可能丧失索赔权。

2）在通知保险公司时，还应通知有关方面，并收集有关证据，准备联合检验。与此同时，收货人或其代理人还应迅速对受损货物采取必要的合理的施救、整理措施，防止损失的扩大。因抢救、阻止或减少货损的措施而支付的合理费用，可由保险公司负担。

3）保险公司与收货人或货运代理人等进行联合检验。联合检验之后，保险公司或其代理人根据对保险货物的检验结果签署进口货物残损联合检验报告。

4）如果货物损失的责任既属于事故的直接责任者，又属于保险人承担责任范围时，被保险人可向保险公司提出索赔，并提供上述的必要索赔证件。

5）保险公司按保险合同的规定予以赔偿，然后从被保险人处取得权益转让证书（Letter of Subrogation）。

6）保险公司以货方的名义或以自己的名义向责任方提出追偿。

（2）向承运人索赔的一般程序。

1）收货人提货时，如发现货物有问题，应在收货当时或规定的时间内向承运人或其代理人发出书面通知，声明保留索赔的权利，否则承运人可以免除责任。书面通知一般是在收货当时或下一个工作日，如货物损坏不明显，应自货物交付之日起 3 日内（按《海牙规则》规定为 3 天；《汉堡规则》规定在交付货物后 15 天）发出通知。我国《海商法》第 81 条第 2 款则规定：“货物灭失或者损坏的情况非显而易见的，在货物交付的次日起连续 7 日内，集装箱货物交付的次日起连续 15 日内，收货人未提交书面通知的，适用前款规定。”

目前在实际业务中，收货人不使用索赔通知。在卸货现场一旦发现货损货差，理货人员就在货物残损单和货物溢短单上做必要的记录。有了这些单证，一般就不再需要有另外的通知了。

2）要及时向港区理货人员索取货损货差证明，一般为货物残损单、货物溢短单和商务记录等，这是明确船方或港方责任的重要依据。

3）应及时向商检机构申请做现场鉴定并取得证明文件，作为向船方提出索赔的必不可少的进一步证据。

4）在备齐上述单据和证件之后应正式向承运人提出索赔。收货人在规定的时间内向承运人发出货损的书面通知，并不意味着已经向承运人提出索赔要求，只有索赔人向承运人提出索赔申请书面或索赔清单后，才表明索赔人正式提出索赔要求。

5）及时交涉，抓紧催赔，甚至在必要时提出诉讼。为了易于保全证据和在不太长的时间内尽早结束每份合同的法律关系，法律上对涉及索赔的诉讼案件都规定有诉讼时效。也就是说，索赔时效最多也不会超过诉讼时效，超过诉讼时效再提出索赔或诉讼都是没有意义的。因此，索赔人提出索赔要求后，若承运人没有及时赔偿，就应在诉讼时效届满前及时向法院起诉。

进口货物发生了损失，除属于承运人及保险公司的赔偿责任外，如属卖方必须承担的责任，应直接向卖方要求赔偿。目前，我国进口货物的索赔，属于船方和保险公司责任的一般由货运代理人代办，属于卖方责任的则由进口公司直接办理。

4．索赔时效

（1）向卖方索赔的索赔期。

索赔期是索赔的重要问题，逾期提出索赔，卖方有权不接受。对于卖方交货的品质与合同不符或原装数量短少需向卖方索赔的，应在合同所规定的商品检验期限内提出。我国外贸企业进口合同规定的向外商的索赔期一般为货卸离目的港后 90 天。如因商检工作有困难，可能需要较长时间的，可在合同规定的索赔期内向对方要求延长索赔期，但也不宜过长；或在合同的索赔有效期限内向对方提出保留索赔权。如买卖合同中没有规定索赔期，而到货检验中又不易发现货物缺陷的，按《联合国国际货物销售合同公约》规定，买方行使索赔权最长期限是实际收到货物之日起不超过 2 年；而我国《合同法》则规定当事人知道或者应当知道其权利受到侵犯之日起 4 年为限。

（2）向保险公司索赔的时效。向保险公司索赔的时效，在我国根据外贸进出口公司与中国保险公司签订的《海运进口货物预约保险合同》规定为货抵目的港全部卸离海船不超过 2 年。但按合同所属“国内转运扩展条款”的转运期限，于卸货后 60 天运抵国内目的地的承运人仓库时的责任期限为到达后 60 天，运到收货人仓库时保险责任立即终止。还有检验期限，是在各方的保险责任终止后 10 天。所以，虽然索赔时效定为卸货后 2 年，但若上述条款所规定的期限中有一项超期，就将丧失这 2 年的索赔时效。

（3）向承运人索赔的时效。

处理向承运人索赔案件时，索赔的时效应根据承运货物船舶营运方式和提单条款来决定。我国《海商法》第 257 条规定："就海上货物运输向承运人要求赔偿的请求权，时效期间为 1 年，自承运人交付或者应当交付货物之日起计算；在时效期间内或者时效期届满后，被认为负有责任的人向第三人提起追偿请求的时效期间为 90 日，自追偿请求人解决原赔偿请求之日起或者收到受理对其本人提起诉讼的法院的起诉状副本之日起计算；有关航次租船合同的请求权，时效期间为 2 年，自知道或者应当知道权利被侵之日起计算。"

根据规定，在海运货物发生灭失、损坏或延迟交付时，货物索赔人向承运人要求赔偿的请求权，时效为 1 年，自承运人交付或者应当交付货物之日起计算。承运人交付货物之日，是指承运人向收货人实际交付货物之日；承运人应当交付货物之日，是指在由于货物灭失等原因没有实际交付货物的情况下，假定未发生这种意外情况，货物正常运抵目的港，承运人要向收货人交付货物的合理日期。

这里需要指出的是不管货物索赔人的索赔根据是海上货物运输合同，还是侵权行为；也不管货物索赔人是否向实际承运人、承运人或者他们的代理人提起诉讼，其时效期间也是 1 年。当承运人赔付提单持有人后，再向第三人追偿时很可能 1 年的时效期间已过。为了保障双方当事人的利益，保护承运人与责任人之间、承运人与实际承运人之间相互追偿货物赔偿责任的权利，在《海商法》第 257 条第 1 款后半部分，明确规定了 90 日的追偿时效期间，自追偿请求人解决原赔偿请求之日起计算，或自追偿请求人收到受理对其本人提起诉讼的法院的起诉状副本之日起计算，不管 1 年的海运货物索赔时效期间是否已经届满。

根据《海商法》第 257 条第 2 款的规定，有关航次租船合同的请求权，时效期间为 2 年，不同于就海上货物运输向承运人要求赔偿的请求权的时效期间，虽然航次租船合同是一种海上货物运输合同。这里应注意：在航次租船合同的承租人是收货人的场合，收货人对承运人（航次租船合同的出租人）要求货物赔偿的请求权的时效期间，按此款规定应为 2 年，而不是 1 年。但是如果收货人不是承租人，收货人就不能根据租船合同就海上货物运输向承运人要求赔偿，而应该根据本条第 1 款就海上货物运输向承运人索赔，其货物索赔请求权的时效期间为 1 年，而不是 2 年。

1924 年的《海牙规则》和 1976 年的《维斯比规则》有关时效期间的规定一致，海运货物索赔的时效时间为 1 年；而 1978 年的《汉堡规则》中的规定是 2 年时效期间；我国的《民法通则》中规定了为期 2 年的诉讼时效。

班轮运输中提单背面条款对时效问题根据不同的法规做出规定；租船合同的索赔时效也按租约而定，双方可以订为 1 年，亦可为 2 年，完全以双方的意愿为依据。根据英国的法律，所有合同的索赔时效最高是6年。当然这6年是指提出了一个索赔案件而言，原告方一旦提出诉讼或仲裁，索赔时效就顺延直至此案解决为止，这个过程可能超过6年。

5．索赔金额

索赔时对于索赔金额的确定牵涉到一系列的问题，在海上货物运输中主要考虑以下几个方面。

（1）确定损失金额标准。关于确定损失金额标准，《海牙规则》并未做出规定。《维斯比规则》规定："全部赔偿额应参照该项货物，根据合同从船上卸载或应卸载的当时当地的价值计算，货物价值应按照商品交换价格确定，或者如无此种价格时，则按现时市场价格，或者如无商品交换价格或现时市场价格时，则按该相同种类和质量货物的正常价值确定。"中国对外贸易运输公司和中国远洋运输公司的提单条款中都规定："当承运人对有关货物的灭失或损坏负赔偿责任时，该赔偿金额应按货方的净货价加运费及已付的保险费计算。"

在我国的实际业务中，是以CIF发票价格作为确定赔偿金额的标准。若发票是FOB价格时，则以发票价格加上保险费、运费和装卸费的总额作为确定损失金额的标准。至于在以外币计价的情况下，则按照船舶到达目的港之日的汇率换算成卸货地价格。

除受损商品的价值外，有关费用也可提出，如商品检验费、银行手续费、仓库租金、利息等都可包括在索赔金额内。至于索赔时到底提出哪几项，应根据具体情况而定。有些国家，如美国，进口税按照进口商品的发票价格计征，并且规定在发生货损、货差的情况下，已征的进口税不予退还。在这种情况下，收货人的关税损失，当然也应加计在CIF价格中而构成索赔金额的一部分。

（2）承运人的赔偿责任限制。这里所指的责任限制是指承运人对每件货物或每一单位货物的最高赔偿限额。各国海商法典、国际公约以及各船公司的提单条款对承运人所应负的赔偿责任限制在一定的数额下，其目的是为了减轻承运人的责任。

《海牙规则》规定承运人的责任限制是每件或每单位货物最高赔偿限额100英镑。《维斯比规则》规定最高金额是每件或每单位为10 000金法郎或按毛重每千克30金法郎，两者中取高者为限。同时还规定：一个法郎是指一个含有纯度为900‰的黄金65.5毫克的单位。《汉堡规则》规定，每件货物或每其他货运单位的赔偿额为835个国际货币基金组织规定的特别提款权（SDR），或毛重每千克2.5特别提款权为限。中国对外贸易运输公司和中国远洋运输公司的提单条款则规定：承运人对货物的灭失或损坏的赔偿责任限额为每件或每计算单位不超过700元人民币。美国1936年的《海上运输规则》规定赔偿限额为每运输单位500美元。

我国《海商法》第56条规定："承运人对货物的灭失或者损坏的赔偿限额，按照货物件数或者其他货运单位数计算，每件或者每个其他货运单位为 666.7 计算单位，或者按照货物毛重计算，每千克 2 计算单位，以两者中赔偿限额较高的为准。但是，托运人在货物装运前已经申报其性质和价值，并在提单中载明的，或者承运人与托运人已经另行约定高于本条规定的赔偿限额的除外。”此条款中的 666.7 计算单位是根据《维斯比规则》1979 年议定的数字，即每件或每单位 10 000 金法郎按 1 个特别提款权相当于 15 金法郎折算成的。必须特别注意本条最后引用的规定，它明确了托运人可以通过申报价值或与承运人协议不受赔偿限额规定的约束，或提高限额，以保护货方的利益。

同样在《海牙规则》、《维斯比规则》、《汉堡规则》或提单条款中也有类似的规定。《海牙规则》规定了承运人责任限额之后，又规定：“但托运人于货物装运前已将其性质或价值加以说明，并在提单上注明不在此限。”而《维斯比规则》则在条款的开始部分就明确规定了“除非托运人于装货前就已该项货物的性质和价值提出声明，并已载入提单”的例外情况。而《汉堡规则》在第 6 条第 4 款中直接规定：“承运人和托运人可以通过协议确定超过第 1 款规定的赔偿责任限额。”

这就是说，关于赔偿金额的支付有两种情况：① 对于一般货物，当实际损失大于赔偿责任限额时，承运人只按规定限额给予赔偿；② 对于贵重货物，在承运时，承运人与托运人之间通常都约定，托运人负有正确申报货名、性质和价值的义务，并在提单中载明，有的还要承担支付额外运费的义务，则承运人负担以提单上载明的该项货物价值为最高限额的损害赔偿责任，即对于该种货物是不适用有关法规或提单条款中所规定的赔偿责任限额的。

此外，上述公约或法规都对货物用集装箱、货盘或者类似的装运器具计算赔偿限额做出了相同的规定：提单中载明装在此类装运器具中的货物件数或者其他货运单位数，则这些货物的件数或者其他货运单位数为计算赔偿限额中所指的件数或其他货运单位数；如提单内未载明每箱内所含件数，则每一装运器具则作为一件或者一个单位；如果集装箱这类装运器具不属于承运人所有或者非由承运人提供的，每一装运器具视为一件或者一个单位，来计算赔偿限额。

5.4　租船运输业务

5.4.1　租船的特点和方式

1. 租船的特点

（1）没有固定的航线、固定的装卸港口和固定的船期。租船的航线和装卸港口不是固定不变的，它可以根据货主各种不同的需要，结合市场上的各种因素临时决定。

（2）没有固定的运价。租船运价是随租船市场供求情况的变化而变动的。在某一地区，如船舶供过于求，则运价下跌；反之，则运价上涨，经常处于变动之中。但与班轮运价相比，租船运价一般是较低的。

（3）适于运输大宗货物。租船主要是用来装运大宗货物，如各种矿石、石油、煤炭、硫黄、磷灰石，各种谷物、饲料、化肥、食糖、水泥等大宗货类。这种货物一般数量较大，而班轮不能提供足够的舱容，用租船装运较为适宜和方便。世界海运干货中，租船运输的占总运量的80%以上，油轮运输用租赁方式的也占50%以上，由此可见租船在运输大宗货物中的重要作用。

2．租船的方式

租船的方式可分为程租和期租两种。

（1）程租（Voyage Charter），又称航次租船，是指船舶按照船、租双方事先约定的条件，按时开到装货港口装货，再开到卸货港口卸货，完成整个航程的运输任务。租船期以一个或数个航程为限。在这种租船条件下，租方负担运费、货物装卸费（也可规定由船方负责全部或一部分）和船舶滞期费，船方则需负责船员工资、港口使用费、港口代理费、船用燃料费和物料费等。对租船人来说，程租方式简单易行，不必操心船舶的调度和支配，也很容易根据运费估算每吨货物的运输费用，有利于经济核算，适于装运货类单一、装卸港较少的大宗货运输。在租船市场上，大宗货运输占绝对大的比重，所以程租方式用得很普遍，成为租船的基本形式。不仅如此，租船市场行情的涨落也主要以程租运价来表示。

程租的基本形式是单程，但也可包括若干个航程。依航次的多少，程租船可分为下列几种形式。

1）单航次租船（Single Trip Charter）。只租一个航次，船东负责自一个港口装货到另一个港口卸货，货物卸完，租期即告终止。

2）来回程租船（Return Trip Charter）。在完成一个单航次后，随即在卸货港或附近港口装货，再运回原装港或附近港口卸货。卸货完毕，租期即告终止。

3）连续航次程租（Consecutive Voyages）。船租双方一次谈妥，用一条船连续完成若干个相同的程租航次。这种方式的特点是完成若干航次是连续的，一程运货，另一程空放，因此航程一般较短。如由美国大西洋沿岸港口装运煤、粮到西欧大陆港口，由澳大利亚或加拿大太平洋沿岸港口装运粮食至我国港口。如经船租双方议定，船方也可揽装回程货物，但以不影响下一航次的装运时间为限。

4）包运合同（Contract of Affreightment，COA），又称包租船。实际上它是一种多航次的程租，与单航次程租的区别是：单航次程租是用一条船运一批货，而包运合同则是用若干条船来运一批货物，只确定承运货物的数量及承运期限，而不必规定具体的航次数。这种方式对租船人来说，可减轻租船的压力；对船方来说，在营运上也比较灵活，既可以用自有船舶来承运，也可租用其他船公司的船舶来完成规定的任务。

（2）期租（Time Charter），又叫定期租船，是指按一定的期限租船，在这个期限内，租船人支付租金，以取得船舶的使用权。租期少则 3 个月，多到若干年直至船舶报废为止均可。在租期以内，租船人可按照自己的需要来安排船舶的营运和调度，还负责在使用期内船舶的燃料费、港口费和拖轮费等。船东除保证船舶的适航性外，还负责船员的配备和供应船员的给养。

目前，在我国的租船业务中，还有一种航次期租（Time Char-ter Trip）的方式。这种方式租期不做具体规定，而是以完成一个航次货运任务为准。其他条件基本与期租船一样。

（3）程租和期租相比有下列不同之处。

1）期租使用船舶的全部舱位，而程租则使用船舶全部或一部分舱位都可以，只要船租双方事先约定。

2）在营运方式方面，在期租条件下，租船人负责船舶营运，有船舶的调度权，船方仅负责配备船员和管理船舶；在程租条件下，船方负责配备船员，并直接负责船舶的营运管理。

3）在使用船舶时间上，期租是以一定时间为租船条件，而程租是以航程为条件，另以装卸期限来控制租船人使用时间。

4）运费及其他费用负担。期租运费（租金）是按船舶夏季载重线吨位每月每吨为单位计算，租船人负担船舶的日常开支，如燃料、各项港口费用、捐税、货物搬运、装卸、理货、平舱等费用，船方则仅负担船员工资、给养、船舶维修保养费和船壳机器保险费等少数费用。程租运费则按货吨计算，也有用整航次包租总金额计算的。租方除支付运费外，仅负担货物装卸费（也可由船方负担全部或一部分，按照双方协议办理。如由船方负担，则相应地提高运费率）、隔票费和船舶滞期费，其余费用均由船方负担。

5）在装运货物和签发提单方面，期租合同一般不列出具体货名，但对不准装运的货名则加以注明，或注明需装运合法的货物；程租合同中则列明所装货物的名称；提单上均加注“所有其他条款、条件和例外事项按某年某月某日租船合同办理”字样。期租合同下签发的提单，如租船人又是货主，则提单仅起到收据的作用。如租船人以承运人的身份接受托运人的货物，并签发自己的提单，则双方责任以租船人签发的提单为准，至于租船人与船东的关系，则仍以期租合同为准。

6）在船舶管理的技术性工作方面，期租方式下的租船人需了解船舶的性能和质量、船舶规范，具备基本的航海知识和配载技术。在船舶运行过程中，租船人还要做好加油计划、掌握船舶的动态、审查船舶航行日志和机房日志等技术性工作，因此需配备适当的人员。

程租船对租船人来说则简单得多，技术性工作一般均由船方来负责。

除上述期租和程租方式外，还有一种比较特殊的租船方式叫做光船租船（BareBoat Charter）。这也是一种期租船，但又与一般期租船不同，它的租期较长，船员需由租方自行配备。

在租期内，租船人对船舶有调度支配权，负责船舶的经营管理和航行等工作，并负担除船舶保险、折旧、利息等以外的一切船舶营运费用。这种方式在租船市场上使用较少。

5.4.2 船舶的洽租

洽租船舶是一项技术性较强的工作，也是一项涉外工作，必须谨慎从事，不可掉以轻心。现将租船时应注意的事项列举如下。

- 要密切注意我国经贸政策的有关规定和变化情况，不租与我国断绝贸易国家的船舶，也不停靠其港口。
- 租船前要先了解贸易合同中的有关运输条款，做到租船条款与贸易条件互相衔接。
- 在选择船舶时，首先要考虑船东的资信情况和船舶的技术性能。要选船龄短，质量好，耗油少的船舶，不租船龄 15 年或以上的超龄船，要租适合所装货物种类的船舶。
- 报价前要了解市场行情，做到心中有数，争取以有利价格达成交易。对装卸港口的位置、吃水、装卸效率、港口习惯、港口使用费、税捐等情况也要事先了解清楚。

在洽租船舶的活动中，一般程序如下。

（1）询租（Inquiry）。询租就是租船人对外发出租船单（Order），使对方了解租方有什么货、需要什么船。询租可以向租船经纪人发出，也可直接发给船东。询租内容要求简单扼要，但不能缺少对方必须知道的项目，如运什么货、多少数量、装港和卸港或交船地点、受载期或交货期、对船舶或租船合同条款的特殊要求等。

（2）询租的答复。租船单发出后，船东如有兴趣，则提出大致的运价和船只，供租方考虑和比较。如果所报的船符合租方要求，运价也较合理，那就可以开始报价，谁先报价没有规定，但通常都是船东首先报价。

（3）报价（Offer）和还价（Counter Offer）。在租船过程中，报价和还价是交替进行的，也就是双方讨价还价的过程，通常租一条船要经过反复几个回合才能最后成交。

报价人对另一方提出船舶租赁的主要条件，并规定接受的期限，称为报实价（Firm Offers）。凡是部分地接受对方的报价就是还价。在还价时，先要仔细审查对方报价的全部内容，决定哪些可接受，哪些不能接受，哪些需要修改，哪些含义不明确，还有哪些需要补充，然后在还价中逐一列明。凡是还价中提到的条件都是不同意的，需修改或需补充的。如全部接受报价的条件，就算已经成交。

（4）接受（Acceptance）。接受分为有效的接受和有条件的接受。前者是真正的接受，而后者属于还价，特别是一笔交易经双方多次讨价还价后，最后达成交易时更要注意审核双方一致的条件。此外有效的接受必须在发盘的时限之内，如时限已过，一方欲接受，必须要求另一方再确认才能生效。

（5）签约（Conclusion of Charter Party）。船舶洽妥后，就要决定由谁来签约。如果是直接和船东成交，则由租船人自己签约；如通过租船代理人成交的，可授权代理人签约，也可由租船人自签。代理人签约要说明代理人的身份、根据谁的授权和代表哪个当事人（船东或租船人）签约。

租约通常缮制正本两份，签约后双方各持一份存查。租约副本则根据需要决定。

复习思考题

选择题

（1）在我国沿海、沿江各开放港口运营的班轮主要分为 3 类：自营班轮、（　　）和外国班轮。

A. 中外合资班轮　　B. 联合班轮　　C. 独资班轮　　D. 联运班轮

（2）装货清单是由（　　）或其代理人，根据装货单的留底联制作，按到港先后顺序把性质接近的货物加以归类后制成一张装货单的汇总清单。

A. 托运人　　B. 承运人　　C. 第三人　　D. 合同人

（3）（　　）是指只租一个航次，船东负责在一个港口装货到另一个港口卸货，货物卸完，租期即告终止。

A. 来回程租船　　B. 连续航次程租　　C. 单航次租船　　D. 重复租船

（4）（　　）是指按一定的期限租船，在这个期限内，租船人支付租金，以取得船舶的使用权。

A. 程租　　B. 定租　　C. 非定租　　D. 期租

（5）班轮运费包括基本运费和（　　）两部分。

A. 附加费　　B. 通关费　　C. 检验费　　D. 仓储费

简答题

（1）什么叫班轮运输？

（2）班轮运输的特点有哪些？

（3）通关的主要程序有哪些？

（4）什么叫清洁提单？什么叫不清洁提单？

（5）租船有哪些特点？

实训题

集装箱货运站经营人案例

上海一家公司（以下称发货人）出口价值30万美元的皮鞋，委托集装箱货运站装箱出运。发货人在合同规定的装运期内将皮鞋送至货运站，并由货运站在卸车记录上签收后出具仓库收据。该批货出口提单记载CY—CY运输条款、SLAC（由货主装载并计数）、FOB价、由国外收货人买保险。国外收货人在提箱时箱子外表状况良好，关封完整，但打开箱门后发现一双皮鞋也没有。

思考：此事应怎样处理？

分析点评：由发货人查明原因，负责处理。若损失是由集装箱货运站造成的，由集装箱货运站承担责任。

（资料来源：杜学森，律宝发. 国际货运代理实务. 北京：中国劳动社会保障出版社，2006.）

第6章

国际航空货物运输代理实务

本章学习目标

- ◆ 了解航空运输的特点；
- ◆ 掌握航空运输业务流程及操作注意事项。

航空运输虽早在1903年就已问世，但其作为国际贸易运输的一种方式，是在第二次世界大战结束后开始的。由于其具有迅速、安全、准确、节省杂费、手续简便等优点，随着高新技术、信息网络的快速发展，航空运输在国际贸易运输中所处的地位更加突出。

航空运输在我国属于朝阳事业，有较大的发展前景。我国于1958年参加了《统一国际航空运输规划的公约》，与20多个国家建立了航空运输关系，在改革开放以后航空运输才真正发展起来。到目前为止，我国已有国际、国内航线200余条，航程已达37万多公里，与40多个国家签订了航空运输协定，与180多家国际航空公司建立了业务关系。我国航空运输网已成为世界航空运输的重要组成部分。

6.1 国际航空货物运输概述

1. 国际航空货物运输的方式

为了适应不同贸易合同下的货物运输需要，也为了合理地利用飞机的运输能力，并获得良好的经济效益，目前国际航空货物运输的方式可分为两大类，即定期航班运输（班机运输）和不定期航班运输（包机运输）。

（1）定期航班运输。

1）概念。定期航班运输又称班机运输（Scheduled Flights Transport），是指航空公司将飞机按事先制定的航班时刻表，在特定航线的各既定起落站之间，经常性地为非特定的众多货主提供规则的、反复的运输服务，并按运价本或协议运价的规定计收运费的一种营运方式。用于班机运输的飞机在搭载旅客的同时又运送小批量货物，但一些规模较大的航空公司在一些货源比较充足的航线上也采用全货机开辟定期货运航班。

班机固定航线和停靠港，定期开航，定点到达，因此国际间货物流通采用班机方式可以使收发货人确切掌握货物起运和到达时间，保证货物安全、准时地成交。特别是对运送国际市场上的急需商品、行李、鲜活物、贵重物、电子器件等，效果十分明显。

2）分类。在定期航班运输方式下，除了普通的零散件班机运输和直接运输外，根据舱／板／箱销售方式、货源及组织形式的不同，还有以下具体业务种类：

- 包舱／板／箱运输（Cabin／Pallet／Container Chartering）。包舱、包集装箱（板）是定期航空货物运输的一种销售方式，它指托运人根据所运输的货物在一定时间内需要单独占用飞机部分或全部货舱、集装箱、集装板，而承运人需要采取专门措施予以保证。包舱包板运输是航空包机运输中经常采用的方式，这无论对于航空公司还是代理人都是一个双赢的策略。根据具体的双方协议和业务操作，又可分为固定包舱和非固定包舱两种：① 固定包舱，托运人在承运人的航线上通过包板（舱）的方式运输时，托运人无论是否向承运人交付货物，都必须支付协议上规定的运费；② 非固定包舱，托运人在承运人的航线上通过包板（舱）的方式运输时，托运人在航班起飞前 72 小时如果没有确定舱位，承运人则可以自由销售舱位，但承运人对代理人的包板（舱）的总量有一个控制。
- 航空快递（Air Courier）。航空快递是指具有独立法人资格的企业将进出境货物或物品从发件人（Consignor）所在地通过自身或代理的网络运达收件人（Consignee）的一种快速运输方式。采用上述运输方式的进出境货物、物品叫快件。航空快递业因其所运送的货物主要以文件和小包裹为主而区别于普通航空货运业务。
- 集中托运（Consolidation）。由于航空运价随着货物计费重量的增加而逐级递减，货物重量越重，航空货运代理人或集运商（Consolidator）就可以从航空公司获取更加优惠的运价。因此，集中发运大批量货物的运营模式成为众多代理人追求的目标，因为这样就能从航空公司获取比其他竞争对手较低的运价。航空货运市场目前还是一个价格敏感度较强的市场，较低的价格意味着拥有较强的竞争优势，市场销售将会非常得力，会吸引更多的托运人发货，这样一来运送货物的总量会进一步增加，就能与航空公司谈成更加优惠的运价。这种良性循环有利于航空货运代理人本身的生存和发展。

（2）不定期航班运输。

1）概念。不定期航班运输（Non-Scheduled Transport），主要是不定期的包机运输（Transport by Chartering），是相对于班机运输而言的另一种飞机营运方式。由于这种营运方式须在市场上寻求机会，没有固定的航线和挂靠港，也没有事先制定的航班时刻表和费率，当事人须在市场上通过洽谈运输条件，订立飞机租用合同来安排运输。

包机运输是由租机人租用整架飞机或若干租机人联合包租一架飞机进行货运的物流方式。包机如往返使用，则价格较班机低，如单程使用则价格较班机高。包机适合专运高价值的货物。

我国《民航法》第 98 条规定："公共航空运输企业从事不定期运输，应当经国务院民用航空主管部门批准，并不得影响航班运输的正常经营。"

2）分类。根据包机人包用飞机舱位的多少，包机可分为整架包机和部分包机两种。

- 整架包机。整架包机即包租整架飞机，是指航空公司或包机代理公司，按照与租机人事先约定的条件与费率，将整架飞机出租给包机人，从一个或几个航空站装运货物到指定目的地的运输方式。这种方式适合运输大批量货物，运费比较低。但整架包机的租机人要在货物装运前 1 个月与航空公司联系，以便航空公司安排飞机运载和向起落机场及有关政府部门申请，办理入境、过境及有关手续。
- 部分包机。部分包机有两种方式：一种是由几家航空货运代理公司或发货人联合包租整架飞机；另一种是由包机公司把整架飞机的舱位分租给几家航空货运代理公司。部分包机适合于不足整机但货量也较大（一般为 1 吨以上）的货物运送。

2. 国际航空货物运输的特点

国际航空货物运输虽然起步较晚，但发展极为迅速，这是与它所具备的许多特点分不开的。

（1）运送速度快。现代喷气运输机时速一般都在 1 450 千米左右，协和式飞机时速可达 2 173 千米。航空线路不受地面条件限制，一般可在两点间直线飞行，航程比地面短得多，而且运程越远，快速的特点就越显著。在"时间就是效益"的现代社会，节省时间就可以获得极大的经济效益和社会效益。

（2）安全准确。航空运输管理制度比较完善，航空法规的建制几乎与航空技术的发展同步进行。所以，货物运输的破损率低，被盗窃机会少，可保证运输质量。如使用空运集装箱，则更为安全。飞机航行有一定班期，世界各航空公司都十分重视正点率，把它视为影响企业发展的重要因素之一，可以保证货物按时到达。

（3）手续简便。航空运输为了体现其快捷便利的特点，为托运人提供了简便的托运手续。不但可以由货运代理人上门取货，并为其办理一切运输手续，而且可以通过货运代理人送货上门，实现"门到门"的运输服务，极大地方便了托运人和收货人。

（4）节省包装、保险、利息和储存等费用。由于航空运输速度快，商品在途时间少，周期短，存货可相对减少，资金可迅速收回，从而大大节省贷款利息费用。加之航空货物运输中货损、货差较少，货物包装可以相对简化，从而可降低包装费用和保险费用。

（5）运价较高、载量有限、易受天气影响。与其他运输方式（特别是海运）相比，航空运输的不足之处也是明显的。由于技术要求高、运输成本大等原因，运价相对较高。例如，从中国到美国西海岸，空运运价至少是海运运价的10倍以上。由于飞机本身载重、容积的限制，其货运量相对海运来说要少得多。目前最常见的大型货机B747-200F型可载货90吨，相比海运船舶几万吨、十几万吨的载重量要小得多。航空运输遇到大雨、大风、雾等恶劣天气，航班就不能得到有效保证，可能导致货物的延误及损失。

但是由于这种运输方式的优点突出，可弥补运费高的缺陷，加之保管制度完善，适于价值较高、运量小的货物运输。

6.2 航空出口运输代理业务

6.2.1 航空出口销售与代理

作为航空货物运输销售代理人，其销售的产品是航空公司的舱位，只有飞机舱位配载了货物，航空货运才真正具有了实质性的内容。因此，承揽货物处于整个航空货物出口运输代理业务程序的核心地位，这项工作的成效直接影响代理公司的发展，是航空货运代理人的一项至关重要的工作。一个业务开展得较好的货运代理公司，一般都有相当数量的销售人员或销售网点从事市场销售工作。

从营销战略角度来说，航空货物运输代理公司要对整个区域经济的发展有充分的了解，了解哪些行业的产品适合空运。从发展趋势进行潜在市场分析，了解城市经济的未来发展规划，该区域会增加哪些高科技企业，这些企业适合于航空运输的产品将在本公司货运量中占有多少份额，公司目前的货运量在该区域占有的百分比等，充分分析市场的情况。对于长期出口或出口货量较大的企业，航空货物运输代理公司一般都与之签订长期的代理协议。

从每位营销员的角度来说，随着知识经济时代的到来，市场一体化和经济全球一体化导致市场竞争越来越激烈，适用于市场不断变化的新型的公司管理模式快速涌现。现代企业对运输的要求十分严格，市场的需求只有通过快速的运输才能实现，从而对货运代理公司的营销员的素质要求越来越高，而且这种趋势越来越明显。营销员不仅要对本公司的业务流程非常熟悉，知识面宽广，而且应能在变化的市场面前，迅速地把握住时机。

6.2.2 航空出口运输代理业务流程及操作注意事项

国际航空货物出口运输代理业务流程主要包含以下20个环节：市场销售→委托运输→审核单证→预配舱→预订舱→接受单证→填制货运单→接收货物→标记和标签→配舱→订

舱→出口报关→出仓单→提板、箱→装板、箱→签单→交接发运→航班跟踪→信息服务→费用结算。

1．市场销售

通过一定的市场营销渠道和方法，航空货运代理公司与出口单位（发货人）就出口货物运输代理相关事宜达成意向后，可以向发货人提供所代理的航空公司的托运书。

2．委托运输

发货人发货时，首先需填写托运书，并加盖公章，作为货主委托代理承办航空货运出口货物的依据。航空货运代理公司根据委托书要求办理出口手续，并据以结算费用。因此，国际货物托运书是一份重要的法律文件。

在接受托运人委托后，单证操作前，货运代理公司的指定人员对托运书进行审核，也称之为合同评审。审核的主要内容有价格、航班日期。目前，各航空公司均采取自由销售方式，每家航空公司、每条航线、每个航班甚至每个目的港均有优惠运价，这种运价会因货源、淡旺季经常调整，而且各航空公司之间的优惠价也不尽相同。所以有时候更换航班，运价也随之更换。

货运单上显示的运价虽然与托运书上的运价有一定联系，但也有很大区别。货运单上显示的是公布的适用运价和费率，托运书上显示的是航空公司优惠价加上杂费和服务费或使用协议价格。托运书的价格审核就是判断其价格是否能被接受，预订航班是否可行。审核人员必须在托运书上签名并写清日期以示确认。

3．审核单证

所需要审核的单证根据贸易方式、信用证要求等有所不同，主要包括以下单证：

（1）发票、装箱单。发票上一定要加盖公司公章（业务科室、部门章无效），标明价格术语和货价（包括无价样品的发票）。

（2）托运书。一定要注明目的港名称或目的港所在城市名称，明确运费预付或运费到付、货物毛重、收发货人、电话（或电传、传真）号码。托运人签字处一定要有托运人签名。

（3）报关单。注明经营单位注册号、贸易性质、收汇方式，并要求在申报单位处加盖公章。

（4）外汇核销单。在出口单位备注栏内，一定要加盖公司章。

（5）许可证。合同号、出口口岸、贸易国别、有效期一定要符合要求，并与其他单据相符。

（6）商检证。商检证、商检放行单、盖有商检放行章的报关单均可。商检证上应有“海关放行联”字样。

（7）进料／来料加工核销本。注意本上的合同号是否与发票相符。

（8）索赔／返修协议。要求提供正本，合同双方盖章。外方无章时，可以签字。

（9）到付保函。凡到付运费的货物，发货人都应提供。

（10）关封。

4．预配舱

代理人汇总所接受的委托和客户的预报，并输入电脑，计算出各航线的件数、重量、体积，按照客户的要求，根据各航空公司不同机型对不同板箱的重量和高度要求，制定预配舱方案，并给每票货配上运单号。

5．预订舱

代理人根据所指定的预配舱方案，按航班、日期打印出总运单号、件数、重量、体积，向航空公司预订舱。之所以称为预订舱，是因为此时货物可能还没有入仓库，预报和实际的件数、重量、体积等都会有差别，这些留待配舱时再做调整。

6．接受单证

接受托运人或其代理人送交的已经审核确认的托运书及报关单证和收货凭证，将计算机中的收货记录与收货凭证核对。制作操作交接单，填上所收到的各种报关单证份数，给每份交接单配一份总运单或分运单。将制作好的交接单、配好的总运单或分运单、报关单证移交制单。如此时货未到或未全到，可以按照托运书上的数据填入交接单并注明，货物到齐后再进行修改。

7．填制货运单

填制货运单是指依据发货人提供的国际货物托运书，逐项填写相应栏目。填制货运单是空运出口业务中最重要的环节，货运单填写得准确与否直接关系到货物能否及时、准确地运达目的地。货运单是发货人收结汇的主要有效凭证，因此填写必须详细、准确、严格符合“单货一致、单单一致”的要求。

填制的货运单包括主运单和分运单两种。所托运的货物如果是直接发给国外收货人的单票托运货物，填开航空公司运单即可。如果货物属于以国外代理人为收货人的集中托运货物，必须先为每票货物填开航空货运代理公司的分运单，然后再填开航空公司的主运单，以便国外代理对总运单下的各票货物进行分拨。

最后，还要编制空运出口业务日报表供制作标签用。

8．接收货物

接收货物是指航空货运代理公司把即将发运的货物从发货人手中接过来并运送到自己的仓库。

接收货物一般与接单同时进行。对于通过空运的出口货物，货运代理可按照发货人提供的运单号、航班号及接货地点接货日期，代其提取货物。如货物已在始发地办理了出口海关手续，发货人应同时提供始发地海关的关封。

接货时应对货物进行过磅和丈量，并根据发票、装箱单或送货单清点货物，核对货物的数量、品名、合同号或唛头等是否与货运单上所列一致，同时检查货物的外包装是否符合运输的要求。

（1）对包装的基本要求如下。

1）托运人提供的货物包装要求坚固、完好、轻便，应能保证在正常的运输情况下，货物可完好运达目的站，同时也不损坏其他货物和设备。

2）为了不使密封舱飞机的空调系统堵塞，不得用带有碎屑、草末等材料做包装，如草袋、草绳、粗麻包等。包装的内衬物，如谷糠、锯末、纸屑等不得外漏。

3）包装内部既不能有突出的棱角，也不能有钉、钩、刺等。包装外部需清洁、干燥，没有异味和油腻。

4）托运人应在每件货物的包装上详细写明收货人、托运人的姓名、地址及相关内容。如包装表面不能书写时，可写在纸板、木牌或布条上，再拴挂在货物上，填写时字迹必须清楚、明晰。

5）包装窗口的材料要良好，不得用腐朽、虫蛀、锈蚀的材料。

6）如果包装件有轻微破损，填写货运单时应在“Handing Information”一栏标注详细情况。

（2）对包装的具体要求。通用的包装材料有木箱、结实的纸箱（塑料打包带加固）、皮箱、金属或塑料桶等。

1）液体类货物。不论瓶装、罐装或桶装，容器内至少有 5%～10%的空隙，封盖严密，容器不得渗漏；用陶瓷、玻璃容器盛装的液体，每一个容器的容量不得超过 500 毫升，并需外加木箱包装，箱内装有内衬物和吸湿材料，内衬物要填牢实，以防内装容器碰撞破碎；用陶瓷、玻璃容器盛装的液体货物，外包装上应加贴“易碎物品”标签。

2）易碎物品。每件重量不超过 25 千克；用木箱包装；用内衬物填塞牢实；包装上应贴“易碎物品”标签。

3）精密仪器和电子管。多层次包装，内衬物要有一定的弹性，但不得使货物移动位置和互相碰撞摩擦；悬吊式包装，用弹簧悬吊在木箱内，适于电子管运输；加大包装底盘，不使货物倾倒；包装上应加贴“易碎物品”和“不可倒置”标签。

4）裸装货物。不怕碰压的货物如轮胎等，可以不用包装，但不易点数或容易碰坏飞机的货物仍须妥善包装。

5）木制包装。木制包装或垫板表面应清洁、光滑、不携带任何种类植物害虫；有些国家要求“Handing Information”一栏中注明“The solid wood materials are totally free from bark and apparently free from live plant pests”，并随附熏蒸证明。

6）混运货物。一票货物中包含有不同物品的称为混运货物。这些物品可装在一起，也可以分别包装，但不得包含下列物品：贵重货物、动物、尸体、骨灰、外交信袋、作为货物运送的行李等。

9. 标记和标签

（1）标记。在货物外包装上有托运人书写的有关事项和记号，其内容主要是托运人、收货人的姓名、地址、联系电话、传真；合同号等；操作（运输）注意事项（例如，不要暴晒、防潮、小心轻放等）；单件超过150千克的货物。

（2）标签。

1）按标签的作用划分如下。

- 识别标签。说明货物的货运单号码、件数、重量、始发站、目的站、中转站的一种运输标志，分为挂签、贴签两种。
- 特种货物标签。说明特种货物性质的各类识别标志，分为活动物标签、危险品标签和鲜货易腐物品标签3种。
- 操作标签。说明货物储运注意事项的各类标志。

2）按标签的类别划分如下。

- 航空公司标签。指航空公司对其所承运货物的标志，各航空公司的标签虽然在格式、颜色上有所不同，但内容基本相同。标签上的前三位数字代表所承运航空公司的代号，后八位数字是总运单号码。
- 分标签。它是货运代理公司对出具分标签货物的标志。凡出具分运单的货物都要制作分标签，填制分运单号码和货物到达城市或机场的三字代码。

一件货物贴一张航空公司标签，有分运单的货物，每件再贴一张分标签。

10. 配舱

配舱时需运出的货物都已入库，这时需要核对货物的实际件数、重量、体积与托运书上预报数量的差别，对预订舱位、板箱有效领用、合理搭配，按照各航班机型、板箱型号、高度、数量进行配载。同时，对于货物晚到、未到情况以及未能顺利通关放行的货物做出调整处理，为制作仓单做准备。实际上，这一过程一直延续到单、货交接给航空公司后才完毕。

11．订舱

订舱就是将所接收空运货物向航空公司申请并预订舱位。货物订舱需根据发货人的要求和货物标志的特点而定。一般来说，大宗货物、紧急物资、鲜活易腐物品、危险品、贵重物品等，必须预订舱位。非紧急的零散货物，可以不预订舱位。

订舱的具体做法和基本步骤是：接到发货人的发货预报后，向航空公司吨控部门领取并填写订舱单（Cargo Booking Advance，CBA），同时提供货物的名称、体积（必要时提供单件尺寸）、重量、件数、目的地、要求出运的时间、其他运输要求（温度、装卸要求、货物到达目的地时限等）等相应的信息。订舱后，航空公司签发舱位确认书，同时给予装货集装器领取凭证，以表示舱位订妥。

一般来说，航空公司舱位销售的原则是：① 保证有固定舱位配额的货物；② 保证邮件、快件舱位；③ 优先预订运价较高的货物舱位；④ 保留一定的零散货物舱位。⑤ 未订舱的货物按交运时间的先后顺序安排舱位。

预订的舱位有时会由于货物原因、单证原因、海关原因使得最终舱位不够或空舱，这就需要综合考虑，并加强预见性，尽量减少此类事情发生，在事情发生后则要给予必要的调整和补救。

12．出口报关

出口报关是指发货人或其代理人在货物发运前，向出境地海关办理货物出口手续的过程。

出口报关的基本程序是：首先将发货人提供的出口货物报关单的各项内容输入电脑，即电脑预录入；在通过电脑填制的报关单上加盖报关单位的报关专用章；然后将报关单与有关的发票、装箱单和货运单综合在一起，并根据需要随附有关的证明文件；以上报关单证齐全后，由持有报关证的报关员正式向海关申报；海关审核无误后，海关官员即在用于发运的运单正本上加盖放行章，同时在出口收汇核销单和出口报关单上加盖放行章，在发货人用于产品退税的单证上加盖验讫章，粘贴上防伪标志；完成出口报关手续。

出运修理件、更换件时，需留取海关报关单，以备以后进口报关用。

出口货物根据卫生检验检疫部门的规定和货物种类，还要填制相应的单据。非动植物及其制品类，要求填制卫检申报单，加盖卫检放行章。动植物类货物除填制卫检申报单外，还须填制动植检报验单并加盖放行章。

化工类产品须到指定地点检验证明是否适合空运，而不同的出口货物亦有相应的规定和限制。

13．出仓单

配舱方案制定后就可着手编制出仓单，主要内容有出仓单的日期、承运航班的日期、装载板箱形式及数量、货物进仓顺序编号、总运单号、件数、重量、体积、目的地三字代码和备注等。

出仓单交给出口仓库，用于出库计划，出库时点数并向装板箱交接。出仓单交给装板箱环节用做向出口仓库提货的依据。出仓单交给货物的交接环节用做从装板箱环节收货凭证和制作国际货物交接清单的依据，该清单用于向航空公司交接货物。出仓单还可用于外拼箱。出仓单交给报关环节，当报关有问题时，可有针对性反馈，以采取相应措施。

14．提板、箱

订妥舱位后，航空公司吨控部门将根据货量出具、发放航空集装箱、板凭证，货运代理公司凭此向航空公司箱板管理部门领取与订舱货量相应的集装板、集装箱并办理相应的手续。提板、箱时，应领取相应的塑料薄膜和网。对所使用的板、箱要登记、销号。

15．装板、箱

除特殊情况外，航空货运均以集装箱、集装板形式装运。

通常，航空货运代理公司将体积为2立方米以下货物作为小货交与航空公司拼装，大于2立方米的大宗货或集中托运拼装货，一般均由货运代理自己装板装箱。

大宗货物、集中托运货物可以在货运代理公司自己的仓库、场地、货棚装板、装箱，亦可在航空公司指定的场地装板、装箱。装板、装箱时要注意以下几点。

（1）不要用错集装箱、集装板，不要用错板型、箱型。每个航空公司为了加强本航空公司的板、箱管理，都不许可本公司的板、箱为其他航空公司的航班所用；不同公司的航空集装箱、航空集装板因型号、尺寸有异，如果用错会出现装不上飞机的现象。

（2）不要超装箱、板尺寸。一定型号的箱、板用于一定型号的飞机，板、箱外有具体尺寸规定，一旦超过装箱、板尺寸，就无法装上飞机。因此，装箱、板时，要注意货物的尺寸，既不超装，又要在规定的范围内用足箱、板的可用体积。

（3）货物要垫衬，封盖好塑料纸，防潮、防雨淋。

（4）集装箱、板内货物尽可能配装整齐，结构稳定，并接紧网索，防止运输途中倒塌。

（5）对于大宗货物、集中托运货物，尽可能将整票货物装一个板或几个板、箱内运输。

16．签单

货运单在盖好海关放行章后还须到航空公司签单。航空公司主要审核是否适合空运。

17．交接发运

交接是向航空公司交单交货，由航空公司安排航空运输。

18. 航班跟踪

货主或其代理从单、货交给航空公司后就需要对航班、货物进行跟踪，以了解货物运输途中的情况和相关信息。

19. 信息服务

物流和信息是密不可分的，货运代理和航空公司要互通信息，做好沟通和协调工作。

20. 费用结算

货运代理公司要认真、及时同发货人、乘运人和代理人三方进行费用结算，实事求是，减少扯皮现象。

6.3 航空进口运输代理业务

航空进口运输代理业务是指对于货物从入境到提取或转运整个流程的各个环节所需办理的手续及准备相关单证的全过程。

6.3.1 航空进口销售与代理

航空货运代理公司应努力构建自己的代理服务网络，根据自己的业务种类、规模大小、资金实力、营销目标等情况决定设立海外公司或利用海外代理来完成货物在进口国的有关手续。

作为进口货运代理公司，应通过多种途径与出口国货代建立业务关系，争取成为其在进口国的长期代理。

6.3.2 航空进口运输代理业务流程及操作注意事项

1. 代理预报

在出口国发货之前，由始发地代理公司将运单、航班、件数、重量、品名、实际收货人及其地址、联系电话等内容通过传真或电子邮件发给目的地代理公司，这一过程被称为预报。

进口国代理收到预报后，应及时做好接货前的所有准备工作，同时注意以下两点。

（1）中转航班。中转点航班的延误会使实际到达时间和预报时间出现差异。

（2）分批货物。从国外一次性运来的货物在国内中转时，由于国内载量的限制，往往采用分批的方式运输。

2．交接单、货

航空货物入境时，与货物相关的单据（运单、发票、装箱单等）也随机到达，运输工具及货物处于海关监管之下。

货物卸下后，将货物存入航空公司或机场的监管仓库，进行进口货物舱单录入，将舱单上总运单号、收货人、始发站、目的站、件数、重量、货物品名、航班号等信息通过计算机传输给海关留存，供报关用。

同时根据运单上的收货人及地址寄发取单、提货通知。若运单上收货人或通知人为某航空货运代理公司，则把运输单据及与之相关的货物交给该航空货运代理公司。

航空公司的地面代理向货运代理公司交接的主要有：国际货物交接清单；总运单、随机文件；货物。双方交接时要做到单、单核对，即交接清单与总运单核对；单、货核对，即交接清单与货物核对。

航空货运代理公司在与航空公司办理交接手续时，应根据运单及交接清单核对实际货物。若存在有单无货或有货无单的情况，均应在交接清单上注明，以便航空公司组织查询并通知入境地海关。

发现货物短缺、破损或其他异常情况，应向民航索要商务事故记录，作为实际收货人交涉索赔事宜的依据。货运代理公司请航空公司开具商务事故证明的通常有以下几种。

（1）包装货物受损。纸箱开裂、破损、内中货物散落（含大包装损坏，散落为小包装，数量不详）；木箱开裂、破损，有明显受撞击迹象；纸箱、木箱未见开裂、破损，但其中液体漏出。

（2）裸装货物受损。无包装货物明显受损，如金属管、塑料管压扁、断裂、折弯；机器部件失落、仪表表面破裂等。

（3）木箱或精密仪器上防震、防倒置标志泛红。

（4）货物件数短缺。

对货损责任难以确定的货物，可暂将其留存机场，请货主单位一并到场处理。

3．理货与仓储

货运代理公司自航空公司接货后，即短途驳运进自己的监管仓库，组织理货及仓储。

（1）理货的主要内容如下。

1）逐一核对每票件数，再次检查货物破损情况。遇有异常，确属接货时未发现的问题，可向航空公司提出交涉。

2）区分大货／小货、重货／轻货、单票货／混载货、危险品／贵重品、冷冻、冷藏品等不同情况分别进仓、堆存。堆存时要注意货物箭头朝向，总运单、分运单标志朝向，注意大不压小，重不压轻。

3）登记每票货储存区号，并输入计算机系统。

（2）仓储注意事项。鉴于航空进口货物的贵重性、特殊性，其仓储要求较高，须注意以下几点。

1）防雨淋、防受潮。货物不能置于露天，不能无垫托置于地上。

2）防重压。纸箱、木箱均有叠高限制；纸箱受压变形，会危及箱中货物安全。

3）防温升变质。生物制剂、化学试剂、针剂药品等特殊物品有储存温度要求，要防止阳光暴晒。一般情况下，冷冻品置于–15℃～–20℃冷冻库（俗称低温库），冷藏品置放于2℃～8℃冷藏库。

4）防危险品危及人员及其他货品安全。空运进口仓库应设独立的危险品库。易燃、易爆品、毒品、腐蚀品、放射品均应分库安全置放。以上货品一旦出现异常，均须及时通知消防安全部门或卫生检疫部门进行检测和处理，以保证人员及其他物品安全。

5）防盗。为防贵重品被盗，贵重品应设专库，由双人制约保管，防止出现被盗事故。

4．理单与到货通知

（1）理单。

1）集中托运，总运单项下拆单。将集中托运进口的每票总运单项下的分运单分理出来，审核与到货情况是否一致，并制成清单输入计算机系统；将集中托运总运单项下的发运清单输入海关计算机系统，以供按分运单分别报关、报验、提货之用。

2）分类理单、编号。运单分类的方法有多种，各货运代理公司可根据需要结合使用。

- 分航班号理单。便于区分进口方向。
- 分进口代理理单。便于掌握、反馈信息，做好对代理的对口服务。
- 分货主理单。重要的经常有大批货物的货主，将其运单分类出来，便于联系客户，制单报关和送货、转运。
- 分口岸、内地或区域理单。便于联系内地货运代理，便于集中转运。
- 分运费到付、预付理单。便于安全收费。
- 分寄发运单、自取运单客户理单。便于安排邮寄和接待。

分类理单的同时，须将各票总运单、分运单编上各航空货运代理公司自己设定的编号，以便内部操作及客户查询。

3）编配各类单证。理单人员应将总运单、分运单与随机单证、国外代理先期寄达的单证（发票装箱单、合同副本、装卸、运送指示等）、国内货主或经营到货单位预先交达的各类单证进行逐单审核、编配。凡单证齐全、符合报关条件的即转入制单、报关程序。否则，应与货主联系，催齐单证，使之符合报关条件。

（2）到货通知。

1）发出到货通知的及时性要求。从航空运输的时效出发，同时也为了减少货主仓储费，避免海关滞报金，货物到达目的港后，应尽早、尽快、尽妥地通知货主到货情况，提请货主配齐有关单证，尽快报关。

- 早。到货后第1个工作日内就要设法通知货主。
- 快。尽可能用传真、电话预先通知客户，单证需要传递的，尽可能使用特快专递，以缩短传递时间。
- 妥。一星期内须保证以电函、信函形式第三次通知货主，并应将货主尚未提货情况告知发货人代理。

2）到货通知的内容。到货通知应向货主提供到达货物的以下内容。

- 运单号、分运单号、货运代理公司编号。
- 件数、重量、体积、品名、发货公司、发货地。
- 运单、发票上已编注的合同号、随机已有单证数量及尚缺的报关单证。
- 运费到付数额，货运代理公司地面服务收费标准。
- 货运代理公司及仓库的地址（地理位置图）、电话、传真、联系人。
- 提示货主，海关关于超过14天报关收取滞报金及超过3个月未报关货物上交海关处理的规定。

5. 制单、报关

（1）制单、报关、运输的形式。除部分进口货存放民航监管仓库外，大部分进口货物存放于各货运代理公司自有的监管仓库。由于货主的需求不一，货物进口后的制单、报关、运输一般有以下几种形式：

1）货运代理公司代办制单、报关、运输。

2）货主自行办理制单、报关、运输。

3）货运代理公司代办制单、报关后，货主自办运输。

4）货主自行办理制单、报关后，委托货运代理公司运输。

5）货主自办制单，委托货运代理公司报关和办理运输。

（2）进口制单。制单指按海关要求，依据运单、发票、装箱单及证明货物合法进口的有关批准文件，制作进口货物报关单。

（3）进口报关。进口报关是进口运输中关键的环节。报关程序大致可分为初审、审单、征税、验放4个主要环节。

6. 收费、发货

（1）收费。货运代理公司仓库在发放货物前，一般先将费用收妥。收费内容如下：

1）到付运费及垫付佣金。

2）单证、报关费。

3）仓储费（含冷藏、冷冻、危险品、贵重品特殊仓储费）。

4）装卸、铲车费。

5）航空公司到港仓储费。

6）海关预录入、动植检、卫检报验等代收代付费用。

7）关税及垫付佣金。

除了每次结清提货的货主外，经常交易的货主可与货运代理公司签订财务付费协议，采用先提货、后付款，按月结账的付费方法。

（2）发货。办完报关、报验等进口手续后，货主须凭盖有海关放行章、动植物报验章、卫生检疫报验章（进口药品须有药品检验合格证）的进口提货单到所属监管仓库付费提货。

7. 送货与转运

送货主要指进口清关后的货物直接运送货主单位。转运主要指将进口清关后的货物转运至内地的货运代理公司。

6.4 其他运输代理业务

6.4.1 航空集中托运

1. 航空集中托运的概念

航空集中托运就是指集中托运商（Consolidator）将多个托运人的货物集中起来作为一票货物交付承运人，用较低的运价运输货物。货物到达目的站，由分拨代理商（Break Bulk Agent）统一办理海关手续后，再分别将货物交付给不同的收货人。

2. 航空集中托运的文件

（1）航空货运单。在集中托运业务中，涉及两种航空货运单：一种是托运人和集运商之间使用的，称为分运单；另一种是集运商和航空公司之间使用的，称为主运单。

一票集中托运货物的所有分运单都要装在结实的信封内附在主运单后，并在货运单“Nature and Quantity of Goods”栏内注明“Consolidation As Per Attached Manifest”。

（2）集中托运货物舱单。由于在主运单中，货物的品名是在品名栏中注明的“集中托运货物的相关信息附在随带的舱单中”，并没有列出具体的货物品名，因此需要查询如样单的集中托运货物舱单（Consolidation Manifest），才能了解在这种主运单中有哪些分运单和货物。集中托运货物舱单主要有各个分运单号，以及各个分运单中货物的运送目的地、件数、重量、体积等项目。

（3）航空集中托运货物的标签。对于集中托运货物，应在每一件货物上贴上识别标签，在识别标签上要特别注明主单号和分单号。

6.4.2 航空快递

1. 航空快递的定义

航空快递（Air Courier）是指具有独立法人资格的企业将进出境货物或物品从发件人所在地通过自身或代理的网络运达收件人的一种快速运输方式。采用上述运输方式的进出境货物、物品叫做快件。

航空快递从所发运快件的内容看主要分成快件文件和快件包裹两大类。快件文件以商务文件、资料等无商业价值的印刷品为主，其中也包括银行单证、合同、照片、机票等。快件包裹又叫小包裹服务。

航空快递的业务性质和运输方式与普通航空货运有较多相近之处，可以视为航空货运的延续或发展。因而，国内许多航空货运代理公司都兼营航空快递业务，同时也有专门的快件公司从事国际航空快递业务。

航空快递货物除了航空公司飞行承运之外，其全程运行必须置于航空快递公司的操作和控制之下，这样才能提高运送速率，减少差错，为跟踪查询提供条件，使航空快递运输较之于普通空运在服务水准上有质的提高。

2. 航空快递的特点

航空快递运输（尤其是包裹运输）与普通航空货物运输相比，其基本程序和需要办理的手续相同，所需的运输单据和报关单证也基本一样：都要向航空公司办理托运；都要与收货人、发货人及承运人办理单货交接手续；都要提供相应的报关单证向海关办理进、出口报关手续。

但是，航空快递作为一项专门业务而独立存在，亦具有其他运输方式所不能取代的特点。

（1）航空快递公司有完善的快递网络。航空快递是以时间、递送质量区别于其他运输方式的，它的高效运转只有建立在完善的网络上才能进行。这种网络要求无论始发地、中转地、到达地都能以服务于网络这个目的进行，同时网络具有相当强的整合能力。

（2）以收运文件和小包裹为主。从收运范围来看，航空快递以收运文件和小包裹为主。文件包括银行票据、贸易合同、商务信函、装船单据、小件资料等。小包裹包括机器上的小零件、小件样品、急用备件等。

航空快递公司对收件有最大重量和最大体积的限制。普通航空货运则以收运进出口贸易货物为主，并且规定每件货物的最小体积不得小于 5 厘米×10 厘米×20 厘米，每票货物的最小重量不得小于 0.5 千克。邮政业务则以运送私人信函为主要业务范围，要求货物的体积、重量较之航空快递为小。航空快递、普通航空货运、邮政业务三者之间业务范围有一定交叉，但又各有自己相对的经营领域和服务范围，其主导业务是有明显区分的。

（3）使用特殊单据 POD。从运输和报关单来看，航空快递业务中有一种其他运输形式所没有的单据，即交付凭证（Proof of Delivery，POD）。POD 是航空快递中的重要单据。它由多联组成（各快运公司的 POD 不尽相同），一般有发货人联、随货同行联、财务结算联、收货人签收联等，其上印有编号及条形码。POD 类似于航空分运单，但比航空分运单的用途更为广泛，它有很多作用如：商务合同作用；分运单作用；服务时效、服务水平记录作用；配合电脑检测、分类、分拨作用；结算作用。

（4）流程环节全程控制。从服务层次来看，航空快递因设有专人负责，减少了内部交接环节，缩短了衔接时间，因而运送速度快于普通航空货运业务和邮递业务，这是航空快递业务有别于其他运输形式的最本质、最根本的一点。

（5）高度的信息化控制。从服务质量来看，航空快递的整个运输过程中都处于电脑的监控之下，快件每经一个中转港或目的港，电脑都得输入其动态（提货、转运、报关等），派送员将货送交收货人时，让其在 POD 上签收（日期、姓名）后，电脑操作员将送货情况输入电脑，这样信息很快就能反馈到发货方。一旦查询，立时就能得到准确的回复。这种运输方式使收货人、发货人都感到安全、可靠。

普通的航空货物虽然在送交收货人时也让其在底单上签字，但这种底单主要是作为货物已交付货主的凭证存入档案，而不是作为回执反馈发货方。虽然有些航空货运代理公司也开始向发货方国外代理反馈货物处理信息，但反馈信息的速度和准确度远不如航空快递业务。

邮政业务没有运送信息反馈，邮件丢失查找困难。被动查询时，必须按顺序一个邮局接一个邮局查询，一个邮局接一个邮局回复，信息返回缓慢。

3．航空快递的分类

国际航空快递就是国与国之间的以商业文件和包裹为运送对象的一种快速运送方式。其根据所提供的服务不同又分为以下 3 类。

（1）门到门服务。发件人需要发货时打电话给航空快递公司，航空快递公司接到电话后，立即派人到发件人处取件。航空快递公司将取到的所需发运的快件根据不同的目的地进行分拣、整理、核对、制单、报关。利用最近的航班，通过航空公司（或快件公司自己的班机）将快件运往世界各地。发件地的航空快递公司用电传、发电子邮件或传真等形式将所发运快件的有关信息（航空运单及分运单号、件数、重量等内容）通知中转站或目的地站的航空快递公司。快件到达中转站或目的地机场后，由中转站或目的地航空快递公司负责办理清关手续、提货手续，并将快件及时送交收货人手中，再将快件派送信息及时反馈到发件地的航空快递公司。

（2）门到机场服务（Door to Airport）。运输服务只能到达收件人所在城市或附近的机场。快件到达目的地机场后，当地快递公司及时将到货信息通知收件人，收件人既可自己办理清关手续，又可委托原航空快递公司或其他代理公司办理清关手续，但需额外缴纳清关代理费用。采用这种运输方式的快件多是价值较高或是目的地海关当局对货物有特殊规定的。

（3）专人派送服务（Courier on Board）。这种方式是指发件地航空快递公司指派专人携带快件在最短的时间内，采用最便捷的交通方式，将快件送到收件人手里。这种方式一般是在比较特殊的情况下，为了确保货物安全、确保交货时间而采用的。

相对而言，第一种方式最普遍、最简单方便。在日常业务中如果有什么重要的文件或其他物品要尽快交到客户手中时，你只需拨打电话，航空快递公司的专业派送人员很快就会上门取货，随之其他一切发运手续就由航空快递公司办理了。这对于发运一般的文件、成交样品等比较适合。第二种方式在时间上优于普通货运形式，同时又简化了发件人的手续，但需要收货人按自己的方式到机场办理清关、提货手续。第三种方式是一种特殊服务，一般很少采用，但用这种方式可以免去普通快件的出关、入关手续。

4．航空快递业的发展

到现在为止，在全世界形成规模的，即能在 200 个国家和地区以上拥有网络并能作业的航空快递公司共有 6 家，即 DHL、FedEx、UPS、TNT、OCS 和依靠万国邮政联盟为基础的各国邮局——EMS。

（1）FedEx（Federal Express）的中文名是联邦快递公司，它是典型的美国公司，靠国内快递起家，美国国内快件 80%以上由 FedEx 运作。现在它兼营国际快件，双管齐下。它现有员工约 143 500 人、640 架飞机和 45 000 辆货车，其业务重点在亚洲和美洲之间。2002 年 3 月，FedEx 荣获了由 Cargonews Asia 发起的在新加坡举行的第 16 届亚洲货运业颁发的 4 项大奖：北美洲最佳航空货运公司、最佳全货运公司、亚洲最佳公路运输公司和最佳物流管理公司。

（2）UPS（United Parcel Service）的中文名是联合包裹公司，1907 年 8 月 28 日在美国西雅图市成立。在第二次世界大战前后，主要是帮助商店做购物递送和宅急送，目前已成为美国国内最大的包裹投递商和全球最著名的包裹运送快递公司。2001 年全球营业额达 306 亿美元，拥有 700 多架飞机和 88 000 辆货车。论实力，在六大航空快递公司中占第一位，它还为自己的客户提供金融贷款。

（3）DHL（中外运公司）起源于美国，几年前公司的构成为 3 部分：美洲、亚洲和欧洲。现在公司被德国邮局收购，成为德国邮局控股的国际快递公司，总部设在布鲁塞尔。公司业务从一开始就是国际业务，目前重点逐渐转向亚洲与欧洲之间。

（4）TNT（Thomas National Transport）的中文名是天地快运公司，1946 年由澳大利亚人托马斯成立于悉尼，开始只限于国内业务，1997 年被荷兰邮局兼并，总部的名称叫 TPG（TNT Post Group），其快递业务仍叫 TNT。TPG 的业务分为 3 部分：国际快递、邮件和物流。TNT 现有 36 架飞机、17 200 辆车，以欧洲业务为主；TNT 的物流很发达，特别是有关汽车、轮胎、高科技的产品和易消耗品的物流方面。它现在是世界上最大的汽车物流供应商。

（5）OCS（Overseas Courier Service）的中文名是日本新闻普及株式会社。1957 年由日本东京的几家主要报纸出版人组建而成，其业务是为这些报社的国外订户发送报纸，到了 20 世纪 70 年代以后才开始做文件、包裹的国际快递业务。总部设在日本东京，业务以亚洲为中心，是与中国在快递方面合作最早的公司。

（6）EMS（Express Mail Service）的中文名是邮政速递，依托万国邮政联盟。按照合约，各国邮局互为代理、互相投递来自不同国家和地区的快件，同时将自己收到的快件交到收件人手中，其业务也在不断地发展。

相关链接

美国联合包裹服务公司抢占中国快递市场

2001 年 4 月初，一架带有 UPS 字样的波音 747-200 型飞机降落在北京国际机场。这架直抵中国的美国联合包裹服务公司（United Parcel Service，UPS）飞机，标志的不是一条客运航线的开通，而是 UPS 的货运飞机获准直航中国，但对国内的速递企业、物流业来说，来的不只是飞机。

1. 飞机只是货运的手段，UPS 的电子商务的作用远大于飞机

资料显示，美国有 40％的圣诞节礼物是通过网络订购的。在中国，2 250 万名网络用户中，有 1/3 在过去一年中通过网络购物。而对现代企业来说，通过电子商务可以减少物资周转的时间，加快新资讯的传递，缩短资金的使用周期，大大降低企业生产成本。要满足现代企业的这一需求，传统的快递公司要依靠的不仅仅是飞机，还要借助电子商务手段。正如 UPS 董事长兼首席执行官吉姆·凯利（Jim Carrey）所言："电子商务不单单是生意上的交流，我们通过电子商务所产生的非包裹运送服务大大拓展了公司的业务。"目前，UPS 作为一家包裹快递公司已经在 3 年内为全球 6 万多名客户提供在线采购和网上包裹跟踪服务，同时，借助网络，UPS 的包裹快递的概念已有了更多的含义，如

2000年1月，UPS将它的服务软件与另一家公司的软件进行整合。整合后的软件使UPS的重要文件在因特网上传输时几乎不可能出现泄密事件。

2．包裹快递贵在神速，直航中国开阔了国内对外贸易

中国近几年进出口贸易连年上升，这使得中国与世界的快递业务需求迅速增长。吉姆·凯利在一次同中国记者的见面会上不止一次说到："直航中国带给UPS的不只是兴奋。"通过直航，UPS可以更合理地对货运飞机进行装载控制，有效实行更多的服务项目。因航程缩短，从而为客户节约了费用，缩短了运送时间。随着直航飞机的降落，UPS每周有6班货运飞机抵达北京、上海。如今，UPS的快递业务遍及中国100多个城市。中国直航权的取得，使UPS成为最快的空运快递公司之一，领先于大多数竞争对手。

3．UPS代表世界快递业进入中国的步伐将越来越快

综观UPS在中国的发展，从1988年与中国对外贸易运输（集团）总公司签订合作协议到1996年6月在中国成立第一家合资企业，用了8年时间。可以看出，以UPS为代表的世界快递公司进入中国的步伐正在加快。

6.4.3 特种货物运输

1．鲜活易腐货物

（1）概念。鲜活易腐货物是指在一般运输条件下易于死亡或变质腐烂的货物。

鲜活易腐货物在装卸、储存和运输过程中，由于气温变化和运输延误等因素可能导致其变质或失去原有价值。常见的鲜活易腐货物有鲜花、植物、水果、蔬菜、新鲜的肉类、海鲜、正在孵化的禽蛋、疫苗和医疗设施等。此类货物一般要求在运输和保管中采取冷藏、保温等特别的措施，以保持其鲜活或不变质。

（2）所需文件。

1）货运单。货运单品名栏"Nature and Quantity"应注明"Perishable"字样；同时注明已订妥的各航段航班号／日期。

2）其他文件包括以下几个。

- 鲜活易腐货物应具有必要的检验合格证明和卫生检疫证明，还应符合有关到达站国家关于此种货物进出口和过境的规定。
- 托运人交运鲜活易腐货物时，应书面提出在运输中需要注意的事项及允许的最长运输时间。
- 在货运单"Handing Information"栏内应注明其他文件的名称和注意事项，并将装有各种卫生检疫证明的信封钉在货运单后面，随货运单寄出。

（3）标签。除识别标签外，货物的外包装上还应拴挂"鲜货易腐"标签和"向上"标签。

（4）订舱。托运人在交运此类货物之前必须预订所需的舱位。

鲜活易腐货物应安排直达航班。如果一定要有多个航班转运时，必须获得所有参加运输的承运人关于订妥吨位及选择运输路线的确认，否则不可接受非直达航班运输的鲜活易腐物品。

（5）运输。应注意以下事项：

1）承运前必须查阅《TACT Rules》关于各个国家对鲜活易腐物品进出口、转口的运输规定。确认在始发地、中转地、目的地能够提供操作设备。

2）鲜活易腐货物应优先发运，尽可能利用直达航班。

3）收运鲜活易腐品的数量必须取决于机型以及飞机所能提供的调温设备。

4）需订妥航班。

5）鲜活易腐货物运达后，应由航空公司或其地面代理立即通知收货人来机场提取。

6）承运前还应查阅《TACT Rules》本中第 8 部分有关承运人对鲜活易腐品的承运规定。

7）如果在周末和节假日无法办理清关手续，应尽量安排货物在工作日到达中转站或目的站。

2．活动物

（1）概述。国际航空运输协会（IATA）每年出版一期《活动物规则》（Live Animal Regulations，LAR），其中包括了有关活体动物运输的各项内容，如包装种类、操作和仓储标准等，目的是保证活动物安全到达目的地。收运活动物应以 LAR 为依据，严格遵守各项规定。

（2）所需文件。

1）活动物证明书（Shipper's Certificate for Live Animals）。托运人每交运一批动物，应填制活动物证明书一式两份，证明书应由托运人签字，一份交承运人留存，一份和其他证件一起附在货运单上寄往目的站。

在活动物证明书中，托运人必须证明动物健康状况良好，并根据 LAR 中的规定和有关承运人、国家的要求对货物进行了适当的包装，符合空运条件。

2）货运单包括以下内容。

- 货运单的品名栏内必须写明与 LAR 中一致的动物俗名和动物的数量。
- 注明已订妥的各航段航班号 / 日期。
- 所有文件的名称和其他操作要求都应写在"Handing Information"栏中。
- 活动物不能与其他货物同用一张货运单，即活动物不能与其他货物混运。

3）其他文件如下。

- 动物卫生检疫证明。

- 有关国家的进出口许可证等。

（3）标签和标记。

1）托运人必须在活动物的容器上用清晰、持久的字迹详细注明与货运单相一致的收货人的姓名，还应注明有关特殊饲养的方法及应注意的事项。

2）装有活动物的容器上应贴有“动物”标签（Live Animal）和“不可倒置”标签（This Side Up）；若所装动物在叮、咬或接触时能放射毒素，应同时贴有“有毒”标签（Poisonous）；实验用动物专用容器上应贴“实验动物”标签（Laboratory Animals）。

（4）运输。应注意以下事项。

1）必须在订妥全程舱位之后方可收运。

2）动物运输不办理运费到付。

3）动物运输应尽量利用直达航班。如无直达航班，应尽量选择中转次数少的航班。

4）应注意动物运达目的站的日期，尽量避开周末和节假日，以免动物运达后延误交付，造成动物死亡。

5）只有部分机型的下货舱可以通风和控制温度。因此，动物装载在下货舱内运输时，应考虑不同的飞机所提供的运输条件。

6）动物在运输过程中，由于自然原因而发生的病、伤或死亡，承运人不负责任，除非证明这是由于责任承运人造成的。

7）由于托运人的过失或违反承运人的运输规定，致使动物在运输过程中造成对承运人或第三者的伤害或损失时，托运人应负全部责任。

8）动物在运输途中或到达目的地后死亡（除承运人的责任事故外）所产生的一切处理费用，应由托运人或收货人承担。

3. 危险物品

（1）概述。凡具有燃烧、爆炸、腐蚀、毒害、放射性等性质，在航空货物的运输、装卸、保管过程中可能危害人身健康、安全或对财产造成损害而需要特别防护的物品或物质称为危险物品（Dangerous Goods）。

某些物品从名称上虽看不出，但实际上是危险品，如电器开关，可能含有水银；冷冻的水果、蔬菜可能含有干冰；玩具可能是易燃的材料制成的。

危险物品手册（Dangerous Goods Regulations，DGR）是根据《芝加哥公约》附件 18 和《ICAO 技术指南》的内容而编制的。IATA 组织了一些危险物品运输专家对每年 DGR 的内容进行修改，并于每年 1 月 1 日出版。所有的 IATA 会员航空公司及它们的代理人都必须统一使用最新出版的 DGR。

DGR 以运输专用名称的顺序公布了各类危险物品的名称、包装、标签、数量限制等方面的要求。发货人的责任是按照规定给出货物正确的、完整的名称及书面证明，使用正确的包装、标签。代理人的责任是在把货物交给航空公司之前检查所做的一切是否符合标准。只有货物的包装达到安全水平，方可接收此货物。

（2）危险物品的分类。根据所具有的不同危险性，危险物品分为 9 类，其中有些类别又分为若干项，本书仅做简要介绍。

1）爆炸品（Explosives）；

2）气体（Gas）；

3）易燃液体（Flammable Liquids-RFG）；

4）易燃固体、自燃物质和遇水易燃物质（Flammable Solids；Substances Liable to Spontaneous Combustion；Substances which in Contact with Water，Emit Flammable Gases）；

5）氧化剂和有机过氧化物（Oxidizing Substances and Organic Peroxide）；

6）毒性物质和传染性物质（Toxic and Infections Substances）；

7）放射性物质（Radioactive Materials）；

8）腐蚀性物质（Corrosive-RCM）；

9）杂项类（Miscellaneous Dangerous Goods）。

（3）所需文件。

1）危险品申报单（Shipper's Declaration for Dangerous Goods）。

- 托运人必须填写一式两份危险品申报单，签字后一份交始发站留存，另一份随货物运至目的站。
- 申报单必须由托运人填写、签字并对申报的所有内容负责。
- 任何代理人都不可代替托运人签字。
- 填写危险品申报单，托运人应确认货物已完全准确地给予描述、分类、包装、标志和标图，以及货物完全符合运输要求和国际、国内的政府规定。

2）货运单。货运单必须按《TACT Rules》中的要求正确填写。同时在货运单中的"Handing Information"一栏中注明有关正确信息。

（4）危险品的标签与标志。危险品的运输应同时在每件货物上粘贴危险性标签（指明是哪类危险品）和操作标签（如向上标志或危险品标签）。此外，还应显示危险品的运输专用名称、UN 编号、特殊操作要求等内容。

（5）运输原则。

1）预先检查原则包括以下内容。

- 危险品的包装件在组装集装器或装机之前，必须进行认真检查，包装件在完全符合要求的情况下，才可继续进行作业。检查的内容包括外包装无漏洞、无破损，包装件无气味，无任何泄漏及损坏的迹象。

- 包装件上的危险性标签和操作标签正确无误、粘贴牢固，包装件的文字标记（包括运输专用名称、UN或ID编号、托运人和收货人的姓名及地址）要书写正确，字迹清楚。

2）方向性原则。装有液体危险物品的包装件均按要求贴有向上标签“This Side Up”，在搬运、装卸、装集装板或集装箱以及装机的全过程中，必须按该标签的指向使包装件始终保持直立向上。

3）轻拿轻放原则。在搬运或装卸危险物品包装件时，无论采用人工操作还是机械操作，都必须轻拿轻放，切忌磕、碰、摔、撞。

4）固定货物、防止滑动原则。危险物品包装件装入飞机货舱后，装载人员应设法固定，防止危险物品在飞机飞行中倾倒或翻滚，造成损坏。

4．超大超重货物

（1）概述。超大货物一般是指需要一个以上的集装板方能装下的货物，这类货物的运输需要特殊处理程序以及装卸设备。

超重货物一般是指每件超过150千克的货物，但允许货物的最大重量主要还取决于飞机的机型（地板承受力）、机场设施以及飞机在地面停站的时间等。

（2）订舱。

1）如果一票货物包括一件或几件超大超重货物，订舱时应说明货物的重量和尺寸，并在货运单内单独列明，承运人可提前制定装载计划并准备必要的固定设施。

2）确保货物内不含有危险性的物品（如电池、燃油等）。如有此类物品，应按IATA有关危险品运输规则处理。

3）货物重量、体积，受到每种飞机机型的最大载重、机舱容积和舱门大小的限制。

（3）运输。

1）确保货物内部不含有危险性的物品（如电池、燃油等）。如果有此类物品，应按TACT有关危险品的规定来处理。

2）托运人应提供装卸超大、超重货物的设施。

3）重货尽量装在集装器的中间位置。

4）如果装载的货物未超过集装箱的2／3容积，属于重货需固定。

5．贵重货物

（1）概述。凡托运人交运的一批货物中，含有贵金属、现金、证券、宝石、手表等，以及声明价值毛重每千克超过（或等于）1 000美元或等值货币的任何物品均称为贵重货物。

托运人交运贵重货物自愿办理声明价值；每票货运单货物的声明价值不得超过10万美

元（否则应请托运人分批托运或按上级机关指示办理）；每次班机上所装载的贵重货物，价值不得超过 100 万美元。

（2）所需文件。

1）货运单。需注意以下事项。

- 货运单必须注明详细的托运人、另请通知人和收货人的名称、地址、联系电话。
- 除在“Nature and Quantity of Goods”栏内填写真实的货物名称、准确净重、内装数量和体积尺寸外，还应注明“Valuable Cargo”字样。
- 始发地机场必须用全称。
- 注明已订妥的各航段航班号／日期。
- 贵重货物不可与其他货物混为一票货物运输。
- 对航空公司有要求的，托运人应在货运单上注明货物的声明价值。

2）其他文件。其他文件的名称和操作要求在“Handing Information”栏内注明；托运人应提供目的地国家要求的证明或许可。

（3）标记与标签。

1）贵重货物只能使用挂签。

2）除识别标签和操作标签外，贵重货物不需要任何其他标签和额外粘贴物。

3）货物的外包装上不可有任何对内装物做出提示的标记。

（4）订舱。

1）优先使用直达航班。

2）收运贵重货物前，必须订妥全程舱位，并符合有关承运人的运输条件。

3）如需变更续程承运人，必须得到有关承运人的许可。

4）贵重货物如需特别安全措施，应特别注明，并承担由此产生的费用。

5）托运人应预先将货物的航班安排情况通知收货人。

（5）运输。应注意以下事项。

1）运输贵重货物，尽量缩短货物在始发站、中转站和目的站机场的时间，避免在周末或节假日交运。

2）贵重货物在装机或装集装箱过程中，至少应有 3 人在场，其中 1 人必须是承运人的代表。

3）装在集装箱内的贵重货物，装机站负责监护装机至飞机舱门关闭。航班离港后，装机站应立即用电话或电报通知卸机站，并做详细记录。卸机站接到通知，应安排专人监督卸机直至货物入库。

4）中转站接收中转的贵重货物，应进行复核，发现包装破损或封志有异，应停止运输，征求始发站的处理意见。

5）贵重货物不得使用地面运输。

6）如果发现贵重货物有破损、丢失或短少等迹象，应立即停止运输，填写货物不正常运输记录，并通知有关部门。

7）收货人提取货物前，应仔细检查货物包装。如有异议时，应当场向承运人提出，必要时重新称重，并详细填写运输事故记录。

6．作为货物运送的行李

（1）概述。作为货物运送的行李（Baggage Shipped As Cargo），又译称无人押运行李或无人陪伴行李（Unaccompanied Baggage）。

旅客在乘机时的交运行李，只要在其客票的免费行李额内，可免费交运。如果行李的重量超过了免费行李额，旅客可支付逾重行李费，或将行李送至货运部门作为货物托运。作为货物运送的行李不一定与旅客同机到达目的地。

作为货物运送的行李，仅限于旅客本人的衣物和与旅行有关的私人物品，包括手提打字机、小型乐器、小型体育用品，但不包括机器设备、机器零件、货币、证券、珠宝、表、餐具、镀金属器皿、皮毛、影片或胶卷、照相机、票证、文件、酒类、香水、家具、商品和销售样品等。

（2）文件要求。

1）货运单。收运此种货物，需将旅客的客票号码、所乘班机的航班号、乘机日期等填入货运单“Accounting Information”一栏，同时在“Nature and Quantity of Goods”一栏内应填明“Unaccompanied Baggage”，表示“无人押运行李”。

2）客票。在客票“Endorsement 签注”栏内应注明“Unbag”字样以及货运单号码、件数和重量等内容。

3）其他文件。对此类货物的运输，有些国家要求列有行李内容和价值的清单。

（3）运输。

1）在运输过程中，为了便于识别旅客交运的行李和作为货物运送的行李，在作为货物运送的行李上应加挂货物标贴。

2）行李的外包装上应详细注明托运人 / 收货人的名称、地址。

3）如旅客要求无人陪伴行李同机到达时，应事先做好安排，订妥全程航班和舱位。

4）如旅客要求将行李的钥匙随同货物一起运往目的站时，应请其装入自备的结实信封内，在信封上写明收货人和托运人的姓名、地址，然后由航空公司收运部门封妥，订在货运单之后；同时在货运单“Handing Information”一栏中应填明“Key of Unaccompanied Baggage”。

复习思考题

选择题

（1）目前国际航空货物运输的方式可分为两大类，即班机运输和（　　）。

A. 包机运输　　B. 租机运输　　C. 定程运输　　D. 定航运输

（2）贵重货物在装机或装集装箱过程中，至少应有3人在场，其中1人必须是（　　）的代表。

A. 托运人　　B. 承运人　　C. 合同方　　D. 第三人

（3）国际航空快递就是国与国之间的以（　　）和包裹为运送对象的一种快速运送方式。

A. 货物　　B. 邮件　　C. 商业文件　　D. 贵重商品

（4）在接受托运人的委托后，单证操作前，货运代理公司的指定人员对托运书进行审核，审核的主要内容有价格、（　　）。

A. 商品质量　　B. 保质期　　C. 货物生产厂家　　D. 航班日期

（5）鲜活易腐货物应具有必要的检验合格证明和（　　），还应符合有关到达站国家关于此种货物进出口和过境的规定。

A. 卫生检疫证明　　B. 出境证明　　C. 商品证明　　D. 保质期的证明

简答题

（1）什么叫定期航班运输？

（2）国际航空货物运输有哪些特点？

（3）国际航空货物出口运输代理业务流程主要包含哪些环节？

（4）航空快递的特点有哪些？

（5）要航空进口运输代理业务中，货物仓储时须注意哪些事项？

实训题

空运快件货物丢失，货运代理赔偿损失

2008 年 9 月，湖南某路桥公司委托某货运代理公司空运部将一台损坏的红外线测距仪空运到香港进行修理。货运代理按照正常的业务程序，向路桥公司签发了航空分运单，并按普通货物的空运费率收取了运费。货运代理将此票货物交由香港宏光公司驻广州办事处办理中转（因当时长沙尚无直达香港的航班，所有空运货物必须在广州办理中转）。然而由于民航工作的疏忽，致使该件货物在广州至香港的运输途中遗失。经货运代理和香港宏光公司协助多方查询，终无下落。于是，货运代理主动向路桥公司汇报了这一情况，并表示将按有关规定予以赔偿损失，路桥公司不予接受。案发后，路桥公司于 2010 年 3 月向某基层人民法院提起诉讼，要求货运代理赔偿其货物价值 6 万余元人民币。

路桥公司要求索赔的理由是：在委托货运代理代办货运时，货运代理没有要求其按贵重货物办理保险手续。

对此，货运代理经办人员反驳道，当时曾提请货主办理保险手续，货主不同意办理。并且指出空运单背面条款明确规定，凡是贵重货物须办理保险，否则遇到丢失则依据规定按普通货物赔偿。

法院最后判决货运代理败诉，并不能享受空运单背面条款所规定的赔偿责任限制，承担原告的全部损失。

（资料来源：杜学森，律宝发. 国际货运代理实务. 北京：中国劳动社会保障出版社，2006.）

问题

你从本案例中得到哪些启发？

分析点评：一是货运代理应办理保险手续；二是航空公司应提高服务质量，增强责任心。

第7章

国际陆上货运代理实务

本章学习目标

- ◆ 了解公路运输的分类;
- ◆ 熟悉公路运输的操作流程;
- ◆ 掌握公路运输的特点。

7.1 国际公路货物运输

随着我国对外贸易的日益扩大，许多陆路口岸相继开通，涉外公路运输量大幅度提高，成为我国对外贸易工作中不可缺少的组成部分。

7.1.1 公路运输的基本概念

公路运输（Road Transportation）是现代运输的主要方式之一，同时也是陆上运输的两个基本运输方式之一。公路运输既是一个独立的运输体系，又是连接铁路车站、港口和机场集散物资的重要手段，是连接铁路运输、水路运输和航空运输起端和末端不可缺少的运输方式。公路运输一般以汽车作为运载工具，所以它实际是公路汽车运输。

国际公路货物运输是指国际货物借助一定的运载工具，沿着公路做跨越两个或两个以上国家或地区的移动过程。

7.1.2 公路运输的特点

1．灵活性强

公路运输的批量可大可小，便于集中和分散。起运和运行时间方便用户货运需求，运行条件不受限制，运达地区范围广，装卸条件适应性强，可以满足不同客户的环境需要，且运行组织方便，实用性强，能为用户提供及时有效的服务。

2．直达性好

公路运输可完全实现门到门运输，是水运、铁路、空运两端集疏运衔接不可缺少的工具。公路运输不需要倒载换装，直达运输极为方便。

3．运输时间短

公路运输特别是短途运输最方便快捷。公路货运一般没有班点，随装随运，没有等待时间。高速公路的快速联网也为公路运输提速和延距提供了有利条件。

4．运输质量高

虽然公路运输车辆行车振动较大，但随着我国公路建设的发展，路面状况日益好转，行车振动已不是主要问题。而公路运输装卸、搬倒环节少，货损货差几率小，相对其他运输方式，因为单车运量有限，就是发生货损货差其损失也不大，但不断提高公路运输质量仍然是公路运输的永久课题。

5．适应港口集疏运

公路货运在执行紧急运输任务和运送鲜活易腐货物、季节性货物、危险品、大件货物、突击抢运货物方面有独特的潜力和能力，可满足个性化服务的需求。

6．投资少

公路运输投资相对较少，但收效快。

7．运距短

公路运输运距短，经济运距为200千米，往返运量不平衡，单程货多，返程空驶浪费运力的现象严重。

7.1.3　公路运输的分类

1．整车运输

整车运输指一次托运货物3吨以上或虽不足3吨但形状、性质、体积需一辆3吨或3吨以上车辆装运的货物运输，或者货物虽不足3吨但不能拼装需一辆车装运的货物运输。

2．零担运输

零担运输指一次托运同一到站货物不超过3吨，体积不超过1.5立方米，单件重量不超过200千克，长度不超过3.5米，宽度不超过1.5米，高度不超过1.3米的货物运输。

3．特种货物运输

特种货物运输指危险品、超限笨重大件、鲜活货物等需特殊车辆和有关管理部门准运证的货物运输。

4．集装箱运输

集装箱运输包括：国际及沿海集装箱由港口向内地腹地延伸运输；中转运输；内地货运站交接、拆装、仓储、分拨运输；铁路至收、发货入仓库，堆场门到门运输；货运代理拆、装箱作业运输；城乡间物流配送运输；供港物资集装箱运输；多式联运；大陆桥运输。

5．边境公路过境运输

边境公路过境运输指通过中、外边境口岸报验、报关的外贸公路运输。

6．进、出口货物集、疏港运输

进、出口货物集、疏港运输主要指散杂货和集装箱运输。

7．包车运输

包车运输指不宜计量、计运距且货物特性不能按正常速度行驶、道路条件受限制、装卸难度大、时间过长的、货主自行决定车辆开停时间及货主自行要求包车的货物运输，由车主把车辆包给货主，由货主自由使用，按时间或里程计算运费。按规定包车货主不得违规超载和搞非法运输。

8．海关监管运输

已向海关办妥出口手续，但尚未出口，须受海关监管的货物、转关货物（入境后转运至另一设关地办理海关手续的货物）、来料加工货物（外商提供原料、入境加工后全部复运出境的货物）等进行公路运输时，海关对承运海关监管运输的车队给予资质认证。

7.1.4 公路运输车的种类

汽车是具有独立动力的原动机，能自行驱动而不依赖轨道运行的陆上运输工具。

货物运输型专用汽车主要包括以下几类。

1．自卸车

这种货车动力大，通过能力强，可以自动后翻或侧翻，物品可以凭借本身的重力自行卸下，力求运输与装卸有机结合。一般用于矿山、建筑工地及煤和矿石的运输，如翻装车、随吊车、尾部带升降板的尾板车等。

2．散粮车

散粮车的专用性很强，供运输粮食使用。

3．厢式车

由于厢式车结构简单，运力利用率高，适应性强，所以是物流领域应用前景最广泛的货车。其主要特点是该种车为全封闭式，车门边装卸作业，能够实现门到门运输。按货厢高度分为高货厢和低货厢两种；按开门方式分为后开门式、侧开门式、两侧开门式、顶开式和翼式。封闭式的车厢不仅可以使货物免受风吹日晒和雨淋，还可以防止货物的散失，减少货损，提高运输质量。但由于自重较重，所以无效运输比例较高。

4．敞车

敞车因顶部敞开，可以装载高低不等的货物。

5．平板车

平板车的挂车无顶也无侧厢板，主要用于运输钢材和集装箱货物。

6．罐车

这种车具有密封性强的特点，用于运输流体类物品，如石油等易挥发、易燃的危险品。

7．冷藏车

该种车主要用于运送需对温度进行控制的冷藏保鲜的易腐、易变质及鲜活物品。

8．高栏板车

该种车的车厢底架凹陷或车栏板特别高，以增大车厢容积。

9．集装箱牵引车和挂车

集装箱牵引车专门用于拖带集装箱挂车或半挂车，两者结合组成车组，是长距离运输集装箱的专用机械，主要用于港口码头、铁路货场与集装箱堆场之间的运输。集装箱挂车按拖挂方式不同，可分为半挂车和全挂车两种，其中半挂车最为常用。挂车结构简单，保养方便，自重小，可以提高运输效率。

10．特种车

其车体设计独特，适于装运某种特定的、用普通货车或厢式货车装运效率较低的货物，通用性较差，往往只能单程装运，运输成本高。

7.1.5 公路货运实务

1．公路运输货运代理的类型

公路运输货运代理有两种类型：一种是专门揽货做货主代理；另一种是大型货运代理，

本身拥有车辆和装卸机械可承担各类汽车运输业务，又有专门的货运代理部，像中外运就是兼有承托功能的货运代理公司。

2．公路整车运输操作流程

（1）托运人（货运代理人或发货人）填制承运人印制的运单（托运单）向承运人托运。

（2）承运人审核运单，确定运输里程，计算运杂费，签章受理。

（3）承运人会同托运人核实理货、验货，落实收、发货人过磅、装卸准备。

（4）承运人配车装运。托运人为货运代理时，由货运代理实际监装，现场确定装载量、装载件数、查验包装、监管装车质量和捆扎苫盖，散装货物防止丢、撒、漏、损。

（5）装货完毕承托双方办理交接手续。按行车路单，包装货物件交件收，散货磅交磅收，集装箱凭铅封交接。

（6）承运人发车运输。自承运人接收货物时起至交付货物时止，对货物的灭失、损坏负赔偿责任（但人力不可抗拒的自然灾害、货物性质变化及自然耗损、包装完好内货短损及有押运保管的除外）。

（7）承运人将货物运到目的地向收货人交付。收货人为货运代理时，货运代理应到场同承运人交接，按路单核收件数和散货磅单重量，检验无误后在承运人所持结算凭证上签章。发生货损、货差时双方做出记录并签认，货运代理人或收货人可在货票上做出批注，但不得因货损、货差拒绝收货。正常情况下，收货人核收货物后在货票收货回单上签章，承运人的责任即告终止。

3．公路零担货物运输操作流程

（1）受理托运。承运人采用不同的受理制度和方法，如随时受理制、预先审批制、日历承运制制度或站点受理、上门受理、预约受理方法办理托运手续。由托运人填写托运单，承运人审核。

（2）过磅起票。承运人收到托运货物后及时验货过磅，按托运单号贴标签和填写货票并向托运人收取相关费用。

（3）验收入库。承运人按单核对货物无误后，按待运货位、急运货位、到达待交货位分类，并按流向堆码在指定货位上，一票货物不能堆放两处。零担货物入库是承运人对货物履行责任的开始。

（4）配载装车。首先，按车核对吨位容积，按同一到站货物的重量体积、理化性质、形状大小合理配载，编制货物清单，收集好随车单证；其次，按装货清单装车；最后，清点货物在随车单证上签章并检查苫盖、捆扎和关锁。

（5）发车运行。站车交接后货运班车严格按班点发车，车辆按规定路线行驶。

（6）货物中转。需要中转的货物，在规定的中转站中转，由中转站从落地法、坐车法、过车法3种不同方式中选择最优办法，重新集结装车，再继续运至最终目的地。

（7）到达作业。直接运达目的地的车辆到站后，承运车同车站办理单证和货物交接，单货相符后，由车站做出到货通知书，通知收货人到车站提货。合同运输货物安排送货上门。货物交付完毕，收回货票提货联，零担承运人的运输责任才告结束。

4．集装箱出口公路进港发送作业流程

（1）受理托运。托运人向承运人填报托运单，目前通用的做法是托运人（通常是货运代理人）将海运订舱单传给承运车队，车队审查装卸货地点、提空箱及发重箱地点后，接受委托。

（2）编制运输计划。汇总计划，与货运代理或船舶代理联系向谁提取空箱。

（3）换取提箱单。持加盖承运公司公章的订舱单到船舶代理公司换取提箱单。检查核对订舱单号、提空箱地点和发重箱地点、结关期。

（4）领取空箱。将提箱单送交集装箱码头换取集装箱设备交接单、集装箱装箱单和封具，按提箱地点的工作时间提取空箱，提箱后将箱号、封号通知货运代理和船舶代理。

（5）运送空箱。将空箱连同装箱单、铅封运往发货人仓库或货运代理指定的货运站。

（6）重箱进港。货运站装箱时，货运代理应到场监装并办理海关、商检手续。装毕加封后将重箱连同已签署的装箱单运往集装箱码头堆场或指定地点待装船。同时将装箱单和设备交接单交集装箱码头办理交接手续，取得交付收据。

（7）结算运费。将箱号、封号、订舱号、码头交付收据传真给货运代理和船舶代理，交付收据转交财务结算费用。

5．集装箱进口公路出港送达作业流程

（1）受理托运。目前通用的做法是托运人（通常是货运代理人）将集装箱放行提单作为托运手续凭证送达承运人，注明船名、箱型、箱数、箱号、收货人地址和电话及运输要求。

（2）编制运输计划。承运人汇总计划，据此向货运代理人和船舶代理人联系提取重箱。了解是否转关，以及重箱箱型、箱号、重量、数量。

（3）提取重箱。将进口运输通知单、提箱单送交集装箱码头，换取集装箱设备交接单，提取重箱。向集装箱箱管代理交压箱费。

（4）运送重箱。整箱货运送到收货人仓库或工厂，由收货人安排卸箱。拼箱运到货运代理指定的货运站，由货运站拆箱。

（5）退送空箱。整箱和拼箱卸空后，将空箱附设备交接单运送回集装箱码头或船公司

代理指定的地点，退回押箱费用。

（6）集装箱交接。退送空箱时，经检验无误后，取回集装箱退还回单。

（7）运送拼箱货物。集装箱拼箱货拆箱卸下，由货运代理人经过外轮理货公司理验后，交承运车队运送至各个收货人。

7.1.6　公路货物运输商务作业

1. 公路货物运输商务作业内容

公路运输企业从事运输经营活动称为商务工作，经营活动所进行的具体操作称为商务作业。公路商务作业大体分为发送作业、途中作业、到达作业 3 大部分，包括托运承运、核实货源、装卸货物、到达交付、结算运费、运输变更、途中管理、货物交接、事故处理 9 个环节。

2. 公路货物运输商务作业要点

（1）托运承运。

1）托运单分为 3 种，即整车和运输代理业务使用甲种运单、集装箱运输使用乙种运单、零担运输使用丙种运单。运单由承运人印制，托运人填写并加盖公章。公路托运单通常一式两份，也有五份的，这五份的用途如下。

- 第一份：货物托运依据，由货物受理站存查。
- 第二份：装运通知联，送装车站或其他地点开票装车。
- 第三份：派车通知联，送调度部门做派车依据。
- 第四份：费用结算通知联，送财务通知结费。
- 第五份：托运回证，交货物托运人收存。

2）托运人托运需注意的事项是一张托运单的货物必须同属一个托运人。一张托运单中不同品名、不同包装、不同规格的货物及零散物品应提交物品清单，性质相抵触、运输条件不同的货物须填两张或多张运单，托运集装箱应注明箱号、铅封号。

3）受理托运指承运人对托运单审核无误接受托运的行为，主要内容是审核货物的详细情况如货名、包装、体积、重量运输要求；检验运输单证；确定运输里程和运杂费；选择合理运输方案；组织装车有关事项；核算制票；托运人向车站交纳运杂费；领取承运凭证（货票）。受理托运标志着承运人开始承担运送这些货物的责任。

（2）核实货源。承运人对托运货物的核实理货分两个步骤。

1）托运人填写运单后，承运人会同货方对重点货物进行核实，主要内容是货物是否可随时装车，发运日期和数量有无变更，货物包装是否符合运输要求，装车场地设备能力。

2）货物起运前核查装车条件，过磅装货准备，相关单证是否已备妥，确定装车具体时间，道路桥梁高度、高架线高度是否影响车辆自由通过等。

（3）装卸货物。装卸货物是货物始发和到达不可缺少的作业，关系着货物的完整和运输效率，是汽车货运的重要环节。

1）汽车货运装卸货物的形式如下。

- 承运人自配专职工人随车装卸。
- 货主自理，装货由托运人负责，卸货由收货人负责。
- 进出口港货物的装卸由港站专业装卸部门承担。

不论采用哪种形式，装卸能力、机力配合、时间安排都必须与车辆数量和运行安排相一致。

2）装车注意事项。装车时按核定吨位装货，不得超载，整批货物尾数允许增载，但不得超过车辆载定吨位的 10%，装车高度从地面装载高度不得超过 4 米，长度不得超出车身长 1 米。

（4）到达交付。到达交付包括货运票据交接、货物卸车、货物交付。

1）货物整批运达后，由收货人验收无误，在货票收货回执上签章，交给承运人带回起运站，零担货由收货人向到达站凭货票提取。

2）货物运达卸车地点后，收货人或到达站及时组织卸车。卸车时核对随货同行的运单和货票验收。

3）卸车完毕，收货人同驾驶员签字交接。

4）卸在车站或货运站的货物自通知提货次日起，超过 30 天仍无人接收，由车站按无主货处理。

（5）结算运费。

（6）运输变更。承、托双方一般不得擅自变更运输，如有特殊原因需要变更、取消运输，须经双方同意。

（7）途中管理。货物运送途中发生的货运作业称途中作业，包括途中货物交接和途中整理或换装。

（8）货物交接。公路运输整个过程至少需要办理两次交接手续。

1）起运地。托运人向承运人交付货物时与承运人办理货物交接。托承双方对包装货物件交件收，散装货物原则上应磅交磅收，集装箱和其他施封货物凭铅封交接。

2）到达地。承运人向收货人交付货物时与收货人办理货物交接。货物运到目的地承运人会同收货人在场交接，经收货人检查无误签收后，承运人运输责任履行完毕。如发现货损、货差时，双方须做好记录签认。收货人不得因此拒绝收货，事故由双方商务人员处理。

（9）事故处理。在公路运输全过程中，不论发生在哪个环节的货物灭失、短少、变质、污染、损坏、误期等货运事故的处理按《国际公路货物运输合同公约》和我国《合同法》

办理。

1）受损方要求赔偿时，应提出赔偿要求书，并附货物运单、货物事故记录和有关证明文件，保价运输物品还应该附声明价格的物品清单，要求退还运费的还应附运杂费收据。

2）货物损失赔偿费包括货物价格、运费和其他杂费，全部灭失（含报废，下同）全部赔偿，部分灭失部分赔偿。

3）承运人委托第三者组织装卸，因装卸原因造成货物损失，由装卸人负责赔偿，但承运人应先向托运人赔偿，再向装卸人追索。

4）承托双方彼此间要求赔偿的时效，从签注货物事故记录次日起不超过 180 天。

5）赔偿金在明确责任后 10 天内赔付，不得用扣留货物或拒付运费来充抵。

6）丢失货物赔偿后货物又被查回，应送还原主，收回赔偿金或失物。原主已不愿接受失物或无法找到原主的，由承运人自行处理。

7）承托双方对货物逾期到达、车辆延滞、装货落空都有责任时，按各自责任所造成的损失相互抵除后，赔付差额。

7.2　国际铁路货物运输

7.2.1　国际铁路货物运输概述

铁路运输是现代化运输业的主要运输方式之一，已经有 150 多年的历史。它与其他运输方式比较，具有运量大、速度快、安全可靠、运输成本低、运输准确性和连续性强、受气候影响较小等一系列特点，它联系着工业和农业、城市和乡村、内地和沿海，是我国运输网中的骨干，在国际货物运输中起着非常重要的作用。

目前，我国经由铁路运输的进出口货量，仅次于海洋运输而居于第二位。铁路运输在我国对外贸易中起着非常重要的作用。

（1）有利于发展同欧亚各国的贸易。通过铁路把欧亚大陆连成一片，为发展中、近东和欧洲各国的贸易提供了有利的条件。在新中国成立初期，我国的国际贸易主要局限于东欧国家，铁路运输占我国进出口货物运输总量的 50%左右，是当时我国进出口贸易的主要运输方式。进入 20 世纪 60 年代以后，随着我国海上货物运输的发展，铁路运输进出口货物所占的比例虽然有所下降，但其作用仍然十分重要。自 20 世纪 50 年代以来，我国与朝鲜、蒙古国、越南、苏联的进出口货物，绝大部分仍然是通过铁路运输来完成的；我国与西欧、北欧和中东地区一些国家也通过国际铁路联运来进行进出口货物的运输。

（2）有利于开展同港澳地区的贸易，并通过中国香港进行转口贸易。铁路运输是我国内地联系港澳地区，开展贸易的一种重要的运输方式。港澳地区所需的食品和生活用品多由内地供应，随着内地对该地区出口的不断扩大，其运输量逐年增加。做好对港、澳地区的运输工作，达到优质、适量、均衡、应时的要求，在政治上和经济上都非常重要。为了确保该地区的市场供应，从内地开设了直达该地区的快运列车，对繁荣稳定港澳市场，以及该地区的经济发展都起到了积极作用。

（3）对进出口货物在港口的集散和各省、市之间的商品流通起着重要作用。我国幅员辽阔，海运进口货物大部分利用铁路从港口运往内地的收货人，海运出口货物大部分也是由内地通过铁路向港口集中，因此铁路运输是我国国际货物运输的重要集散方式。至于国内各省、市和地区之间调运外贸商品、原材料、半成品和包装物料，主要也是通过铁路运输来完成的。我国国际贸易进出口货物运输大多都要通过铁路运输这一环节，铁路运输在我国国际货物运输中发挥着重要作用。

（4）利用欧亚大陆桥运输是必经之道。大陆桥运输一般都是以集装箱为媒介，采用国际铁路系统来运送。我国开办的西伯利亚大陆桥和新欧亚大陆桥的铁路集装箱运输具有安全、迅速、节省的优点。这种运输方式为发展我国与中、近东及欧洲各国的贸易提供了便利的运输条件。

7.2.2 国际铁路货物运输的主要形式

1. 整车货物运输

一批货物的重量、体积或形状需要以一辆以上货车运输的，应该整车托运。整车货物运输的基本条件如下：

（1）承运人原则上应按件数和重量承运货物，但对散装、堆装货物的规格、件数过多，在装卸作业中难于点清件数的货物，则只按重量承运，不计算件数。

（2）货物的重量由托运人确定。

（3）按照货物运输途中的特殊需要，允许托运人派人押运。

（4）允许在铁路专用线、专用铁路内装车或卸车。

2. 零担运输

托运一批货物的重量、体积或形状不需要以一辆及其以上货车运输的货物，可按零担运输方式向铁路（承运人）办理托运手续，即托运货物可与其他托运货物共放一个车厢。

零担货物有以下几种形式。

（1）直达零担。同一到达目的站的货运。

（2）中转零担。不能直达，中途卸下再发送的货运。

（3）沿途零担。沿途列车按到站顺序卸下的货运。

（4）快运零担。挂运在快运开行区段的零担货运。

（5）普通零担。可装棚车的货运。

（6）笨重零担。需装敞车的大件货物的零担货运。

（7）定期零担。定线、定到站、定班期、定车辆的货运。

3．铁路集装箱运输

铁路集装箱货物运输是指将货物装入集装箱，再将集装箱作为一个单元装载到货车上进行运输的方式。

（1）铁路集装箱运输条件。集装箱货物运输主要是将零担货物中适合集装箱运输的货物组织起来装箱运输，其条件如下。

- 应在铁路集装箱办理站办理运输。
- 必须是适合集装箱装载运输的货物。
- 必须符合一批办理的条件。
- 由发货人、收货人负责拆、装箱确定重量。
- 零担货物或使用集装箱运输的货物，以每张货物运单为一批。

集装箱运输每批必须是同一箱型、同一箱主、同一箱态（同一重箱或空箱），至少一箱。最多不超过一辆铁路货车所能装运的箱数或集装箱总重之和不超过货车的容许载重量。

通常，铁路集装箱运输的货物，从装箱、加封到启封、拆箱，应由发货人、收货人负责。铁路凭封印（即铅封）与发货人办理收箱、运输，并以发货人的封印向收货人办理交付。

（2）铁路集装箱适箱货物。通用集装箱适合运输交电类、仪器仪表类、小型机械类、玻璃陶瓷建材类、工艺品类、日用品类、化工类、针纺织品类、小五金及其他适合集装箱运输货物。下列货物不得使用集装箱运输。

- 容易污染箱体的货物（托运人自备箱除外）。
- 易于损坏箱体的货物（托运人自备箱除外）。
- 鲜活货物（经铁路局确定在一定时间和区域内，可以使用集装箱运输的除外）。
- 危险货物。

（3）铁路集装箱运输方式。铁路集装箱的运输方式主要有集装箱定期直达列车、集装箱专运列车、一般快运货物列车及普通货运列车 4 种。

1）集装箱定期直达列车。这种方式在发达国家普遍使用，其特点是：定期、定线、定点运行；固定车底循环使用；对始端站要求不高；列车编组不专，一般 20 节车厢为一列。

2）集装箱专运列车。同定期直达列车的区别在于不定期，可缓解船期不定和货源不均衡的矛盾。

3）一般快运列车。小批量集装箱编入快运列车的方式。

4）普通货运列车。更小批量集装箱编入普通列车装运，到货慢，效率低。

7.2.3 铁路货物运输的种类

（1）按目前我国铁路货运主要形式分为整车、零担和集装箱 3 种。

（2）按货物特性或运输要求，可分为普通货物运输和特种货物。特种货物是根据货物特性或运输要求需要采取特别措施予以运输的货物，如危险品、鲜活货物、易腐烂变质货物、散装液体货物、设备等。

（3）按货物高度、宽度，可分为普通货物运输和超限货物运输。根据铁道部《铁路超限货物运输规则》第 1 条规定，货物的高度和宽度有任何部位超过机车车辆限界或特定区段装载限界的，均为超限货物。

（4）按运输方式可分为铁路单一运输、铁铁联运（我国境内铁路之间的联运），空、水、铁路之间的联合运输，包括国际货物多式联运。

（5）按是否事先签订书面运输合同，可分为计划货物运输和货物运单运输。在计划运输中，托运人、承运人也需要填制货运单，但这种运单仅是计划运输合同的一个组成部分，而不是全部的运输合同。货物运单运输本身就是货物运输合同，承运按运单约定的货物。

（6）按由谁组织装卸分为铁路装卸、收发货人自理装卸和港站装卸货物运输。

（7）按车皮归属，分为铁路车辆、收货人自备车、发货人自备车和收货人租用车，但机车只由铁路调动使用。

（8）按运输速度，分为普通运输和快运运输。快运运输比普通运输快 2 倍。

（9）按托运承运人负责赔偿的方式，可分为保价运输、保险运输和既未保价也未保险的运输。在这 3 种形式中，当造成货物损失时，承运人承担赔偿责任的方式不同。

（10）按铁路运行方式分为直达运输方式和编组场方式。

1）直达运输方式可在集配站（办理货物接取、送达作业的车站）之间直达运行。不需要在发站和到站之间的中途站进行火车的接替编组或装卸作业。

2）编组场方式，是先把各站发来的货车集中在调车场，按不同方向分类后重新编组列车。到达目的地附近的调车场以后，再次解体和编组，最后再运到目的地货车站。

7.2.4 铁路车站的分类

铁路车站是办理客、货运输业务的基地。铁路线上每隔 10 千米就设一个车站，因此车站和区间就成为铁路线路的两个基本环节。

根据车站所担负的任务量和在国家政治、经济上的地位，共分为 6 个等级站。按技术作业的不同可分为中间站、区段站和编组站，按业务性质又可分为铁路枢纽、货运站、港口车站等。

1．中间站

为提高铁路区段通过能力，保证行车安全，促进沿线城乡货物运输服务而设的车站。中间站设有列车到发线和牵出线、货物堆场、仓库、站台和装卸设备等。

2．区段站

区段站大多位于大中城市，是铁路网上各牵引区段的起点或终点。其主要任务是办理列车运转作业的客货运业务，并为相邻的铁路区段提供机车动力。

3．编组站

编组站通常设在有大量装卸作业的大城市、港口或大工矿企业附近，是专门为进行列车编组、解体而设置的车站。其主要任务是办理各种货物列车的接替和编组作业，并且按照运行图规定的时刻正点接发车。

4．铁路枢纽

在铁路与铁路交会处，或铁路与其他企业的专用线或专用铁道的衔接地，由铁路各种技术设备构成的综合体。其主要设备有编组站、综合性货运站、专业性货运站、地区货运站，以及枢纽内铁路联络线路与设备等。铁路枢纽是铁路网的组成部分，是线路运量集中地和列车的交接点，是组织铁路运输生产的中心环节。

5．货运站

货运站是办理货运作业的车站。按其工作性质可分为装车站、卸车站和装卸站；按办理货物的种类可分为综合性货运站和专业性货运站；按货运组织方式分整车货运站和零担货运站。零担货运站分发货站、中转站和到发中转站。

6．港口车站

位于港口或港湾地区，承担列车到发、交接、解编、集结等作业，衔接水路运输与铁路运输，是铁路、水路相互转运货物的铁路车站。

港口车站设有编组车场，通往港内各装卸作业区铁路线及仓库堆场。港区铁路既为港口集疏港服务，又减轻了铁路网车站的负担。

7.2.5　国际铁路货物单证

1．联运运单

（1）联运运单的作用。国际铁路货物联运运单是参加国际铁路货物联运的铁路与发货人、收货人之间缔结的运输合同。它体现了参加联运的各国铁路和发货人、收货人之间在货物运送上的权利、义务、责任和豁免，对铁路和发货人、收货人都具有法律效力。

（2）联运运单的组成。发货人（出口单位）或货代向铁路车站填报的铁路运单一式五联。第一联为运单正本，它随货走，到达终点站时连同第五联和货物一并交给收货人；第二联为运行报单，亦随货走，是铁路办理货物交接、清算运送费用、统计运量和收入的原始凭证，由铁路留存；第三联为运单副本，由始发站盖章后交发货人凭以办理货款结算和索赔用；第四联为货物交付单，随货走，由终点站铁路留存；第五联为到达通知单，由终点站随货物交收货人。此外，还有为发送路和过境路准备的必要份数的补充运行报单。

2．添附单证

国际联运进出口货物经由国境站，需要履行海关查验、商品检验、卫生检疫等特定手续，发货人必须将为履行上述手续所需的随附单证附加在运单上。

运单的添附单证主要包括以下几种：出口货物报关单、品质证明书、商品检验证书、动植物检疫证书、兽医证明书等。其他有关该批货物数量、质量、规格等的单证则视合同的规定和货物不同要求而定，一般附有下列几种：磅码单、装箱单、发运清单、零件清单、化验单、清洁容器证明书等。

上述运单的添附单证，应由发货人记入运单的“发货人添附的文件”栏内，并牢固地附在运单上，随货物同行。

7.2.6　铁路运输进出口程序

1．出口程序

（1）出口托运。

1）发货人（出口单位）或货代向铁路车站填报联运运单。

2）始发站审核运单和有无批准的用车计划，如无问题便在运单上签署货物进站日期或装车日期，以表示接受托运。

3）发货人按照规定的日期将货物运往车站或指定的货位。

4）车站根据运单查对货物，如无问题，待装车后由始发站在运单上加盖承运日期戳，负责发运。对棚车、保温车、罐车必须施封，由发货人装车的由发货人施封，由铁路装车的由铁路施封。铅封内容有站名、封志号、年、月、日。

5）对零担货物，发货人无须事先申报要车计划，但必须事先向始发站申请托运。

6）车站受理后，发货人按指定日期将货物运到车站或指定货位，经查验、过磅后交铁路保管。车站在运单上加盖承运日期戳，负责发运。

（2）出口货物在国境站的交接程序。

1）国境站接到国内前方站的列车到达预报后，立即通知国际联运交接所，该所受站长直接领导，负责下述工作：① 办理货物、车辆和运送用具的交接和换装工作；② 办理各种交接的手续，检查运送票据和编制商务记录；③ 处理交接中发生的各种问题；④ 计算有关费用；⑤ 联系和组积与邻国货车衔接事宜。

2）列车进站后由铁路会同海关接车，海关负责对列车监管和检查，未经海关许可列车不准移动、解体或调离，车上人员亦不得离开。铁路负责将随车票据送交接所。

3）交接所内有铁路、海关、商检、动植检、卫检、边检、外运等单位联合办公，实行流水作业。

铁路负责整理、翻译运送票据，编制货物和车辆交接单；外运负责审核货运单证，纠正错发、错运及单证上的差错并办理报关、报验手续；海关查验货、证是否相符和是否符合有关政策法规，如无问题则负责放行。最后由相邻两国的铁路双方办理具体的货物和车辆的交接手续并签署交接证件。

（3）出口货物的交付。在货物到达终到站后，由该站通知收货人领取货物。在收货人付清一切应付的运送费用后，铁路将第一联、第五联运单交收货人凭以清点货物，收货人在领取货物时应在运单第二联上填写领取日期并加盖收货戳记。收货人只有在货物损坏或腐烂变质、全部或部分丧失原有用途时才可拒收。

2．进口程序

（1）确定货物到达站。国内订货部门应提出确切的到达站的车站名称和到达路局的名称，除个别单位在国境站设有机构者外，均不得以我国国境站或换装站为到达站，也不得以对方国境站为到达站。

（2）必须注明货物经由的国境站。

（3）正确编制货物的运输标志。各部门对外订货签约时必须按照商业部的统一规定编制运输标志，不得颠倒顺序和增加内容，否则会造成错发、错运事故。

（4）向国境站外运机构寄送合同资料。进口单位对外签订合同应及时将合同的中文副本、附件、补充协议书、变更申请书、确认函电、交货清单等寄送国境站外运机构，在这些资料中要有合同号、订货号、品名、规格、数量、单价、经由国境站、到达路局、到站、唛头、包装及运输条件等内容。事后如有某种变更事项也应及时将变更资料抄送外运机构。

（5）进口货物在国境站的交接。进口货物列车到达国境站后，由铁路会同海关接车，双方铁路根据列车长提供的货物交接单办理交接，海关对货物执行监管。

国境站交接所的内部分工如下。① 铁路负责签办交接证件，在交接过程中，如发现有残短应进行详细记录，以作为铁路双方签署商务记录的原始依据。翻译货运单据，组织货物换装和继续发运。② 外运负责根据进口合同资料对运单及其他所有货运票据进行核对。如无问题便制作进口货物报关单，向海关办理进口报关后，海关根据报关单查验货物，在单、证、货相符的情况下签字放行。换装后的车辆按流向编组向内地运输。

（6）分拨与分运。对于小额订货，国外发货人集中托运、以我国国境站为到站、外运机构为收货人的，和国外铁路将零担货物合装整车发运至我国国境站的，外运在接货后应负责办理分拨、分运业务。在分拨、分运中发现有货损、货差情况如属于铁路责任应找铁路出具商务记录，如属于发货人责任，应及时通知有关进口单位向发货人索赔。

（7）进口货物的交付。铁路到站向收货人发到货通知；收货人接到通知后向铁路付清运送费用后，铁路将运单和货物交给收货人；收货人在取货时应在运行报单上加盖收货戳记。

7.2.7 货损事故的索赔与时效

铁路对国际联运货物从承运时起至到站交付货物时止，对货物全部或部分灭失、损坏或逾期运达所造成的损失应承担责任。

发货人或收货人向铁路索赔时必须提供下列文件：

（1）货物全部灭失时，如由发货人索赔应提供运单副本，如由收货人索赔应提供运单或运单副本。

（2）货物部分灭失、毁损或腐坏时，发货人或收货人都应提供运单和铁路交给收货人的商务记录。

（3）货物逾期到达，收货人索赔时应提供运单。

（4）铁路多收运送费用时，发货人或收货人都应按其已交付的运费提出索赔金额并须提供运单。在我国发货人可不提供运单，但收货人必须提供运单。

关于运送费用和损失的索赔应在9个月内提出；关于逾期运达的索赔应在2个月内提出。自提出索赔之日起，铁路必须在180天内给予审理并答复索赔人。凡超过时效的索赔均无效并不得提出诉讼。

相关链接

国际铁路货物联运运到期限的确定

铁路承运货物后，应在最短期限内将货物运送至最终到站。货物从发站至到站所允许的最大限度的运送时间，即为货物运到期限。

货物运到期限由发送期间、运送期间及特殊作业时间3部分组成。

1．发送期间

不论慢运、快运，随旅客列车挂运的整车或大吨位集装箱、由货物列车挂运的整车或大吨位集装箱及零担一律为1天（昼夜），由发送站和到达站平分。

2．运送期间

运送期间按每一条参加运送的铁路分别计算。

（1）慢运。整车或大吨位集装箱每 200 运价公里为 1 天（昼夜）；零担每 150 运价公里为 1 天（昼夜）。

（2）快运。整车或大吨位集装箱每 320 运价公里为 1 天（昼夜）；零担每 200 运价公里为 1 天（昼夜）。

（3）挂旅客列车运送的整车或大吨位集装箱。每 420 运价公里为 1 天（昼夜）。

3．特殊作业时间

在国境站每次换装或更换轮对，或者用轮渡运送车辆，不论慢运、快运、整车或大吨位集装箱、零担及随旅客列车挂运的整车或大吨位集装箱，一律延长 2 天（昼夜）。

运送超限货物时，运到期限按算出的整天数延长百分之百。

以上货物运到期限，应从承运货物的次日零时起开始计算，不足 1 天按 1 天计算。如承运的货物在发送前需预先保管，运到期限则从货物指定装车的次日零时起开始计算。

在计算运到期限时，下列时间不计算在内。

- 为履行海关规定和其他规章所需要的滞留时间。
- 非因铁路过失而造成的暂时中断运输的时间。
- 因变更运送契约而发生的滞留时间。
- 因检查而发生的滞留时间（即检查货物同运单记载是否相符，或者检查按特定条件运送的货物是否采取了预防措施，而在检查中确实发现不符时）。
- 因牲畜饮水、遛放或兽医检查而造成的站内滞留时间。
- 由于发货人的过失而造成多出重量的卸车、货物或其容器、包装的修整以及倒装或整理货物的装载所需的滞留时间。
- 由于发货人或收货人的过失而发生的其他滞留时间。

7.2.8　对中国香港地区铁路运输

对中国香港地区铁路运输，不同于国际联运，也不同于一般的国内运输，而是一种特定的运输方式。它的全过程由两部分组成，即内地段铁路运输和港段铁路运输。货车到达深圳后，要过轨至中国香港，继续运送到九龙车站，我国内地铁路与香港地区铁路不办理直通联运，即“租车方式，两票运输”。

1．运输特点

（1）商品结构的特殊性。在铁路运量中，鲜活商品运量占深圳过轨总运量的 50%。鲜活货物运输有特殊要求，如运送速度要求快，质量要求高，使用特种车辆，途中作业多。

（2）贸易方式的特殊性。对中国港澳地区的贸易方式不同于对其他国家和地区的贸易。有相当数量的商品，特别是鲜活商品，是由我驻港机构根据香港市场的变化情况，随时进行调整。反映在运输上必然是计划多变，力争做到数量不多不少，时间不早不晚，优质、适量、均衡、及时供应香港市场。这就比一般国际铁路联运和外贸出口的运输要求高。

（3）运输方式的特殊性。对中国香港地区的铁路运输是一种特殊的租车方式的两票运输，按照国内运输办理，但又不同于国内运输。它的全过程是由内地段铁路运输和港段铁路运输两段组成，由中国对外贸易运输公司各地分支机构和香港中国旅行社联合组织。

（4）费用项目繁杂。由于对中国香港出口货物铁路原车过轨是“三段计费”，所以费用项目繁杂，共包括4个部分。

1）发站至广州北站的运费、铁路建设基金、电气化附加费及其他杂费。

2）广州北站至深圳北站147公里的运费及加成50%铁路建设基金等。

3）深圳口岸的中转费（深圳北站到罗湖口岸）、调车费、装卸费及杂费、口岸代理劳务费等。

4）香港段的运费及杂费，包括终点费、装卸费、延期费等和香港段代理劳务费。

2. 运输过程

（1）按铁路局规定，按时提出月度要车计划和旬度装车计划。

（2）发货地外运公司或外贸进出口公司填制铁路运单向车站办理至深圳北站的托运手续。

（3）按车站指定的进货日期，将货物送到车站指定的货位，并办妥出口报关手续。

（4）发货单位以出口物资工作单委托深圳外运分公司办理接货租车过轨等手续，装车后立即拍发起运电报。

（5）深圳外运分公司接到各发货地工作单和起运电报后，及时通知香港中旅做好接车准备工作。

（6）发货地发车后，当地外运分公司与铁路局进行票据交换，并编制货车过轨计划，办理租车手续。

（7）货车到达后，深圳外运分公司与铁路局进行票据交换，并编制货车过轨计划，办理租车手续。

（8）香港中旅向香港海关报关，并向广九铁路公司办理托运起票手续。

（9）货到中国香港后，由香港中旅负责卸货并送交货主。如属去中国澳门的货物，则发至广州，由广州外运公司办理中转手续，其他手续与对中国香港运输货物的手续相同。

7.3 国际铁路货物联运

7.3.1 国际铁路货物联运的产生和发展

1．国际铁路货物联运的产生

19 世纪中期，有关国家签订协约开展国际铁路客货联运。1890 年欧洲国家在瑞士首都伯尔尼签订了《国际铁路运送规则》，并于 1893 年开始生效。1934 年该公约修改后称为《国际铁路货物运送公约》，并于 1938 年 9 月开始实行。现在参加该公约的国家已达到 30 多个，在国际铁路货物运输的影响也日益扩大。

2．国际铁路货物联运的发展

1951 年在北大西洋公约组织欧洲各国部长运输会议上，由苏联代表提议，起草并通过了《国际铁路货物联合运输协会》和《国际旅客联运协定》，最初有 8 个国家参加，1954 年中国、朝鲜、蒙古国正式参加，随后越南也参加进来。从此，国际铁路货物联运成为连接亚欧各国客货运输的重要纽带。

7.3.2 国际铁路货物联运的概念和特点

1．国际铁路货物联运的概念

凡在跨越两个及两个以上国家铁路的货物运输中，由参加国铁路共同使用一份运送票据，在由一国铁路向另一国铁路移交货物和车辆时，不需要收发货人参加，并以连带责任办理货物的全程铁路运输，称为国际铁路货物联运（International Railway Through Goods Traffic），简称国际联运。

2．国际铁路货物联运的特点

（1）涉及面广。凡办理国际联运，每运送一批货物都要涉及两个或两个以上国家，有时还要通过与国际货协有关的国家，向与国际货协无关的西北欧国家办理转发送，才能完成全程的运送工作，最后运到目的地。

（2）运输条件高。由于国际联运参加国多，涉及多个国家的铁路、车站和国境站，有时还有收转人参加，这就要求每批货物的运输条件如包装、转载、票据的编制、添附文件及车辆使用都要符合有关国际联运的规章、规定，否则将造成货损、货差、延迟交货等运输事故。

（3）运输时间短、成本低。国际铁路货物联运的始发站和最终目的站大多是内陆车站，或发、收货的铁路专用线。货物从发货人的专用线或就近的车站出发，直接到达收货人的专用线或就近的车站。对内陆收发货人来讲，铁路运输时间比海运少，运输成本也比海运低。

7.3.3 国际铁路货物联运的运输限制

（1）在国际铁路直通货物联运中，下列货物不准运送。

- 应当参加运送的铁路的任一国家禁止运送的物品。
- 属于应当参加运送的铁路的任一国家邮政专运的物品。
- 炸弹、弹药和军火（但狩猎和体育用的除外）。
- 爆炸品、压缩气体、液化气体或在压力下溶解的气体、自燃品和放射性物质（指《国际铁路货物联合运输协会》附件第 2 号之附件 1 中表 1、表 3、表 4、表 10 中没有列载的）。
- 一件重量不足 10 千克，体积不超过 0.1 立方米的零担货物。
- 在换装联运中使用不能揭盖的棚车运送一件重量超过 1.5 吨的货物。
- 在换装联运中使用敞车类货车运送的一件重量不足 100 千克的零担货物，但此项规定不适用附件第 2 号《危险货物运送规则》中规定的一件最大重量不足 100 千克的货物。

（2）下列货物，只有在参加运送的各铁路间预先商定后才准运送。

- 一件重量超过 60 吨的；而在换装运送中，运往越南重量超过 20 吨的。
- 长度超过 18 米的；而运往越南长度超过 12 米的。
- 超限的。
- 在换装运送中用特种平车装运的。
- 在换装运送中用专用罐车装运的化学货物。
- 用罐车运往越南的一切罐装货物。

（3）下列货物的运送必须按特殊规定办理：

- 危险货物。
- 押运人押运的货物。
- 易腐货物。
- 集装箱货物。
- 托盘货物。
- 不属于铁路或铁路出租的空、重车。
- 货捆货物。

复习思考题

选择题

（1）公路运输可完全实现（　　），是水运、铁路、空运两端集疏运衔接不可缺少的工具。

A. 门到门运输　　B. 快捷运输　　C. 陆地运输　　D. 方便运输

（2）零担运输指一次托运同一到站货物（　　），体积不超过 1.5 立方米，单件重量不超过 200 千克，长度不超过 3.5 米，宽度不超过 1.5 米，高度不超过 1.3 米的货物运输。

A. 不超过 2 吨　　B. 不超过 3 吨　　C. 不超过 4 吨　　D. 不超过 5 吨

（3）我国经由铁路运输的进出口货量，位居国内（　　）,铁路运输在我国对外贸易中起着非常重要的作用。

A. 第 1 位　　B. 第 2 位　　C. 第 3 位　　D. 第 4 位

（4）凡在跨越两个及两个以上国家铁路的货物运输中，由参加国铁路共同使用一份运送票据，在由一国铁路向另一国铁路移交货物和车辆时，不需要收发货人参加，并以连带责任办理货物的（　　），称为国际铁路货物联运。

A. 铁路运输　　B. 联合运输　　C. 快速铁路运输　　D. 全程铁路运输

（5）由于厢式车结构简单，运力利用率高，适应性强，所以是物流领域（　　）的货车。

A. 应用前景最广泛　　B. 即将淘汰　　C. 使用量较小　　D. 使用面窄

简答题

（1）公路运输有哪些特点？

（2）公路零担货物运输操作流程有哪些？

（3）公路货物运输商务作业内容有哪些？

（4）国际铁路货物运输的主要形式有哪些？

（5）发货人或收货人向铁路索赔时必须提供哪些文件？

实 训 题

货物丢失谁负责

某货运代理作为进口商的代理人，负责从 A 港接受一批艺术作品，运到 B 港交货。该批作品用于国际展览，要求货运代理在规定的日期之前于 B 港交付全部货物。

货运代理在 A 港接收货物后，通过定期货运卡车将大部分货物陆运到 B 港。由于定期货运卡车出现季节性短缺，一小部分货物无法及时运抵。于是货运代理在卡车市场租了一辆货运车，要求于指定日期之前抵达 B 港。尔后，该承载货物的货车连同货物一起下落不明。

（资料来源：杜学森，律宝发. 国际货运代理实务. 北京：中国劳动社会保障出版社，2006）

问题

对于货运车造成的损失，货运代理是否也要负责？

分析点评：货物下落不明或丢失，货运代理应承担责任。

第8章

国际多式联运

本章学习目标

- ◆ 了解国际多式联运经营人的经营条件；
- ◆ 掌握国际多式联运的概念和特点；
- ◆ 国际多式联运的一般业务流程。

国际多式联运是将不同的运输方式组合成综合性的一体化运输，通过一次托运、一次计费、一张单证、一次保险，由各运输区段的承运人共同完成货物的全程运输，即将全程运输作为一个完整的单一运输过程来安排。尽管已通过的多式联运公约至今没有生效，但多式联运应具备的基本条件是不变的。

8.1 国际多式联运概述

8.1.1 国际多式联运的含义

国际多式联运是指按照多式联运合同，以至少两种不同的运输方式，由多式联运经营人将货物从一国境内接管货物的地点运至另一国境内指定交付货物的地点的一种运输方式。

国际多式联运的特点概括起来就是“一人、一票、两国、一个费率、两种方式”。

1．一人

“一人”指的是国际多式联运经营人（Multimodal Transport Operator，MTO）。多式联运是由一个既不是发货人的代表，也不是承运人的代表，但负有履行多式联运合同责任的人来经营，多式联运经营人对全程运输负责。

2．一票

“一票”是指多式联运单据（Multimodal Transport Document，MTD）。多式联运全程使

用一张运输单据。

3．两国

“两国”指多式联运合同中，涉及货物的接管和交付必须发生在两个国家的国境内，即从一个国家的境内接管货物地点运至另一国境内指定交付货物的地点。

4．一个费率

“一个费率”是指在签订多式联运合同时，多式联运经营人向托运人报出一个全程费率（Single Factor Rate），实行全程单一的运费率。

5．两种方式

“两种方式”是指国际多式联运必须包括两种以上的运输方式，而且是不同运输方式、不同运输区段的连续运输。

国际多式联运的上述特点，使其具有关系简单、结算方便、货主提前收汇、运送准确、运输线路更加合理等优越性。

8.1.2 国际多式联运应具备的条件

根据多式联运公约的规定和现行多式联运业务的特点，多式联运必须具备以下条件。

（1）货物在全程运输过程中无论使用多少种运输方式，作为负责全程运输的多式联运经营人必须与发货人订立多式联运合同。因为，该运输合同是多式联运经营人与发货人之间权利、义务、责任、豁免的合同关系和运输性质的确定，也是区别多式联运与一般货物运输方式的主要依据。

（2）多式联运经营人必须对全程运输负责。因为，多式联运经营人不仅是订立多式联运合同的当事人，还是多式联运单证的签发人。自然，在多式联运经营人履行多式联运合同所规定的运输责任的同时，可将全部或部分运输委托他人（分运承运人）完成，并订立分运合同，但分运合同的承运人与发货人之间不存在任何合同关系。

（3）多式联运经营人接管的货物必须是国际间的货物运输，这不仅有别于国内货物运输，主要还涉及国际运输法规的适用问题。

（4）多式联运不但使用两种不同的运输方式，而且必须是该不同运输方式下的连续运输。

（5）货物全程运输由多式联运经营人签发一张多式联运单证，且应满足不同运输方式的需要，并计收全程运费。

从上述多式联运应具备的基本条件看，多式联运经营人作为订立多式联运合同的一方，以至少两种运输方式组织运输并履行合同责任。但事实上，多式联运下的多式联运合同并非是独一无二的。因为除了多式联运经营人承担或不承担部分运输外，更多的运输由他人来完成并与多式联运经营人订立分运合同。

事实上，任何现行国际货运公约缔约国的法律都强制规定，凡签订该公约范围内的运输合同都应遵守公约所规定的义务，即该运输合同既要满足单一货运公约下的货物联运条件，又要符合多式联运公约范围内的要求，除非这两个公约所规定的责任、义务相同，否则公约之间的抵触难以避免。因此，作为订立多式联运合同的多式联运经营人，同时又作为某一运输区段的实际承运人时，首先应确定的是所订立的运输合同是否属于现行货运公约所适用的范围。

8.1.3 国际多式联运的交接方式

国际多式联运主要是采用集装箱进行运输的。在采用集装箱进行运输时，通常都是在发货的工厂、仓库或集装箱货运站把货物装进集装箱内，然后用汽车、火车把装有货物的集装箱运往码头装船。

1. 门到门交接

这种交接形式通常是一个发货人、一个收货人。由多式联运经营人负责把货物从发货人的工厂或仓库运送到收货人的工厂或仓库交货。

2. 门到站交接

由多式联运经营人负责把货物从发货人的工厂或仓库运送到目的地的集装箱货运站交货。

3. 门到场交接

由多式联运经营人从发货人工厂或仓库接收货物后，负责运到目的港集装箱码头堆场交货。

4. 场到门交接

这种交接方式是多式联运经营人在装货港集装箱堆场接收货物，然后运到目的地收货人的工厂或仓库交货。

5. 场到站交接

这种交接方式是多式联运经营人在装货港集装箱堆场接收货物后，将货运到目的地集装箱货运站交货，通常是拆箱后交货。

6. 站到场交接

多式联运经营人从起运地集装箱货运站接收货物，并负责运到目的港集装箱堆场交货。

7．站到站交接

多式联运经营人从起运地集装箱货运站接收货物，并负责运到目的地集装箱货运站交货。

8．站到门交接

多式联运经营人从起运地集装箱货运站接收货物，并负责运到收货人的工厂或仓库交货。

9．港到港交接

卖方在装运港交货，多式联运经营人把货物运到目的港，由买方在目的港接货。

8.1.4　国际多式联运的组织形式

国际多式联运是采用两种或两种以上不同运输方式进行联运的运输组织形式。这里所指的两种运输方式可以是海空联运、海陆联运、陆桥运输（海陆海联运）等。

1．海空联运

海空联运又称为空桥运输。海空联运方式始于 20 世纪 60 年代，海空联运结合了海运和空运的优点，充分利用了海运的经济性与空运的快捷性，正成为一种具有广泛发展潜力的新的多式联运方式。

2．海陆联运

海陆联运也是国际多式联运的主要组织形式，是远东—欧洲多式联运的主要组织形式之一。这种组织形式以航运公司为主体签发多式联运提单，与航线两端的内陆运输部门开展联运业务，与陆桥运输展开竞争。

3．陆桥运输（海陆海联运）

在国际多式联运中，陆桥运输起着非常重要的作用。它是远东—欧洲国际多式联运的主要形式。陆桥运输是指采用集装箱专用列车或卡车，把横贯大陆的铁路或公路作为中间“桥梁”，使大陆两端的集装箱海运航线与专用列车或卡车连接起来的一种连贯运输方式。

相关链接

船舶简介

1．船舶种类

凡是具有船舶形状，能在水上或水下航行的工具，均可称为船舶。在《海商法》中所定义的船舶是指军舰以外所有能在海上航行的船舶。船舶可以根据其运输的不同分为：

客船、货船、特殊用途的船舶、兼营船、小型船舶等。

2．船舶吨位

船舶吨位包括重量吨位和容积吨位两种。前者可分为排水量吨位和载重吨位，后者又可分为注册总吨和注册净吨两种。

（1）排水量吨位指船舶在水中排开水的吨数，也就是指船舶自身重量的吨数。

（2）载重吨位指船舶重排水量和轻排水量的差数，也就是指船舶所能装卸货物的最大限度重量，有总载重量和净载重量之分。

3．船籍、船旗

船籍是指船舶的国籍，由船舶所有人向本国或外国有关船舶管理机关和行政部门办理所有权登记，取得本国或外国国籍证书。船旗是商船航行中悬挂其所属国籍的国旗。

按国际法规定，商船是船旗国浮动的领土，无论在公海或是其他国家海域航行，均须悬挂船籍国国旗，船舶有义务遵守船籍国的法律规定并享受船籍国法律保护。

8.1.5　国际多式联运与一般联运的区别

1．运输方式不同

国际多式联运是在两国之间使用两种以上不同运输工具的联运，如果是同一种运输工具的联运，不能称为多式联运。例如，铁路转铁路、船转船的运输，只通称为国际铁路联运和海上联运。多式联运既适用于海运与其他各种运输方式相结合的运输，也适用于不包括海运在内的其他各种方式相结合的运输，而联运提单下的运输方式必须有一段海洋运输。

2．交接方式不同

国际多式联运的出现，从根本上改变了过去传统运输的交接界限。货物的交接地点突破了过去“港到港”或“车站到车站”的界限而向两端延伸。

根据运输方式的不同，各运输方式的设备也不一样，如海运集装箱和航空集装箱在尺寸、结构和容积方面都不同。航空集装箱一般体积小、重量轻，海空联运货物则需要在货运站重新拆装箱。

3．承运人的责任不同

一般联合运输是分段负责的，如货物在运输过程中遭受损失，第一承运人只承担第一程运输上的责任，其后的责任则由其后的承运人负责。

多式联运经营人的承运责任由传统的“钩至钩”扩大到“从货物被接受掌管时起至在指定地点交货时止”的全程运输责任。不论货物的灭失、损坏发生在哪一段，只要向多式联运经营人提出索赔要求即可。多式联运经营人有责任查明情况，统一处理货物或赔偿。

多式联运经营人对运输的全程负责，不管在哪一段出事，只要是属于运输上的责任，多式联运经营人都必须承担。

4. 货物单据不同

联合运输通常签发的是联运提单（Through B / L），这种提单只适用于海 / 海、海 / 陆、海 / 空方式下的货物运输，而多式联运单据可适用于多种不同运输方式相结合的运输，如陆 / 空或陆 / 空 / 陆等（不过我国外运总公司出具的联运提单属于例外，它具有与多式联运单据同等的效力）。

5. 单据的签发人不同

多式联运单据的签发人为总承运人，而联运提单的签发人为第一程的承运人——船长或其代理。

6. 海关验放的手续不同

一般国际货物运输的交货地点大都在装货港，目的地大都在卸货港，因而办理报关和通关的手续都是在货物进出境的港口。而国际多式联运货物的起运地大都在内陆城市，因此内陆海关只对货物办理转关监管手续，由出境地的海关进行查验放行。进口货物的最终目的地如为内陆城市，进境港口的海关一般不进行查验，只办理转关监管手续，待货物到达最终目的地时由当地海关查验放行。

7. 适用性与可转让性不同

多式联运提单把海运提单的可转让性与其他运输方式下的运单不可转让性合在一起。因此，多式联运经营人可以根据托运人的要求签发可转让或不可转让的多式联运提单。如属前者，收货人一栏应采用指示抬头；如属后者，收货人一栏应具体列明收货人名称，并在提单上注明不可转让。

一般海运提单只适用于海运，从这个意义上说，多式联运提单只有在海运与其他运输方式结合时才适用，但现在也适用于除海运以外的其他两种或两种以上不同运输方式的连贯跨国运输。

8. 收取运费的标准不同

联合运输按段收取运费，因此各段的收费标准不一。而多式联运只有一个运费率，收费标准统一。

9. 商品的运输包装不同

联合运输的包装既可以是集装箱，也可以是单件运输包装，而多式联运必须采用集装箱，换言之，对于单件的杂货不能进行多式联运。

8.1.6　国际多式联运的发展趋势

国际多式联运作为一种先进的现代运输组织方式，在世界范围内发展十分迅速。世界国际多式联运的发展呈现出多方面的发展趋势。

1．多式联运经营人向多元化方向发展

多式联运经营人的前身大多是大型国际货代或大型船公司，为了扩大服务范围，提高服务质量，已开始从单一的货代或海运业务向多元化方向发展。

2．国际多式联运的业务范围不断扩大

为了开展国际多式联运的需要，多式联运经营人不断把业务向海外扩张，在世界各地物资集散地，建立分支机构或代理网点，扩充并完善其服务网络，为货主提供更大的服务空间。在当今全球经济一体化的形式下，尤其是跨国公司在世界范围内资源优化配置的需求下，国际多式联运已从发达国家向发展中国家渗透，其业务范围呈现不断扩大的趋势。

3．国际多式联运向现代物流领域拓展

运输是现代物流结构体系中不可缺少的一个重要环节，以集装箱运输为基础的国际多式联运，在现代物流中已越来越呈现其独特的优势。

相关链接

国际多式联运的优点

统一化、简单化；减少中间环节、缩短货物运输时间，降低货损货差事故、提高货运质量；降低运输成本，节省运杂费用；提高运输组织水平，实现合理化运输。

8.2　国际多式联运实务

8.2.1　国际多式联运的进出口运作

1．国际多式联运的出口运作

（1）揽货。这是指向货主承揽运输业务。

（2）报价。就货主拟委托的业务项目向货主提出报价单。对外报价是弹性的，对于业务量大的货主，在运费上给予优惠或一定的回扣，以便争取成交。报价时应注意以下事项。

1）与竞争者的费率进行比较，调整各种费用报价。

2）在服务内容、安全程度、负担责任范围上突出自己的特点。

3）报价的有效期一般为 6 个月，并充分估计各项运价、费用变动。

4）向客户说明国外段的各项费用，如过境地、目的地国家的费用以及海上运费，有较大变动时则报价须重新商定。

（3）签订成交协议。报价经货主接受后，双方签订协议书正式成交。协议书可以签长期的，也可逐批委托，方式灵活。

（4）委托业务的办理。总承运人与分承运人及运输的各连接点之间须签订合同，与船公司、航空公司、铁路部门、具体作业的部门、仓库、港口、商检、理货也须签订合同。但合同的方式不同，有的签订正式合同，有的延用已有的合同，有的办理委托手续或填写委托书、申请表。

（5）托运人制单备货。托运人应根据货物运输的需要及时托运和备货，并准备各种出口所需的单证。

（6）编制作业计划。接受货主委托，与货主达成协议后，填制作业安排书。

（7）安排货物运输。国际多式联运经营人按托运人的托运要求安排运输线路、订舱配载、接货、安排内陆运输、仓储、装箱，送至实际承运人指定的堆场或港口，实际承运人向多式联运经营人签发提单或运单。货物装上运输工具后，国际多式联运经营人应随时掌握货物的流转，并将有关信息和单证及时交送目的地。

（8）订舱及安排货物运送。国际多式联运经营人根据具体情况向合适的实际区段的承运人订舱或要求车皮进行货物运输。国际多式联运经营人向分承运人订舱是经营人独立的业务活动，与货主无关。

（9）货物装箱。

1）多式联运中使用的集装箱一般由经营人提供。

2）货物装入集装箱。第一种是由货主在工厂自己装箱；第二种是委托联运人装箱；第三种是委托其他中间商装箱。

（10）出口报关。若联运从港口开始，则在港口报关；若从内陆地区开始，应在附近的内地海关办理报关。出口报关事宜一般由发货人或其代理人办理，也可委托多式国际联运经营人代为办理。

（11）办理保险。发货人应投保货物运输险。国际多式联运经营人方面，应投保货物责任险和集装箱保险。

（12）接收货物，签发联运单据。货主自主装箱的整箱货物，国际多式联运经营人或其代理人在指定的地点接收货物。如果是拼箱货，则在指定的货运站接收货物。

货物装上第一程运输工具，取得第一程分承运人签发的运输单证（提单、运单或其他证明）之后，国际多式联运经营人（或其代理人）即可签发多式联运单据交委托人或货主，单据日期与第一程运输单证签发日期相同。货主可凭此向银行办理议付收款手续。

（13）单证寄送。货物装船（车）发运后，经营人将船名（车号）、集装箱、发运日期、中转地、目的地等项内容，先以电传通知国外代理，然后填制发运单或指示，连同联合运输单据副本、承运单证、装箱单等有关发运单据寄交国外代理，凭以办理接货、交货或转运工作。

2. 国际多式联运的进口运作

（1）国际多式联运港口代理进口货运运作。其流程如下。

1）多式联运单证由国外代理或船舶代理寄交多式联运港口代理人（以下简称港代）。

2）港代将卸船和其他货运资料送交港口单位。

3）港代向内陆代理发到货通知书。

4）办理报关和转关手续（整箱运输）。

5）港口卸船。

6）港代或货代用海运提单向船代换取提货单。

7）港代向船公司办好提货手续凭提货单向港口提货。

8）海关整箱加封监管。

9）港代委托的陆运承运人向内地收货地运箱。

10）拆箱货海关放行后由陆运承运人直接运往收货人仓库。

11）向内地代理寄送发货通知书，寄交有关单证，关封、报关单证随车送交内地代理。

（2）国际多式联运内地代理进口货运运作。其流程如下。

1）接口岸代理到货通知，向收货人发到货通知。

2）收货人或代理向银行付款领取多式联运提单，向多式联运内地代理换取提货单。

3）货方或委托内地代理报关。

4）港代的承运人将整箱货运抵多式联运内地代理仓库进行掏箱。

5）海关验货放行。

6）货方或货代凭提货单到多式联运内地代理仓库缴纳费用后提货。

7）货方自提或仓库代运至收货人仓库。

8）内地代理向港口代理沟通信息，结算有关费用。

9）收货人验货后发现货物短损、运输延误可向多式联运经营人提出索赔，多式联运经营人通过各段代理人向各段承运人追索。

3. 多式联运单证流转

（1）集装箱装货单（Container Load Plan）上列明每个集装箱所装货物的品名、重量、数量、集装箱号码、出口申报单号码、码头收据号码、装箱地点、发货人名称、船名、装卸港口、交货地等内容。这是通知船公司所装货物的明细单，由经营人编制。

（2）码头收据（Dock Receipt）是船公司在装船前收到的托运货物的收据。各船公司码头收据的份数与格式各有不同，一般由托运人按船公司规定的格式与份数填制后，随货送交船公司。内容包括发货人、收货人、通知人、货名、重量、尺码、船名、装卸港口等，由经营人签章。

（3）联运人填制好上述装船托运单据后，即随同装好货的集装箱及海关放行的出口申报单交船公司等待装船。

（4）货物装船后，船公司将码头收据副本一份送船公司，同时将出口申报单送交海关，表明该申报单所列货物已经装上船，海关验看后退给船公司，由船方交回联运人并出具海运提单。

（5）联运人根据船公司出具的海运提单签发多式联运提单交出口商。

8.2.2 国际多式联运的一般业务流程

国际多式联运手续简便，不论运输多远，运输环节多少，货主只需办理一次委托，支付一笔运输费，取得一份联运提单即可把货物从起点运到终点，一旦发生运输问题，也只需找一个总承运人便可处理问题，对货主非常方便。

国际多式联运是一种现代化的综合运输，涉及面广、环节众多、环境复杂，因此其业务流程也十分复杂。下面简要介绍国际多式联运的一般业务流程。

1. 国际多式联运合同的订立

国际多式联运必须订立合同，合同是规范承托双方权利、义务及解决争议的基本法律文件。国际多式联运合同的主要内容有：托运人，收货人，国际多式联运经营人，货物的名称、包装、件数、重量、尺寸等，接货的地点和时间，交货的地点和约定的时间，不同运输方式的组成和运输线路，货物交接方式以及承托双方的责任和义务，解决争议的途径和方法等。

2. 国际多式联运计划的编制

编制国际多式联运计划总的要求有3个。

（1）合理性。要求运输线路短，各区段运输工具安全可靠，运输时间能保证，不同运输方式之间能良好衔接，从而保证货物从一国境内接货地安全、及时地运到另一国境内的交货地。

（2）经济性。在保证货运质量的前提下，尽可能节省总成本费用，以提高经济效益。

（3）不可变性。在计划中应充分考虑各种因素，留有必要的余地。除不可抗力外，计划一般不能随意改变。

在完成多式联运计划编制后，国际多式联运经营人还应及时将计划发给沿线各环节的代理人，使之提前做好接货、运输、转关或交货等准备工作。

3．接货装运

按照国际多式联运合同，在约定的时间、地点，由国际多式联运经营人或其代理人从发货人手中接管货物，并按合同要求装上第一程运输工具发运。按托承双方议定的交接方式，凡在工厂、仓库或堆场交接的，由发货人负责装箱计数施封和办理出口清关手续，在箱体外表状况良好、封志完整的状态下，将货物整箱交国际多式联运经营人或其代理人；凡在集装箱货运站交接的，由发货人负责办理出口清关手续，将货物散件交国际多式联运经营人或其代理人，由后者负责拼箱计数施封后装运发送。

4．国际多式联运单证的签发

国际多式联运经营人接管货物和在运费预付情况下收取全程运费后，即签发国际多式联运单据，表明对全程联运负有责任。对多式联运合同当事人来说，多式联运单据是国际多式联运经营人收到货物的证据，是合同的证明，也是货物的物权凭证，国际多式联运经营人按多式联运单据指明的收货人或被指示的收货人交付货物，收货人凭多式联运单据提领货物。在货物装运发送后，国际多式联运经营人还应将多式联运单据副本及一程运输的有关运输单证及时寄往第一程的目的地（港）的代理人，以便做好接货、转关和转运的准备。

5．运输保险

由于国际多式联运运距长、环节多、风险大，为避免可能发生的货运事故，国际多式联运经营人还可以向保险公司投保。尽管国际多式联运经营人有责任限额保护条款，但因国际多式联运经营人的疏忽、过失、侵权，将使其丧失责任限额保护的权利，并承担赔偿金额巨大的风险。为避免较大的损失，国际多式联运经营人通常向保险公司投保货物责任险和集装箱险，以防范巨额赔偿风险。

6．转关手续

国际多式联运若在全程运输中需经由第三国，应由国际多式联运经营人或其代理人负责办理过境转关手续。对《国际集装箱海关公约》缔约国之间，转关手续已相当简化，通常只提交相应的转关文件，如过境货物申报单、多式联运单据、过境国运输区段单证等，并提交必要的担保和费用，过境国海关可不开箱检查，只做记录即可予以放行。

7．全程运输的协调管理

（1）不同运输方式之间的转运。国际多式联运是以至少两种不同运输方式组成的连续运输，不同运输方式之间的转运衔接，是保证运输连续性、及时性的关键。由于运输工具不同、装卸设备设施不同、转运点的选择不同以及各国的规定和标准不同，因此多式联运经营人或其代理人事前应有充分的了解，以便根据各种不同具体情况和要求实现快速的转运。

（2）各运输区段的单证传递。国际多式联运经营人作为全程运输的总负责人，通常要与各运输区段实际承运人订立分运输合同，在运输区段发送地以托运人的身份托运货物，在运输区段的目的地又以收货人的身份提领货物。为了保证各运输区段货物运输的顺利进行，国际多式联运经营人或其代理人在托运货物后要将有关运输单证及时寄给区段目的地代理人。同时，如该实际运输区段不是最后一程运输，国际多式联运经营人的代理人在做好接货准备的同时，还要做好下一程运输的托运准备。

（3）货物的跟踪。为了保证货物在国际多式联运全程运输中的安全，多式联运经营人要及时跟踪货物的运输状况，通过电报、电传、EDI、因特网在各节点的代理人之间传递货物信息，必要时还可通过GPS进行实时监控。

8．交付货物

按国际多式联运合同规定，货物到达指定交货地后，由国际多式联运经营人或其代理人将货物交多式联运单据指明的收货人或按指示交指定的收货人，即告完成全程运输任务。交货地代理人应在货物到达前向收货人发出到货通知，以便收货人及时做好提货准备。

8.3 国际多式联运经营人

8.3.1 国际多式联运经营人的含义与经营条件

1．国际多式联运经营人的含义

国际多式联运经营人是指在国际上使用多式联运方式后出现的一种具有法律地位的人。《联合国国际货物多式联运公约》规定：“‘多式联运经营人’指其本人或通过代表订立多式联运合同的任何人，他是事主，而不是发货人的代理人或代表或参加多式联运的承运人的代理人或代表，并负有履行合同的责任。”多式联运经营人在美国被称为无船承运人。

2．国际多式联运经营人的经营条件

（1）取得从事国际多式联运的经营资格。要满足国际多式联运经营的资质要求并办理相应的审批手续，获得经营许可证，办理相关的登记、备案手续。

（2）具有稳定的国际多式联运线路和网络。国际多式联运是一种先进的运输方式，需要有较高的管理水平和组织能力，需要经营人严密地组织多式联运线路，并形成稳定的运作网络。

（3）拥有符合规定的多式联运单据。接收货物后要向托运人签发多式联运单据。此单

据的性质为：合同或合同的证明；承运人接收货物的收据；承运人向收货人交付货物的交付凭证；货物所有权的证明。多式联运单据必须经过有关管理部门登记方可使用。

（4）具有所从事国际多式联运线路的运价表。由于多式联运大都采用班轮、班机运输，处于公共承运人的地位，因而各国都进行价格管理，要求多式联运经营公布运价表，并按照所公布的运价表收费。

8.3.2 国际多式联运经营人的主要类型

随着国际经济贸易结构的变化，多式联运经营人开始向多样化发展。其中，有传统航运企业，如美国总统轮船公司；有贸易公司的运输部门，如日本的三井、伊藤忠等国际贸易公司均组建了多式联运公司，开办无船承运人经营业务；还有铁路、航空和汽车运输公司，承担全程运输责任。根据是否实际参加海上运输，国际上通常将多式联运经营人分为以下两种主要类型。

1. 以船舶运输经营为主的多式联运经营人

随着集装箱运输的发展，众多船舶所有人将其服务范围向海运两端扩展，并与陆上和航空等运输方式联合，实现货物的联运经营，通过与承运人订立分合同，将并不拥有也不从事的公路、铁路和航空运输及装卸仓储等辅助服务纳入到自己的服务业务中，形成以船舶运输为主的多式联运经营人。

2. 无船多式联运经营人

无船多式联运经营人是指不拥有和不掌握船舶的承运人，这些人利用船舶经营人的船舶，向货主提供运输服务，并承担运输责任。国际上将此类经营人称为无船公共承运人。无船承运人又可分为以下几种类型。

（1）承运人型。本身具有汽车、铁路、航空运输经营资格和能力的运输经营人，开展国际多式联运业务的多式联运经营人。

（2）场站经营人型。货运站、堆场、仓库、港口具有国际多式联运经营资格的多式联运经营人。

（3）代理人型。代理企业获得开展国际多式联运业务的经营权。

相关链接

海关对兼营船舶的有关规定

（1）兼营船舶系指我国经营国际运输兼营国内运输的船舶和我国经营国内运输兼营国际运输的船舶。外国籍船舶不能经营兼营业务。

（2）兼营船舶的船方或其代理人应向船舶公司所在地海关书面申请并办理兼营船舶登记手续，经海关核准并签发海关监管签证簿后，才能兼营国际运输或国内运输。兼营船舶在航行、停泊期间，必须随带海关监管签证簿，以备海关核查。

（3）兼营船舶在经营进出境运输时，由海关按一般进出境船舶进行监管。非经海关审查签证，不论是否装有货物，都不准自行改营境内运输或从境外直驶未设海关的港口，或由未设海关港口直接驶往国外。进出境时，船方或其代理人应提前24小时通过港务机关向抵达港海关或驶离港海关预报和确报抵离港时间。未办清结关手续，不得擅自离港。

（4）从事进出境运输的兼营船舶，在下列情况下可以改为经营境内运输：兼营船舶在卸完进出口货物和办完船员携带进口自用物品验放手续后，才能申请改为经营国内运输，海关在海关监管签证簿上批注签章。同时，将船上留存的进口船用物料、燃料、烟、酒等的名称和数量填写在海关监管签证簿上，如情况正常、数量合理，经海关核准可免税留船使用；对超出自用合理数量部分，海关予以征税。如需调拨或作价出售给其他非国际航行船舶，均应事前书面报经海关核准，并照章补征进口税。

（5）从事国内运输的兼营船舶，在下列情况下可以改营国际运输：由境内运输重新经营进出境运输的兼营船舶，须在卸完国内运输货物后，向海关提出书面申请，并由海关在海关监管签证簿上批注签章。兼营船舶在经营国内运输期间，不得擅自驶往国外。兼营船舶连续经营国内运输满1年，即视为不再经营国际运输业务，船方或其代理人应在期满后1个月内将该签证簿交原登记海关注销。

8.3.3 国际多式联运经营人的责任与服务范围

1. 国际多式联运的经营方式

（1）国际多式联运经营人独立经营的方式。由国际多式联运经营人在运输线路的两端、转接点设立子公司或办事机构，办理运输、作业、转运、仓储等运输过程作业，整个运输过程在企业内部控制下完成。该种经营方式一般在固定的多式联运线路中使用，且国际多式联运经营人具有较强的实力。

（2）委托代理运作方式。由多式联运经营人将在各地的运输业务委托给当地的代理人办理的运作方式。由多式联运经营人独立负责，各地的代理人只根据委托办理运输事务，不承担多式联运运输合同责任。在不固定线路的多式联运中只能采取该组织形式，固定线路的也可以采取该方式。

（3）合作联运方式。由多家企业联合，分别在不同国家内处理多式联运在境内的运作，共同合作完成联运过程。所有参与合作的企业为一个整体承担多式联运经营人的责任，内部之间按照合作的协议分担责任和分配利益。

2．国际多式联运经营人的责任

国际多式联运经营人的责任期间为：接收货物到交付货物，包括实际承运人、受雇人、服务人的责任期间。

货物的灭失、损坏、延迟发生在多式联运经营人责任期间，由国际多式联运经营人赔偿，除非能证明不是其本人、受雇人、代理人、独立合同人的过失造成的损失。国际多式联运经营人对全程运输负责，向托运人、收货人承担统一的最终承运人的责任，但对赔偿限额方面根据国际上的做法可分为以下 3 种类型。

（1）统一责任制。在统一责任制下，国际多式联运经营人对货主负不分区段的统一责任。货物的灭失和损失，包括隐蔽损失（即损失发生的区段不明），不论发生在哪个区段，国际多式联运经营人按一个统一原则负责，并一律按一个约定的限额赔偿。

（2）分段责任制。按分段责任制（又称网状责任制）规定，国际多式联运经营人的责任范围以各区段运输原有责任危险认定，如海上区段按《海牙规则》办理，航空区段按《华沙公约》办理。在某些区段上不适用上述公约时，则按有关国家的国内法规处理。这种责任制的特点是各种法规的责任大小和赔偿限额不统一，对发展多式联运不利。

（3）修正（双重）统一责任制。修正（双重）统一责任制，是介于上述两种责任制之间的责任制，故又称混合责任制。也就是在责任范围方面与统一责任制相同，在赔偿限额方面与分段责任制相同。

3．国际多式联运经营人的服务范围

由于国际多式联运经营人拥有的运输工具和设备各不相同，所以由其直接提供的或由与其订有分合同的代理人提供的服务范围是随经营人的不同而不同的，并在一定程度上随国家和地区而异，这取决于各国港口区域、内陆港站及内陆运输的管理体制。同时，根据其服务的贸易运输航线，多式联运经营人可能会从事不同的经营服务范围。

（1）整箱货服务。主要提供整箱全程运输及接收重箱、运送空箱、提供装箱咨询等辅助性服务。

（2）拼箱货服务。较整箱服务多了装箱、拆箱服务。

（3）货物的计量。

（4）报关。

（5）签发国际多式联运单据。

（6）订舱。

（7）多式联运过程的监督和管理。

（8）保险与索赔。

8.4 国际多式联运货损事故索赔

货损货差事故是货物运输中经常发生的，这就产生了受损方向责任方要求损害赔偿，责任方根据受损方提出的赔偿要求进行处理的索赔和理赔工作。

货物的索赔是一项十分重要的工作，应根据国家的对外政策、贸易合同、运输合同，并参阅有关国际惯例，正确处理货损货差事故。

8.4.1 提出索赔

货物的索赔是一项政策性较强、涉及面较广、情况复杂，并具有一定法律原则的涉外工作。因此，在实际工作中，应坚持实事求是、有根有据、合情合理、区别对待、讲究实效。

（1）实事求是。应根据所发生事故的实际情况，分析造成事故的原因，确定损失程度和金额。也就是说，该索赔的必须坚持原则行使索赔权利。

（2）有根有据。就是处理货物索赔的基础，在向承运人或其他有关当事人提出索赔时，应掌握造成货损事故的有力证据，并依据合同有关条款、国际惯例提出索赔。

（3）合情合理。就是从所发生的事故中合理确定责任方应承担的责任和赔偿金额，必要时也可做出一些让步，其目的主要是使货损事故合理地、尽早地得到处理。

（4）区别对待。就是应根据我国的对外政策、对方的态度和有关业务往来，根据不同对象，有理、有利、有节，采取不同方式区别处理。

（5）讲究实效。就是在货损事故索赔中注重实际效果，充分注意保护自身的经济利益、政治利益，以及对外影响和业务发展。

（6）国际贸易、运输中货物索赔的提出一般有这样几种情况：货物数量或件数的缺少或货物残损、灭失；货物的质变或货物实际状况与合同规定的要求不符；承运人在货物运输途中没有适当地保管和照料货物；货物的灭失、损害属保险人承保的责任范围内等。因此，根据货物发生灭失或损害的不同原因，受损方提出索赔的对象也是不同的。

1. 向发货人索赔

如果货物是由于下列原因造成灭失或损坏，收货人凭有关部门、机构出具的鉴定证书向发货人（卖方）提出索赔。

- 原装货物数量不足。
- 货物的品质与合同规定不符。
- 包装不牢致使货物受损。
- 未在合同规定的装运期内交货等。

2. 向承运人索赔

如果货物是由于下列原因造成灭失或损坏的，由收货人或其他有权提出索赔的人凭有关部门、机构出具的鉴定证书向承运人提出索赔。

- 在卸货港交付的货物数量少于提单中所记载的货物数量。
- 收货人持有正本清洁提单提取货物时，货物发生残损、缺少，且系承运人的过失。
- 货物的灭失或损害是由于承运人免责范围以外的责任所致等。

3. 向保险公司索赔

如果货物的灭失或损害属下列范围，则由受损方凭有关证书、文件向保险公司提出索赔：

- 承保责任范围内，保险应予赔偿的损失。
- 承保责任范围内，由于自然灾害或意外原因等事故使货物遭受损害。
- 在保险人责任期限内。

4. 合理的索赔原则

不论哪种原因发生的索赔案，也不管是向谁提出索赔，一项合理的索赔必须具备下列原则。

（1）提赔人要有正当索赔权。提出货物索赔的人原则上是货物所有人或提单上记载的收货人，或者合法的提单持有人。此外，还可能是货运代理人或其他有关当事人。

（2）责任方必须负有实际赔偿责任。事实上，索赔方提出的索赔并非都能得到赔偿，如属于承运人免责范围之内的，或属于保险人承保责任外的货损，在很大程度上是不能得到赔偿的。确定或证明责任方负有实际赔偿责任的文件通常有卸货记录、检验报告、交货记录、残损报告、合同责任条款等。

（3）索赔时应具备相关的单证。

1）索赔申请书。索赔申请书系表明受损方向责任方提出赔偿要求，主要内容包括：索赔人的名称和地址，船名、抵港日期、装船港及接货地点名称，货物有关情况，短缺或残损损失情况，索赔日期、索赔金额、索赔理由。

2）提单。提单是划分责任方与受损方责任的主要依据，在提出索赔时，索赔人应出具提单正本或其影印本。

3）货物残损检验证书。该证书是受损方针对所发生的货损原因不明或不易区别时，向检验机构申请对货物进行检验后出具的单证。

4）货物残损单。该单是对货物运输、装卸过程中货物残损所做的实际记录，受损方依据责任方签署的货物残损单提出索赔。

5）索赔清单。索赔清单主要列明货损事故所涉及的金额，通常按货物的到岸价计算。另外，提出索赔时应出具的单证还有商业发票、溢短单、修理单等。

（4）赔偿的金额必须是合理的。合理的赔偿金额以货损实际程度为基础。但是，在实际中责任方往往受赔偿责任限额的保护，如承运人的赔偿可享受提单中的赔偿责任限额，保险人的赔偿以保险金额为基础。

（5）在规定的期限内提出索赔。一项有效的索赔必须在规定的期限内提出，这就是通常所说的索赔时效。否则，货物的损害即使确由责任方的过失所致，索赔人提出的索赔在时效过后也很难得到赔偿。

8.4.2 索赔注意事项

多式联运货损事故处理涉及海运货损事故处理、水运货损事故处理、铁路货损事故处理、公路货损事故处理等。应根据货物运输过程中环节作业的特点、有关合同条款、法律、公约等规定，对所发生的货损事故进行处理。

如果货物数量不足，外表状况或货物的品质与提单上记载的情况不符，应根据提单条款的规定，将货物短缺或损坏的事实，以书面的形式通知承运人或代理人，以此表明提出索赔的要求。即使货物的短缺或残损不明显，也必须在提取货物后的规定时间内，向承运人或其代理人提出索赔通知。

在货损事故索赔或理赔中，提单、收货单、过驳清单、卸货报告、货物溢短单、货物残损单、装箱单、积载图等货运单证均可作为货损事故处理和明确责任方的依据，应该妥善处理这些单证。

货运事故发生后，收货人与承运人之间未能通过协商对事故的性质和程度取得一致意见时，则应在各方同意的基础上，指定检验人对所有应检验的项目进行检验，检验人签发的检验报告是确定货损责任的依据。

货物一旦发生灭失或损坏，通常由收货人向承运人或其代理人提出索赔。但是，当收货人根据货物保险条款从承保货物的保险人那里得到了赔偿后，保险人可代位（指代替收货人）向承运人或其代理人进行追偿。

作为举证的手段，索赔方出具的索赔单证不仅可证明货损的原因、种类、程度，还可确定最终责任方。主要货损索赔单证有索赔申请书或索赔清单、提单、过驳清单或卸货报告、货物残损单和货物溢短单、重理单等。提出索赔时使用的其他单证还有货物发票、修理单、装箱单、拆箱单等。

当收货人从保险人那里得到赔偿后，则通过签署一份权益转让证书，将向承运人提出的索赔权利转让给保险人，保险人凭以向承运人索赔。

提出赔偿必须予以举证，而责任方若要免除责任或减少责任，则必须予以反举证和举证。反举证是分清货损责任的重要手段，有时在一个案件中会多次进行，直到最终确定责任。承运人免责或减少责任应出具相关的单证。通过举证与反举证，虽然已明确了责任，但在赔偿金额上未取得一致意见时，则应根据法院判决或决议支付一定的索赔金。

审核是处理货损事故仔细且重要的工作。审核的主要内容有索赔期限、出具的单证是否齐全、单证之间有关内容是否相符、货损是否发生在承运人的责任期限内、有关单证上签字确认、理货计数量是否准确等。

相关链接

多式联运货损事故索赔中应注意的原则

（1）索赔人要有正当索赔权。

（2）责任方必须负有实际赔偿责任。

（3）索赔时应具备相关的单证。

（4）赔偿的金额必须是合理的。

（5）在规定的期限内提出索赔。

复习思考题

选择题

（1）多式联运由一个既不是发货人的代表，也不是承运人的代表，但负有履行多式联运合同责任的人经营，多式联运经营人（　　）。

A. 对全程运输负责　　B. 对托运人负责

C. 对承运人负责　　D. 对合同的内容负责

（2）（　　）形式通常是一个发货人、一个收货人，由多式联运经营人负责把货物从发货人的工厂或仓库运送到收货人的工厂或仓库交货。

A. 门到站交接　　B. 门到门交接　　C. 门到场交接　　D. 站到场交接

（3）编制国际多式联运计划总的要求有3个，一是合理性，二是经济性，三是（　　）。

A. 变动性　　B. 灵活性　　C. 不可变性　　D. 可变性

（4）国际上通常将多式联运经营人分为两种主要类型，一是以船舶运输经营为主的多式联运经营人，二是（　　）。

A. 有船多式联运经营人　　B. 经营人

C. 联运经营人　　D. 无船多式联运经营人

（5）国际多式联运（　　），合同是规范承托双方权利、义务及解决争议途径的基本法律文件。

A. 必须订立合同　　B. 可以不订立合同

C. 由承托双方商量订立合同　　D. 由承托双方根据需要商量是否订立合同

简答题

（1）国际多式联运的含义和特点是什么？

（2）国际多式联运与一般联运的区别有哪些？

（3）国际多式联运有哪些优点？

（4）国际多式联运经营人应具备哪些经营条件？

（5）国际多式联运经营人的服务范围有哪些？

（6）合理的索赔原则有哪些？

实训题

国际多式联运货物被无单担保提货案

2009年10月中旬，SEZFT公司（卖方）与俄罗斯AROAN公司（买方）成交一笔服装贸易，金额为24万美元。合同规定：① 付款方式，买方先付20%定金，于发货后30天付清货款，付款后交单；② 运输方式，多式联运，从中国港口至莫斯科。

SEZFT公司在签订合同后，即收到AROAN公司汇来的20%定金，卖方按照合同要求，于2009年11月备妥货物，由某船公司所属轮船运往莫斯科。

发货1个月后，买方不履行付款义务，理由是货物尚未到港。SEZFT公司据此情况，立即扣留有关单据，同时催促船公司速将货物运往目的港。经查，该批货物是在2009年12月中旬抵达汉堡后，即装集装箱卡车运往莫斯科，并于2009年12月24日被卡在边境港口里加，迟迟未能抵达莫斯科，直至2010年1月24日，货物才抵达莫斯科。

由于货物的运输时间太长，货物抵港时买方借口已过销售季节，拒绝付款赎单。SEZFT公司为了避免造成更大损失，决定将该批货物就地处理。但当SEZFT公司出示正本提单时，才发现该批货物已于2010年1月25日被无单提走。在这种情况下，SEZFT公司立即出函船公司，要求交货或赔偿，直至2010年7月仍未收到船方的答复，于是SEZFT公司即与律师及法院协商。2010年7月，SEZFT公司向当地海事法院起诉，要求船公司赔偿无单放货而造成的损失。在法院的调解下，双方达成协议，由船公司赔偿SEZFT公司205 000美元，本案结束。

（资料来源：杨志刚，孙明，吴文一. 国际货运代理实务法规与案例. 北京：人民交通出版社，2006.）

问题

在本案中，卖方应怎样防范风险？

分析点评：一是要了解买方的信誉；二是要对货物进行监管。

第 9 章

国际货运公约

本章学习目标

- ◆ 了解国际公约制定的历史背景；
- ◆ 掌握有关提单的国际公约及国际公约的有关内容。

在海上运输过程中，签发的最主要的单证是提单，而提单所涉及的国际公约主要有 3 个：《海牙规则》、《维斯比规则》、《汉堡规则》。

国际航空货物运输若干法律规定主要以《华沙航空货运公约》为主。

为了统一国际公路运输所使用的单证和承运人责任，联合国所属欧洲经济委员会负责草拟了《国际公路货物运输合同公约》。

国际铁路货运协定适用于缔约国之间的货物运输，协定中的内容对承运人、发货人、收货人均有约束力。

9.1 有关提单的国际公约

9.1.1 《海牙规则》

1.《海牙规则》成立的历史背景

最初，提单只是表明货物已经装船的收据，既没有关于提单应记载的事项及其法律效力的规定，也没有有关承运人责任的条款。关于承运人的责任，只按照当时存在于英、美等国的普通法中的一些默示规定的原则来处理，即承运人应默示保证：① 签订合同时应保证船舶适航；② 保证船舶合理速遣（Reasonable Despatch）；③ 保证船舶不发生不合理的绕航。

但是，到了 18 世纪，因货损和赔偿日益增多，承运人为了保护自己的利益，根据资产阶级民法的合同自由原则，开始在提单上加入免责条款。其后，提单上的免责条款越来越多，到了 19 世纪 80 年代，提单上的免责条款竟多达六七十项。这不但引起货主的强烈不满，而且动摇了提单的可信赖性，与英国 1855 年提单法中有关提单可作为流通凭证，在贸易中自由转让，以及有关提单持有人的权利、义务的规定也不相适应。于是，各国法律开始限制承运人在提单上任意增加免责条款，这是提单规范化的要求。

1893 年，美国制定并通过了《哈特法》(*Harlter Act*，1893)。该法规定了以下内容。

(1) 在美国国内港口间或美国港口与外国港口之间承运货物的船东应在提单上加注条款，表明可以使他免除对装船、积载、保管、照料货物的疏忽所负责任的条款均属非法，所订条款也属无效。

(2) 在提单上加注的任何减少、减轻或避免船东在谨慎处理使船舶适航方面所负责任的条款，均属无效。

(3) 如果船东尽到谨慎处理使船舶适航和配备适当船员、装备和供应船舶的责任，那么对在驾驶或管理船舶中的过失所导致的货物灭失或损坏，船东或他的代理人无须负责。

(4) 因天灾、海上救助等方面的原因所引起的货物灭失或损坏，船东或他的代理人也无须负责。

(5) 船东、船长或代理人有义务签发提单，并注明货物的主要标志、包数、件数、数量或重量及外表状况，而这个提单应作为收到提单上所载明货物的初步证据，从而确定了承运人应承担的最低限度的责任，并明确了提单的法定记载事项及其证据效力。

《哈特法》的成功，使新西兰、加拿大等本来法律体系上紧跟美国的英联邦国家也承认了《哈特法》的法理精神。1921 年在海牙举行的国际法协会的会议上，由有关各方组成的代表团草拟并通过了规则的主体，即 1921 年的《海牙规则》。以此为基础，在 1922 年 10 月于布鲁塞尔举行的讨论海事法律的外交会议上，与会代表做出决议，建议各国政府采纳这个规则，在稍做修改后使之国内法化。1923 年 11 月英国帝国经济会议通过决议，一方面建议各成员国政府和议会采纳这个修订后的规则使之国内法化；另一方面率先通过国内立法，使之国内法化，由此产生了 1924 年《英国海上货物运输法》(*COGSA*，1924)。1924 年 8 月 25 日，各国政府的代表也在布鲁塞尔通过了简称为《海牙规则》。

《海牙规则》于 1931 年 6 月 2 日正式生效。欧美许多国家都加入了这个公约。有的国家还通过国内立法使之国内法化；有的国家则根据这一公约的基本精神，另行制定相应的国内法；还有些国家虽然没有加入这一公约，但它们的一些船公司的提单条款也采用这一公约的精神。所以，这一公约是海上货物运输中有关提单的最重要的和目前仍普遍被采用的国际公约。1936 年，美国政府也以这一公约作为国内立法的基础制定了 1936 年美国《海上货物运输法》，并在很大程度上取代了原有的《哈特法》。

2.《海牙规则》的主要内容

《海牙规则》全文共有 16 条，其中第 1 条至第 10 条是实质性条款，其主要内容如下。

（1）关于承运人的责任期间。规定承运人对运输货物承担责任的期间是“自货物装上船舶开始至卸离船舶为止”。

（2）关于承运人的责任。规定承运人必须承担的责任是：在开航以前和开航当时谨慎处理使船舶适航；妥善地配备船员、装备船舶和配备供应品；使货舱、冷藏舱、冷气舱和该船其他载货处所适于并能安全收受、载运和保管货物；以及适当而谨慎地装载、操作、运送、保管、照料和卸下所运货物。

（3）关于承运人的免责。《海牙规则》实行的是“不完全过失责任制”。《海牙规则》规定了承运人对船长、船员在驾驶或管理船舶的过失；火灾；海上或其他通航水域的灾难、危险或意外事故；天灾；战争行为；公敌行为；政府依法扣押；检疫限制；托运人的过失；罢工、关厂、停工或劳动力受到限制；在海上救助或企图救助人命或财产；货物的固有缺点等 17 项的免责事项。其中《海牙规则》最受人指责的是航行过失免责，即承运人对船长、船员、引航员或承运人的雇用人员在驾驶或管理船舶上的行为，疏忽或不履行契约免责。

（4）关于承运人的赔偿责任限制。规定承运人对每件或每单位货物的赔偿限额为 100 英镑。

（5）关于诉讼时效。规定对货物灭失或损坏赔偿的诉讼时效“自货物交付之日或应交付之日 1 年以内”。

（6）关于公约的适用范围。规定“适用在任何缔约国所签发的一切提单”。

（7）关于公约适用的强制性。规定运输合同中凡是解除或减轻公约规定承运人责任的任何条款、约定或协议均属无效。

虽然从《海牙规则》的基本条款来看，可以说基本上脱胎于《哈特法》，但从根据《海牙规则》制定的美国 1936 年《海上货物运输法》的规定看，它和《哈特法》仍有原则的区别。首先，在《哈特法》中，船东对提供一艘适航船舶负有绝对的义务，如果他要享受该法第 3 条规定的免责权利，就必须证明他已做到谨慎处理。否则，即使货物的灭失或损坏与船舶开航时不适航并没有因果关系，船东仍须负赔偿责任。而 1936 年《海上货物运输法》并不要求船东必须对提供一艘适航船舶负绝对责任，他只要做到谨慎处理使船舶适航就足够了。其次，在《哈特法》中，船东可以在运输合同中有效地订明赔偿责任限制金额和提出索赔请求时间的条款，只要这种限制合理即可。而 1936 年《海上货物运输法》规定，如果这类限制条款与本法抵触则无效。

尽管《海牙规则》和根据《海牙规则》制定的 1936 年美国的《海上货物运输法》与《哈特法》存在着这样的原则区别，但是，英、美法院对《哈特法》条款所做的解释，对美国 1936 年《海上货物运输法》和 1924 年《海牙规则》相应条款的解释仍然具有指导意义。

3.《海牙规则》存在的主要问题

《海牙规则》生效以来，得到了航运业界的普遍采用，它在使有关提单的法律得以统一、促进国际贸易、发展国际航运等方面起到了积极的作用。但是，限于制定和通过《海牙规则》时的政治、经济和技术条件，以及当时承运人和货主之间力量对比的实际情况，在几十年的实践中，特别是第三世界国家在国际政治、经济社会中越来越占有重要地位之后，人们越来越多地发现它存在着许多问题，需要进行修订。这些问题归纳起来主要有以下几个：

（1）较多地维护了承运人的利益。从总体上说，《海牙规则》较多地维护了承运人的利益。在当时，实质上是维护航运国家的利益。在今天看来，实质上也就是维护了发达国家的利益，这和作为主要货主国的第三世界国家要求建立航运新秩序的呼声是很不适应的。

（2）在风险分担上很不均衡。《海牙规则》所遵循的是不完全的过失责任制。无论从承运人仅承担谨慎处理使船舶适航和管货的义务看，还是从承运人享受航行过失免责条款的权利看，对货主来说都是不公平的。从当前航海技术已达到的水平考虑，这种风险分担的不均衡显然是不合理的，也是货主对《海牙规则》最不满意的地方。

（3）对有些条款的解释至今仍未统一。《海牙规则》在这方面存在的问题是很多的。比如，“管理船舶”与“管理货物”的区别标准；“与货物有关的灭失或损坏”的含义；作为赔偿责任限制计算单位的“每单位”的解释等。

（4）未考虑集装箱运输形式的需要。集装箱运输方式的出现，带来了一系列的法律问题。但因制定《海牙规则》时，这种运输方式尚未出现，所以许多规定远远不能适应集装箱运输方式的需要也是理所当然的。

（5）赔偿责任限额过低。由于英镑的严重贬值，《海牙规则》在 1924 年规定的每件或每单位不超过 100 英镑的责任限额，到 20 世纪 60 年代后期只相当于原值的 1／8 左右。随着科学技术的进步，运输的产品的价值也越来越高，尤其是那些高科技产品的价值更高，当这些产品损坏或灭失时，仍按几十年前制定的赔偿限额做出赔偿，显然是不合理的，严重地损害了货主的利益。

（6）诉讼时效太短。《海牙规则》规定的诉讼时效为 1 年，时间太短，给货主带来很多不便。

4．修改《海牙规则》的两种观点

从上述《海牙规则》存在的主要问题中不难看出，《海牙规则》已很难适应当今国际政治、经济和国际航运发展的需要，修改《海牙规则》已势在必行。修订《海牙规则》的工作是从 20 世纪 60 年代开始的。当时，在第三世界国家的强烈要求下，修改《海牙规则》的提议已为航运发达国家所接受，但是对于应如何修改，却存在着两种不同的意见。

一种意见是以广大的第三世界国家为代表的。他们从货主的地位出发，认为《海牙规则》过多地维护了承运人的利益，危害了第三世界国家的贸易和航运的发展，修改《海牙规则》也应在改变旧的经济体系、建立新的世界经济秩序的原则基础上进行，因而主张彻底修改《海牙规则》，取消不合理、不明确的条款，使货主和承运人能够真正公平地重新分配双方在海上运输中应承担的风险，建立国际航运新秩序，以利于促进第三世界国家的贸易和航运的发展。《汉堡规则》就是以这种思想为主导，经过各国代表多次磋商，并在某些方面做出妥协后获得通过的。

另一种意见是以北欧国家和英国等航运发达国家为代表的。他们认为，虽然有关提单法律的修订不能墨守成规，但是如果不顾现实情况，急于求成，也不易为各方所接受。更何况，不顾现实地修订，有可能冲击已经形成的国际航运习惯和现行的各种航运制度，反而会造成新的混乱。因而，他们主张折中各方面的意见，只对《海牙规则》中明显不合理或不明确的条款做局部的修订和补充。《维斯比规则》就是以这种意见为基础获得通过的。

9.1.2 《维斯比规则》

1.《维斯比规则》修订的简略经过

《维斯比规则》是以发达航运国家的意见为依据，为了解决实践中已经发现的《海牙规则》所存在的问题，在《海牙规则》基础上，对《海牙规则》中明显不合理或不明确的条款进行局部的修订、补充，以议定书的形式制定的有关提单的国际公约。

对《海牙规则》进行具体的修订工作，是由以探讨提高发展中国家的经济地位为目的而设置的联合国贸易和发展会议下设的国际海事委员会完成的。1963 年 6 月，该委员会草拟了修改《海牙规则》的议定书草案，提交给 1967 年和 1968 年召开的海事法会议审议。经会议审议通过后，于 1968 年 2 月 23 日在比利时的布鲁塞尔召开的外交会议上通过，定名为《关于修订统一提单若干法律规定的国际公约的议定书》，并简称为《1968 年布鲁塞尔议定书》。在这次会议期间，与会代表前往参观过去曾是 15 世纪有名的海法——《维斯比海法》编纂地的维斯比城。所以，这个议定书也就又被称为《维斯比规则》。由于议定书对《海牙规则》没有进行根本性的修改，只是对《海牙规则》中明显不合理或不明确的条款做了修订、补充，仍保持原有的承运人责任制度。因此，议定书又常被称为《海牙—维斯比规则》。

《维斯比规则》于 1977 年 6 月生效。目前已有英国、法国、丹麦、挪威、新加坡、瑞典等 20 多个国家和地区参加了这一公约。在此之前，英国还以这一公约作为国内立法的基础，制定了 1971 年《海上货物运输法》，并已生效。

2.《维斯比规则》对《海牙规则》修改的主要内容

《维斯比规则》共有 17 条条文，但只有前 6 条才是实质性的规定。

《维斯比规则》对《海牙规则》修改、补充的内容，主要包括如下几个方面。

（1）关于提单的证据效力。《海牙规则》（第 3 条第 3 款和第 4 款）规定承运人收到货物之后，应托运人的要求签发给托运人的提单，这种提单是作为承运人依照规定所载内容“收到该提单中所载货物的表面证据”（或称初步证据）。《维斯比规则》在这里做了补充，明确规定“当该提单已被转予诚实行事的第三方时，便不能接受与此相反的证据”。也就是说，《维斯比规则》肯定了提单对善意的第三者而言，具有最终证据的效力。

（2）关于承运人的赔偿责任限制。《维斯比规则》将《海牙规则》规定承运人对货物灭失或损坏的赔偿限额，从按每件或每单位计算的单一办法，改为按每件、每单位或按毛重每千克计算的双重办法，并规定每件或每单位 10 000 金法郎或毛重每千克 30 金法郎，以其高者为准。

为了解决集装箱运输出现后的损害赔偿问题，《维斯比规则》补充规定了计算集装箱货物赔偿限额的件数时，应以提单上列明的内装货物件数为准，如果未在提单上列明内装货物件数，则以每一集装箱为一件或一个单位。

另外，《维斯比规则》还对承运人丧失享受赔偿责任限制权利的条件做出规定：“如经证明，货物的灭失或损坏是承运人蓄意造成的，或者是承运人明知可能造成损害而轻率地采取的行为或不为所引起的，则承运人丧失享受赔偿责任限制的权利。”

（3）关于侵权行为请求的权利。《海牙规则》中没有关于侵权行为的规定。《维斯比规则》规定，对承运人提起的任何有关货物灭失或损坏的诉讼，不论该诉讼是根据合同还是侵权行为，均适用本规则的有关规定。同时还规定，如果这种诉讼是对承运人的雇用人或代理人（该雇用人或代理人不是独立的订约人）所提起，该雇用人或代理人便有权适用承运人按照本公约所可援引的各项抗辩和责任限制。

（4）关于规则的适用范围。《海牙规则》规定只“适用在任何缔约国所签发的一切提单”。对此，《维斯比规则》将适用范围扩大到货物从一个缔约国港口起运的提单和运输合同中载明适用本规则或使其生效的国内法的提单。

（5）关于诉讼时效。《维斯比规则》仍保留了《海牙规则》中规定的 1 年诉讼时效，并做了补充规定：“在诉讼事由发生之后，得经当事方同意，将这一期限加以延长。”

9.1.3 《汉堡规则》

1.《汉堡规则》制定经过简况

鉴于《海牙规则》日益不能适应国际政治、经济形势发展的要求，也鉴于第三世界国家并不满足于《维斯比规则》对《海牙规则》所做的局部修改和补充，要求彻底修改《海牙规则》的呼声日益高涨，联合国贸易和发展会议的航运委员会在 1969 年 4 月的第三届会议上设立了国际航运立法工作组，并以提单及有关问题作为工作组的优先工作项目。此后，联合国贸易和发展会议秘书处编写了以“提单”为题的研究报告，分析了《海牙规则》及与提单有关的问题。此后，国际航运立法工作组研究了这个报告，决定：① 应对《海牙规则》和《维斯比规则》进行修改，需要时也可以制定一项新的国际公约；② 在审议修改上述规则时，应消除其含糊不清之处，同时应建立船、货双方均衡地分担货运风险的货运责任制度。

后来，按照国际组织的分工，联合国贸易和发展会议将继续研究《海牙规则》和《维斯比规则》，并制定新公约的工作交给联合国国际贸易法律委员会办理。1976 年 5 月，这个委员会草拟了《联合国海上货物运输公约草案》。1978 年 3 月 6 日至 31 日在汉堡召开的联合国海上货物运输外交会议对该“草案”进行了审议，并最终获得通过，正式定名为《1978 年联合国海上货物运输公约》。由于这次会议是在汉堡召开的，所以这个公约又称为《汉堡规则》。

根据《汉堡规则》的生效条件规定：“本公约自第二十份批准书、接受书、认可书或加入书交存之日起满一年后的次月第一日生效”。《汉堡规则》自 1978 年 3 月 31 日获得通过，直至埃及递交了批准书后才满足生效条件，于 1992 年 11 月 1 日起正式生效。

《汉堡规则》不但扩大了承运人在海上运输中的责任，而且对国际航运有关的业务和法规，比如对共同海损理算业务、海上保险业务，以及与之有关的法规产生了重要的影响。

2.《汉堡规则》的主要内容

《汉堡规则》全文共分 7 章 34 条条文。《汉堡规则》在制定中，除保留了《维斯比规则》对《海牙规则》修改的内容外，还做了根本性的修改，明显地扩大了承运人的责任。

（1）关于承运人的责任期间。《汉堡规则》第 4 条第 1 款规定：“承运人对货物的责任期间包括在装货港，在运输途中以及在卸货港，货物在承运人掌管的全部期间。”即从承运人接管货物时起到交付货物时止，明显地延长了承运人的责任期间。

（2）关于承运人的责任基础。《汉堡规则》是以“完全过失责任制”为基础来规定承运人的责任的。确定承运人的责任基础，也是《汉堡规则》修改《海牙规则》的核心问题。《汉堡规则》第 5 条第 1 款规定，“除非承运人证明他本人，其雇用人或代理人为避免该事故发生及其后果已采取了一切所能合理要求的措施，否则承运人应对因货物灭失、损坏或延迟交货所造成的损失负赔偿责任，如果引起该项灭失、损坏或延迟交付的事故，如同第 4 条所述，是在承运人掌管期间发生的”。这就是说，在《汉堡规则》下，货物的灭失、损坏或延迟交付所造成的损失，只要发生在承运人的责任期间，首先推定为承运人的过失而由承运人承担责任。如果承运人要免除责任，他应承担举证责任，证明他本人、其雇用人或代理人都没有过失，而且为避免事故的发生及其后果也采取了一切所能合理的措施，否则承运人就不能免责。完全过失责任的推行，使《汉堡规则》完全删除了《海牙规则》所规定的 17 项免责事项，特别是删除了船长、船员、引航员或承运人的雇用人在驾驶和管理船舶中的过失的免责条款。

（3）关于迟延交付货物的责任。迟延交付货物的责任在《海牙规则》和《维斯比规则》中都没有规定，这是《汉堡规则》（第 5 条第 2 款）中增加的规定，“如果货物未能在明确议定的时间内，或虽无此项议定，但未能在考虑到实际情况对一个勤勉的承运人所能合理要求的时间内，在海上运输合同所规定的卸货港交货，即为迟延交付”。对此，承运人应对因迟延交付货物所造成的损失承担赔偿责任。而且在第 3 款内还进一步规定，如果货物在（第 2 款）规定的交货时间满后连续 60 天内仍未能交付，有权对货物的灭失提出索赔的人可以认为货物已经灭失。此外，《汉堡规则》还规定，“承运人对迟延交付的赔偿责任，以相当于迟延交付货物应支付运费的 2.5 倍的数额为限，但不得超过海上货物运输合同规定的应付运费总额”。

（4）关于赔偿责任限额。《汉堡规则》实行与《维斯比规则》相同的计算赔偿责任限额的双重办法，在第 6 条第 1 款中规定：“承运人对货物灭失或损坏造成损失所负的赔偿责任，以灭失或损坏的货物每件或每其他货运单位相当于 835 记账单位或毛重每千克 2. 5 记账单位的数额为限，以两者中较高的数额为准。”这里所说的记账单位是指国际货币基金组织所规定的特别提款权。该赔偿限额较之《维斯比规则》的规定提高了 25%。

（5）关于提单的证据效力。《汉堡规则》在第 16 条中做出了与《维斯比规则》相同的规定，即承运人如签发了已装船提单，则为提单上所述货物已装船的初步证据；如果提单已转让给包括收货人在内的第三者，则承运人提出的与提单记载内容相反的证据不予接受。这就是说，当提单转让给包括收货人在内的善意的第三者时，提单上的记载内容具有绝对证据的效力。

（6）关于保函的法律效力。《海牙规则》和《维斯比规则》都没有关于保函的规定。而《汉堡规则》第 17 条中对于保函的法律效力做出了明确的规定，托运人出具的保证向承运人赔偿的保函或协议，只对托运人有效，而对于收货人或受让提单的第三方均属无效。但是，如果承运人有意欺诈，则对托运人也属无效，而且承运人也不再享受责任限制的权利。

（7）关于诉讼时效。《汉堡规则》规定的诉讼时效比《海牙规则》和《维斯比规则》长。《汉堡规则》第 20 条规定：“有关货物运输的任何诉讼，如果在两年内没有提出司法或仲裁程序，即失去时效。”

上述几方面只不过是《汉堡规则》中的最主要内容。除此以外，《汉堡规则》还在承运人和实际承运人的责任、托运人对承运人或实际承运人或船舶所遭受损失承担责任的一般原则、托运人的保证责任、活动物和舱面货的运输、管辖权和仲裁条款等方面也都做出了与《海牙规则》不同的规定。

鉴于《汉堡规则》已经生效和我国已经加入了《汉堡规则》，我国在制定中国海商法时，充分考虑了当前国际航运的实践及其发展趋向，并结合我国的具体情况，在有关提单及有关国际货物运输的法律规定中，也引入了包括《汉堡规则》在内的已经生效的有关国际公约中一些相关内容的规定。

9.2 国际航空货运公约的主要内容

国际航空货物运输若干法律规定主要以《华沙航空货运公约》为主，并结合《海牙议定书》有关修订内容。

9.2.1 适用范围

《统一国际航空运输某些规则》简称《华沙航空货运公约》，适用于以下几种情况。

（1）所有以航空器运输旅客、行李或货物而收取报酬的国际运输。

（2）航空运输企业以航空器运输的免费运输。

（3）国家或其他当地人符合下列条件的运输。

1）根据有关各方所订立的合同，不论在全程运输中有无中断或转运，其出发地和目的地是在两个缔约国或非缔约国中的权力管辖下的领土内有一个约定的经停地点的任何运输，或在同一缔约国的主权、宗主权、委任统治权，或权力管辖下的领土间的运输如果没有这种约定的地点，对《华沙航空货运公约》则不作为国际运输。

2）如货物的全程运输系由多个承运人共同完成货物的连续运输，但运输被合同各方认为是一项单一运输业务，则无论是以一个合同或几个合同形式订立，就《华沙航空货运公约》来说，则应视为一项单一的运输，并不因其中一个合同或几个合同完全在同一缔约国的主权、宗主权、委任统治权，或权力管辖下的领土内履行而丧失其国际性质。

必须说明，《华沙航空货运公约》不适用于根据国际邮政公约规定的运输事项。

9.2.2 空运单

1. 空运托运单

1929 年《华沙航空货运公约》将空运单证称为空运托运单（Air Con Signment Note，ACN）。按《华沙航空货运公约》的规定，承运人有权要求托运人填写空运托运单，每件货物应填写一套单证，承运人应接受托运人填写的空运托运单。每一套托运单应有正本三份，并与货物一起交承运人，其中：第一份注明交承运人，由托运人签字；第二份交收货人，由托运人签字后随同货物运送；第三份货物受载后由承运人签字交给托运人。

除托运单外，托运人还要向承运人提交有关货物运输和通过海关所必需的单证，如发票、装箱单等，以便能及时办理海关手续，迅速将货物送至收货人手中。空运托运单应填写的主要内容有：填写空运托运单的地点、日期、起运地、目的地、中转地、发货人、收货人、货物名称、付款方式、重量、尺码等。空运托运单上这些内容均由托运人填写，或由承运人根据托运人申述的内容填写。如填写或申述错误，后果均由托运人自负。

根据《华沙航空货运公约》规定，空运托运单是订立合同、接受货物运输条件，以及关于货物详细内容的初步证据，但其中有关货物数量、件数尺码、货物状态的声明并非对承运人的声明，除非在接受货物时，承运人已当场予以核对。如承运人接受并承运了没有填写空运托运单的货物，或在空运托运单上没有包括上述内容，承运人则无权引用《华沙航空货运公约》中有关免除和限制承运人责任的规定。

空运托运单不同于海运提单，它不是货物所有权的凭证。因为空运速度快，通常在托运人将托运单送收货人之前，货物已送至目的地。这在很大程度上排除了通过转让单据来转让货物。在实际业务中，空运单一般都印有“不可转让”字样，通常的做法是：货物运至目的地后，收货人凭承运人的到货通知和有关证明提货，并在提货时在随货运到的空运托运单上签收，而不要求收货人凭托运单提货。

在空运单证方面，1955年《海牙议定书》对《华沙航空货运公约》的修改主要有两点：① 将空运托运单证改为空运单；② 空运单上所记载的内容比原来《华沙航空货运公约》对空运托运单要求的内容有所减少。

从实际业务需求看，空运单的性质和主要作用是：① 空运单是承运人与发货人之间的运输合同；② 空运单是承运人收到托运货物的货物收据；③ 空运单是承运人作为记账的凭证；④ 空运单是海关放行查验时的单据；⑤ 空运单可作为保险证书；⑥ 空运单是承运人内部业务处理的依据。

2．空运单的主要内容

（1）空运单填写的地点、日期。

（2）货物起运地、目的地。

（3）约定的经停地点（但承运人保留在必要时变更经停地点的权利，承运人行使这一权利时，不应使运输由于此种变更丧失其国际运输性质）。

（4）托运人的名称、地址。

（5）第一承运人的名称、地址。

（6）收货人的名称、地址。

（7）货物包装的方式、特殊标志、件数、号码。

（8）货物名称、性质。

（9）货物数量、重量、体积、尺码。

（10）货物和包装的外表状况。

（11）如运费已付，应写明运费金额、运费支付日期、运费支付地、运费支付方。

（12）如运费为到付时，则应写明货物的价格，必要时应写明应支付的费用。

（13）如为货物申报价，则应写明申报的价值。

（14）航空货运单的份数。

（15）附航空货运单交给承运人的凭证。

（16）如双方已议定运输期限、运输路线，则也一并在运单上注明。

（17）有关运输受《华沙航空货运公约》的约束等。

如果承运人在接受货物时没有填写空运单，或空运单中没有包括上述第 1～9 项及第 17 项的内容时，那么承运人无权引用《华沙航空货运公约》中关于免除或限制承运人责任的有关规定。

对于空运单中所填写的关于货物的说明或声明的准确性，托运人负有绝对责任。如因为这些说明或声明不完全、不准确，致使承运人或任何其他人遭受损失，托运人应承担赔偿责任。

在没有相反证据时，空运单是接受货物和承运条件的合同或合同证明。任何有关货运单中货物的重量、尺码、包装、件数的说明，均应被认为是准确的，除非经承运人和货物托运人已当面查对，并且在货运单中注明。

9.2.3 运输变更

货物托运人在履行运输合同所规定的一切义务的条件下，有权要求：① 起运地航空站或目的地航空站将货物收回；② 在途中经停地点中止货物运输；③ 在目的地或运输途中将货物交给非航空货运单中指定的收货人；④ 要求将货物运回起运地航空站。

上述运输变更权利的行使不得使承运人或其他人遭受因运输变更而造成损失，并应支付由此而发生的一切费用。当承运人接到货物托运人要求运输变更通知，而事实上已执行时，即应通知货物托运人。如果承运人根据托运人的指示交货，但没有要求出具其所签的空运单，致使该空运单的持有人遭受损失时，承运人应承担责任，但并不妨碍承运人向托运人要求追偿的权利。

在货物运抵目的地航空站后（除另有约定），承运人应在货物抵达后通知收货人，收货人在付清应付费用和履行空运单上的条件后，有权要求承运人根据空运单交付货物。

如承运人已承认货物发生灭失，或者货物在应抵达的日期后 7 天内仍未抵达，则收货人有权向承运人行使运输合同所规定的权利。

此外，货物托运人应提供必需的有关资料、文件，以利于货物在交付给收货人时能顺利履行海关、税务或其他有关手续，并且应将这些资料、文件附在空运单后面。由于托运人因提供这些资料、文件不足、错误、不符有关规定造成的任何损失，由托运人承担责任。对承运人来说，没有义务检查这些资料、文件的齐全、准确与否。

9.2.4　承运人的责任和豁免

根据《华沙航空货运公约》的规定，空运承运人应对货物在空运期间所发生的货物灭失、损害或延误交货承担责任。所谓空运期间，是指货物交由承运人掌管的整个期间，不论货物是在机场，或是装上飞机，或是在机场外降落的任何地点。如在机场外为了装载、交货、转运而引起的灭失、损害，除了相反的证据外，仍应视为在空运期间发生的损害。

除外责任包括以下内容。

（1）如承运人能证明他或他的雇用人已采取一切必要的措施，以避免损失的发生，或能证明他或他的雇用人员不可能采取这种防范措施，则承运人对货损不负责任。

（2）如承运人能证明货物的灭失或损害系由于受损人的过失引起或促成时，可免除承运人全部或部分责任。

（3）如承运人能证明货物的灭失或损害系由领航上的疏忽或飞机操作上的疏忽和驾驶上的失误引起的，并能证明他和他的代理人已在一切方面采取了必要的措施，以避免损失，承运人对此损失不负责任，但此项对旅客人身伤亡不适用。

9.2.5　承运人的责任限制

《华沙航空货运公约》规定，承运人对货物的灭失、损害或延迟交货的责任，以货物毛重每千克 250 金法郎为限。如果托运人在货物托运时已声明了货物的价值，并支付了附加运费，则不在此限内。除非承运人能证明托运人所申述的金额超出了交货时货物的实际价值。

必须说明，如货物遭受的损害、灭失或延误交货系由于承运人雇用人员的故意行为所引起，承运人则无权引用公约中有关责任限制和免除承运人责任的免责条款。

9.2.6　托运人和收货人的权利与义务

托运人应对在空运单上所填关于货物的各项说明和声明的准确性负责。托运人应提供各种必要的材料，以便在货物交付收货人以前完成海关、税务或公安手续，这些必要的有关证件应附在空运单后面。

托运人在履行运输契约所规定的一切义务的条件下，有权在起运地航空站或目的地航空站将货物提回，或在途中经停时中止运输，或在目的地或运输途中交给非航空货运单上所指定的收货人，或要求将货物退回起运地航空站。

货物抵达目的地后，在收货人交付了应付款项和履行运单中规定的运输条件后，有权要求承运人移交运单并交付货物。

9.2.7 索赔通知与诉讼时效

根据《华沙航空货运公约》的规定，在货物遭受损害的情况下，收货人或有关当事人应于发现后向承运人提出书面通知，或在收货后 7 天之内提出书面通知，如上述规定期限内没有提出，则作为托运人须放弃该项索赔。

1955 年的《海牙议定书》对托运人提出的书面通知做了修改，由原来的 7 天改为 14 天，延迟交货由原来的 14 天改为 21 天。

诉讼在 2 年内提起，即从货物到达之日起，或该项货物应到达之日，或从运输终止之日起。过了该期限没有提起诉讼，则视为托运人放弃了该项诉讼。但如果承运人方面有欺诈行为则不在此限。

相关链接

事故索赔的适用条件

A 公司委托 B 航空公司托运一份快件，该快件过磅重量为 8 千克。由 B 航空公司签发空运单，该运单印有“《华沙航空货运公约》和它的修改议定书完全适用本运单”字样。但由于 B 航空公司的原因使 A 公司的快件没有及时到达，导致了 A 公司的巨大的经济损失，A 公司向 B 航空公司要求赔偿。

因该运单印有“《华沙航空货运公约》和它的修改议定书完全适用本运单”字样，所以 B 航空公司应该享受《华沙航空货运公约》和它的修改议定书所规定的责任限制，即每千克赔偿 250 金法郎，B 航空公司应该赔偿 2 000 金法郎。而其余的经济损失不予赔偿。

9.3 国际公路货物运输公约和协定

为了统一国际公路运输所使用的单证和承运人责任，联合国所属欧洲经济委员会负责草拟了《国际公路货物运输合同公约》（CMR）（以下简称《公约》）。《公约》的主要内容是公约适用范围、承运人责任、合同的签订与履行、索赔与诉讼，以及连续承运人合同履行等。

9.3.1 适用范围

《公约》的适用范围如下。

（1）用于公路以车辆运输货物而收取报酬的运输合同，接受货物和指定交货地点依据合同的规定在两个不同的国家，其中至少有一国是缔约国。

（2）如车辆装载运输的货物在运输过程中经由海上、铁路、内陆水路或航空，但货物没有从车辆上卸下，公约仍对整个运输过程适用。但应证明以其他运输方式运输时发生的有关货物的灭失，或损害并非系由于公路承运人的行为或不行为所致，而仅是由于其他运输方式或由于此种运输方式运输时才会发生的原因所致。若发货人与其他运输方式的承运人订立了仅是关于货物运输合同的，则公路承运人之责任不得依本公约予以确定，则应使用其他运输条件的承运人的责任规定予以确定。如没有这些规定的条件，公路承运人的责任仍依据本公约的规定予以确定。

（3）若公路承运人本人也为其他运输方式下的货物运送人，其责任也应依照上述（1）的规定予以确定，但在作为公路承运人和其他运输方式的承运人时，他则具有双重身份。

（4）公路承运人应对其受雇人、代理人或其他人为执行运输而利用其服务的任何其他人的行为或不行为一样承担责任。

9.3.2　运单

在国际公路货运业务中，习惯认为运单的签发是运输合同的成立，因此《公约》规定："运单是运输合同，是承运人收到货物的初步证据和交货的凭证。"

1．运单应记载的主要内容

（1）运单的签发日期和地点。

（2）发货人的名称和地址。

（3）收货人的名称和地址。

（4）承运人的名称和地址。

（5）货物接管的地点、日期和指定的交货地点。

（6）一般常用的货物名称、包装方式，如属危险货物，还应注明通常认可的性能。

（7）货物件数、特性、标志、号码。

（8）货物毛重，或以其他方法表示的数量。

（9）与运输有关的费用（运输费用、附加费、关税以及从签订合同终止之间发生的其他费用）。

2．运单的其他内容

（1）是否允许转运的说明。

（2）发货人负责支付的费用。

（3）货物价值。

（4）发货人关于货物保险和承运人指示。

（5）交付承运人的单据清单。

（6）有关履行运输的期限等。

除这些之外，缔约国还可在运单上列入它们认为有利的事项。

3．运单的性质

长期的公路货运业务和《公约》对运单的性质一般认识如下。

（1）运单是运输合同。

（2）运单是货物的收据、交货的凭证。

（3）运单是解决责任纠纷的依据。

（4）运单不是物权凭证，不能转让买卖。

4．运单的签发及证据效力

《公约》第4条规定："运输合同应以签发运单来确认，无运单、运单不正规或运单丢失不影响运输合同的成立或有效性，仍受本公约的规定约束。"运单有发货人、承运人签字的正本三份，这些签字可以是印刷的，或为运单签发国的法律允许，也可由发货人和承运人以盖章替代。第一份交付发货人，第二份应跟随货物同行，第三份由承运人留存。

当货物准备装载在不同的车内，或在同一车内准备装载不同种类的货物，或多票货物时，发货人或承运人有权要求对使用的每辆车、每种货或每票货物分别签发运单。

9.3.3 发货人责任

在国际公路货物运输全过程中，发货人的责任可归结如下。

（1）没有准确提供自己的名称、地址。

（2）没有在规定的地点、时间内将货物交承运人。

（3）收货人的名称、地址有误，且由发货人提供。

（4）对托运的货物没有说明其准确名称而造成的损失。

（5）对托运的危险货物没有在运单中注明危险特性、危规编号，以及一旦发生意外时应采取的措施。

（6）对运输要求没有做说明。

（7）没有提供办理海关和其他手续所必要的通知。

（8）货物包装不牢、标志不清。

（9）货物内在缺陷引起的货损。

（10）由于发货人的过失造成对第三方的损害。

特别应说明的是，为了办理海关或其他手续，发货人应在运单后附上必需的单证，或者将其交承运人支配和提供给承运人所需的全部情况。对承运人来说，他没有责任调查单证情况的准确与否，除非是由于承运人的行为或过失。对于单证情况的缺陷所引起的损失，发货人应向承运人负责。

由于灭失或不当使用所产生的后果系承运人作为一个代理应负的责任过失所致时，承运人则应承担赔偿责任，但此种赔偿以不超过货物灭失所支付的全部赔偿为限。

9.3.4　承运人责任和豁免

《公约》第 16 条对承运人规定的责任期限为："承运人应对自货物接管之时起至货物交付时止所发生的全部或部分灭失、损害，以及由于运输延误而造成的损失承担责任。"此外，在运输过程中承运人因使用车辆状况不良，或者由于承运人使用他人车辆，或者由于其代理人的过失，给受损人造成损失的，也应同样承担责任。

对于货物原因而造成延误运输的界定，习惯认为，当货物未能在双方规定的时间内交货，或者虽无此种规定，但在通常情况下货物所需要的运输时间超出一个承运人的合理时间时，则应视为延误运输。在分票运输的情况下，如双方规定应交货的时间届满 30 天后，或者未规定交货时间，应从承运人接管货物 60 天后仍未将货交收货人，则应认为货物业已灭失。

如货物的灭失或损害系由下述一种或一种以上情况下产生的，承运人应予免责。

（1）货物的灭失、损害是由于使用无篷敞车引起的，此种使用已在运单中明确规定和有所规定。

（2）货物的灭失、损害是由于无包装或包装不良所致。

（3）由于发货人、收货人或其代理人所从事的货物搬运、积载、卸载。

（4）由于包装上标志不清、号码不完整、不当、错误所致。

（5）承运活的动物。

（6）锈损、腐烂、干燥、渗漏、发霉、发潮是由于货物自然特性所致等。

尽管《公约》对承运人可享受的免责范围做了规定，但某些内容的免责，承运人则负有举证之责。如货物由装有特殊设备的车辆运输，以便保护货物不受热、冷、保温等要求，除非承运人证明他对此种货运设备的使用及其维修已采取了合理措施，否则承运人对货损不能解除责任。

9.3.5　交货责任

当货物运抵指定交货地点，收货人有权凭货物收据要求承运人将第二份运单和货物交给他，如货物业已灭失或没有在规定时间或合理时间内交货，收货人对承运人有权以其名义免除运输合同的任何权利。但收货人在行使这一权利时，则应付清运单中规定的所应支付的费用。一旦此项费用没有支付产生争议，除非收货人已提供担保，否则承运人对货物享有留置权。

此外，在货物运抵收货地点后因具体情况妨碍货物正常交付时，承运人要求发货人给予指示，在收货人拒绝接货时，发货人有权处置货物并需出示第一份运单。必须说明，收货人拒绝提货并不等于收货人无权提货，在承运人没有从发货人那里得到任何指示前，收货人仍享有货物的提货权。

收货人对货物的处理权利是从运单签发之时起，因而在当收货人指示承运人将货物交另一人时，原收货人则视为发货人，而另一人为收货人。

9.3.6 危险货物运输

当发货人将危险货物交由承运人运输时，则应将有关危险货物的种类、性质通知承运人，必要时还应说明所采取的预防措施，并将此种情况记入运单内。运输危险货物所发生的有关货物的灭失或损害，发货人或收货人解除责任的唯一途径是，举证说明承运人在接受危险货物运输时业已了解该货物运输过程中有可能造成危险的事实。如在接受危险货物运输时，承运人并不知道有关该类货物的性质，承运人有权随时随地将其卸载、销毁，或使之损害，并不承担任何责任。

9.3.7 承运人赔偿责任限制

如果货物的灭失或损害发生在承运人责任期限内，且因承运人或其代理人过失所致，承运人对此项灭失或损害承担赔偿责任：

（1）凡根据本公约所规定的内容进行货物运输时，承运人对全部或部分货物的灭失赔偿，并依照接运地点、时间的货物价值计算。

（2）有关货物的价值应根据货物交易价格，如无此项价格时则应根据当时市场价。如既无交易价格、又无当时市场价，则应依照同类、同品名货物的通常货价决定。

（3）货物毛重每千克的赔偿不超过 8.33 特别提款权。

（4）当货物发生全部灭失时，有关运输费用、关税，以及因货物运输发生的其他费用应全部偿还。如是部分货物灭失，则应按比例赔偿。

（5）在延误损失赔偿情况下，承运人承担的最高赔偿不超过全部运输费用的总和。

（6）只有在申报货物价值，并支付了附加运费的情况下，才能得到较高的赔偿。

如货物的灭失或损害是由于承运人或其代理人、受雇人的故意不当行为所致，则承运人无权享受责任限制。

9.3.8 连续承运人的责任

1. 受损人的诉讼对象

在国际公路货物运输过程中，如是由几个承运人共同完成货物全程运输，则每一承运人对全程运输负责，每一承运人即成为运单条款或运输合同的当事人一方。连续承运人，即从前一承运人那里接受货物的承运人，应给前一承运人签署收据，并在运单上写上名字、地址。必要时有权在运单中对所接受的货物做出保留，对于运单的性质和作用同样适用于承运人之间的关系。有关运输过程中发生的货物灭失、损害或延误运输，受损人可向：① 第一承运人提起诉讼；② 最后一个承运人提起诉讼；③ 造成货物灭失、损害的实际承运人提起诉讼。

2. 责任的承担

上述赔偿并不影响根据《公约》承运人有权从参加运输的其他承运人那里追偿已付的余额及利息和由于索赔而发生的所有费用，并且需要注意以下几点：

（1）造成货物灭失或损害的承运人应单独承担责任，不管此项赔偿受损人是否已向其他承运人提出。

（2）当货物的灭失或损害是由两个或两个以上的承运人共同过失行为所致时，每一承运人则应按比例分摊相关费用。

（3）如货物的灭失或损害无法确定属某一承运人责任时，则按上述（2）处理。

9.3.9 索赔与诉讼

1. 索赔与诉讼的场所

根据国际公路货运公约所提起的任何法律诉讼，原告可在双方协议中约定的缔约国的任何法院提起，也可在下列地点所属国家法院提起：① 被告通常住所或主要营业所法院；② 合同订立地法院；③ 承运人接管或交付货物地点法院。

一般认为，上述法院做出的裁决是终局性的，但并不妨碍因特殊原因对同一案件提起新的诉讼，但必须是在第一次诉讼的法院所做出的裁决无法在新提起诉讼的国家执行的情况下。如果一个缔约国的法院所做出的裁决能在该国执行而当事人又在其他任何一个缔约国办理有关手续后，并不妨碍该裁决也可在该缔约国执行。

2. 诉讼的时效

有关货物灭失或损害提出的诉讼时效如下。

（1）根据国际公路货运公约因货物运输正常提出的诉讼，其时效为 1 年。

（2）如货物的灭失或损害是由于承运人故意不当行为，或根据受理案件的法院的法律认定是与故意不当行为相等的其他过失，其时效则为2年。

3．诉讼时效的计算

诉讼时效的计算如下。

（1）如货物是部分灭失、损害，或延误运输，自交货之日或应交货之日起算。

（2）如货物是全部灭失、损害，则以双方约定的交货日后满30天起算。如无约定的具体交货日期，则自承运人接受货物之日60天起算。

（3）在所有其他情况下造成的货物灭失或损害，则在运输合同订立后90天起算。

上述时效期限开始之日则不应计算在有效期限内。

9.4 国际铁路货运协定的主要内容

9.4.1 适用范围

《国际铁路货运协定》适用于缔约国之间的货物运输，协定中的内容对承运人、发货人、收货人均有约束力。对参加《国际铁路货运协定》的国家，通过铁路将货物运往未参加该协定的国家（或反向货物的运输），则应按货物协定的附件办理。

下列货物的运输不适用本协定。

（1）货物发站、到站在同一国内，而发送的铁路可通过另一国家过境运输时。

（2）两个国家车站间，用发送国或到达国车辆通过第三国过境运输时。

（3）两国相邻车站间，全程运输使用同一方的铁路车辆，并根据这一铁路的国内规章办理货物运输时。

上述（1）、（2）、（3）提及的货物，可根据各国有关铁路间签订的特别协定办理。

9.4.2 运单所附文件

在货物托运装车之前，发货人必须将为履行海关手续和其他有关规章应办理的文件附在运单上，必要时还应附有证明书和明细表，这些文件只限与运单中所记载的货物有关。发货人在运单上加附的一切文件，应记入“发货人加附的文件”一栏内，并使其牢固地贴附在运单上，以避免运输途中脱落。

如发货人未在运单上附有关货物出口的文件、证明书、明细表等，则应在“发货人声明”或“发货人附加文件”一栏内说明，否则发货站有权拒绝货物承运。

对铁路来说，没有义务检查发货人在运单上附加的文件的准确性与否，并承担责任。相反，如由于附加的文件不齐全、不准确而造成的后果，发货人应对铁路负责。此外，由于这些文件不准确、不齐全致使货物运输、交付发生滞留时，发货人则应支付车辆运输滞留费和货物保管费。

9.4.3 运单

适合铁路运输的单证叫运单。按照《国际铁路货运协定》第 6 条和第 7 条的规定，发货人在托运货物时，应对每批货物按规定的格式填写运单和运单副本，并在填写后向始发站提出，在始发站承运货物（连同运单）时起，即认为运输合同业已订立。

对铁路方面来说，铁路有权检查发货人在运单中所记载的事项是否准确，但此项检查仅限于在海关和其他规章的规定情况下，为保证运输中行车安全和货物完整。

发货人除填写运单外，还应将为履行海关或其他规章所需要的文件附在运单上，以使铁路方面在必要时检查。如发货人未履行此项规定，始发站可拒绝接收该项货物。同时，铁路不对发货人所附的文件准确性负责。

运单由以下几部分组成。

（1）运单正本。运单正本是运输契约，它随同货物到站，并连同货物到达通知单和货物一起交给收货人。

（2）运行报单。运行报单是参加联运各铁路办理货物交接、划分运送责任，以及结算运送费用、统计运量和运费收入的原始依据。它随同货物至到达站，并留存到达站。

（3）运单副本。运单副本于运输契约缔结后交给发货人，但它并不具有运单的效力，仅证明货物已由铁路承运。发货人可凭此副本向收货人结算货款，行使变更运输要求，以及在货物和运单全部灭失时凭此单向铁路提出赔偿要求。

（4）货物交付单。货物交付单随同货物至到达站，并留存到达站。

（5）货物到达通知单。货物到达通知单随同货物至到达站，并同运单正本和货物一起交给收货人。

9.4.4 铁路承运人的责任和豁免

按运单进行货物运输的各铁路承运人，应对货物负连带责任，也就是说，按运单进行货物运输的铁路，应负责货物的全程运输。这是因为每一铁路承运人在接收附有运单的货物时起，已负有参加这一运输并承担由此而产生的责任。

对由于下列原因造成的货物损害，铁路承运人不负责任。

（1）由于铁路不能预防或不能消除的情况。

（2）由于货物自然特性所致。

（3）货物的灭失、损害系由于发货人、收货人过失。

（4）货物的损害系由于发货人、收货人装卸过失所致。

（5）使用敞车类货车运送货物（路运规章许可除外）。

（6）包装不牢、标志不清。

（7）发货人未按协定办理货物托运。

（8）货物自然耗损。

（9）发货人申报内容不准确、不完全、不确切所致。

9.4.5 货物的交付和拒收

当货物运抵终点站后，在收货人付清运单中所记载的一切应付的运输费用后，铁路将运单和货物交给收货人。也就是说，收货人以付清全部费用换取提货的权利。

如收货人在提取货物时，即使发现货物有损害，也不能拒收，只有在货物失去使用价值、毁损、腐烂、质变的情况下才可拒收。如在提取货物时发现货物短少，不能少付运费，收货人仍应按运单规定的货物数量支付运费，只是对少交的那部分货物享有要求赔偿的权利。

如铁路方面在货物应交付日期后30天内仍未交付，收货人也提不出证据，可认为该批货物业已灭失。

9.4.6 铁路对货物的损害赔偿

1. 赔偿的标准

在任何情况下，铁路对货物的损害赔偿不超过全部灭失时的货物款额。通常，对货物的赔偿有这样几种情况：

（1）如发货人有申报价，则按申报价赔偿。

（2）如部分灭失，则按扣除剩余部分销售价。

（3）在延误赔偿时，则按铁路所收运费为基础，主要就延误时间的长短，向货物受损人支付逾期罚款。如延误不超过总运期1/10～4/10，则应支付相当运费罚款的10%；如延误超出总运期4/10，则应支付相当于运费的30%。

对赔偿要求，收货人和发货人都可提出。如发货人要求赔偿，只能向始发站提出；如由收货人要求赔偿，则只能向终点站提出。

2. 提出赔偿应注意的事项

不管发货人，还是收货人，在提出赔偿要求时应做到以下几点。

（1）在货物全部灭失时，如系由发货人提出，发货人应提出运单副本；如系由收货人提出，应提出运单副本和运单正本。

（2）在货物部分灭失或毁损、腐烂时，发货人或收货人除提出运单正本和运单副本外，还要有终点站交给收货人的商务记录。

（3）货物在延误运送时的赔偿要求，由收货人提出。铁路对发货人、收货人的赔偿要求，应从接到申请赔偿要求之日起，在 180 天内做出答复。

9.4.7　运输合同的变更

《国际铁路货运协定》第 19 条规定，发货人和收货人都有权对运输要求变更，但此种变更只有一次，而且在变更运输合同时，不准将同一批货物分开办理。

1．发货人对运输合同的变更

发货人可对运输合同做下列变更。

（1）在始发站将货物领回。

（2）变更终点站。

（3）变更收货人。

（4）将货物运回始发站。

2．收货人对运输合同的变更

收货人可对运输合同做下列变更。

（1）在到达国范围内变更货物的到达站。

（2）变更收货人。

3．不能变更的特殊情形

下列情况铁路不受理变更。

（1）应执行变更运输合同的车站，在接到申请书或由发站或到站发来的电报通知后已无法执行。

（2）此种变更违反铁路营运管理时。

（3）此种变更与参加运送铁路所属国家现行法令和规章有抵触时。

（4）在变更到站情况下，货物的价值不能抵偿运到新指定到达站的一切费用时。

在变更运输合同情况下，铁路方面应按有关规定向收货人、发货人核收各项运杂费用。

复习思考题

选择题

（1）国际铁路货运协定适用于缔约国之间的货物运输，协定中的内容对（　　）、发货人、收货人均有约束力。

A. 承运人　　B. 海关　　C. 铁路部门　　D. 交通部门

（2）《海牙规则》规定的诉讼时效为（　　）。

A. 半年　　B. 1年　　C. 2年　　D. 3年

（3）在任何情况下，铁路对货物的损害赔偿不超过（　　）的货物款额。

A. 部分灭失时　　B. 半数灭失时　　C. 全部灭失时　　D. 1/3灭失时

（4）如果铁路方面在货物应交付日期后（　　）内仍未交付货物，收货人也提不出证据，可认为该批货物业已灭失。

A. 15天　　B. 20天　　C. 25天　　D. 30天

（5）如果承运人已承认货物发生灭失，或者货物在应抵达的日期后（　　）内仍未抵达，则收货人有权向承运人行使运输合同中所规定的权利。

A. 7天　　B. 15天　　C. 30天　　D. 60天

简答题

（1）《华沙航空货运公约》的适用范围是什么？

（2）《海牙规则》存在的主要问题是什么？

（3）承运人的除外责任包括哪些内容？

（4）《国际公路货物运输合同公约》的适用范围是什么？

（5）对于哪些原因造成的货物损害，铁路承运人不负责任？

实 训 题

水果遭窃是否可获赔偿

山东 A 水果批发商要用两个火车皮将水果运往东北，因车皮紧张，只好采用敞篷车。为了保证货物的安全，特地安排人员进行押运。但货到目的地后发现水果遭窃，A 水果批发商向铁路有关部门提出赔偿要求。

问题

该要求是否合理？如果合理应该如何赔偿？

分析点评：这要看山东 A 水果批发商和铁路部门签订的运输合同或约定的权利、责任和义务，合同规定或约定属于谁的责任范围，就由谁来承担。

（资料来源：杨志刚，孙明，吴文一. 国际货运代理实务法规与案例[M]. 北京：人民交通出版社，2006.）

第10章 国际货运代理与报关业务

本章学习目标

- ◆ 了解进出境运输工具报关；
- ◆ 掌握报关工作的主要内容；
- ◆ 了解通关制度与通关程序。

一切进出口货物必须经由设有海关的海港、空港、车站、国际邮件交换站、国界孔道进出，并应按海关规定办理申报，以便于海关进行监管、征收关税和编制海关统计，这种申报手续就是通常所说的报关（Apply to the Customs）。货物只有在办完报关手续，经海关查验与申报内容相符后予以放行，进口货物才能动用，出口货物才能运出。如不按规定申报，故意逃避海关监管，即为走私，海关对走私行为将予以严厉打击。

10.1 报关业务概述

10.1.1 海关管理与报关概述

《中华人民共和国海关法》（以下简称《海关法》）第 8 条规定："进出境运输工具、货物、物品，必须通过设立海关的地点进境或者出境。"

海关是国家的进出关境监督管理机关。一切进出关境的运输工具、货物、物品都必须置于海关监管之下。作为货代企业及其从业人员应遵纪守法并应熟悉海关的各项有关规定。

1．海关的性质

《海关法》第 2 条规定："中华人民共和国海关是国家的进出关境监督管理机关。"

（1）海关是国家行政机关。海关是国家行政机关之一，从属于国家行政管理体制，属我国最高国家行政机关——国务院的直属机构。海关对内和对外代表国家依法独立行使行政管理权。

（2）海关是国家进出境监督管理机关。海关依照有关法律、行政法规并通过法律赋予的权力，制定具体的行政规章和行政措施，对特定领域的活动开展监督管理，以保证其按国家的法律规范进行。海关监督管理的对象是所有进出关境的运输工具、货物、物品。

（3）海关的监督管理是国家行政执法活动。海关通过法律赋予的权力，对特定范围内一定社会经济活动进行监督管理，并对违法行为依法实施行政处罚，以保证这些社会经济活动按照国家的法律法规进行。因此，海关的监督管理是保证国家有关法律、法规实施的行政执法活动。

2．海关的任务

《海关法》第 2 条规定："海关依照本法和其他有关法律、行政法规，监管进出境的运输工具、货物、行李物品、邮递物品和其他物品，征收关税和其他税、费，查缉走私，并编制海关统计和办理其他海关业务。"因此，海关有以下 4 项基本任务。

（1）监管。海关监管是指海关运用国家赋予的权力，通过一系列管理制度与管理程序，依法对进出境运输工具、货物、物品及相关人员的进出境活动所实施的一种行政管理。海关监管是一项国家职能，其目的在于保证一切进出境活动符合国家政策和法律的规范，维护国家主权和利益。海关监管分为运输工具监管、货物监管和物品监管三大体系。

监管是海关最基本的任务，是 4 项任务的基础，海关的其他任务都是在监管工作的基础上进行的。

（2）征税。海关的第二项任务就是代表国家征收关税和其他税、费。关税是指由海关代表国家，按照《海关法》和进出口税则，对准许进出口的货物、进出境的物品征收的一种税。其他税、费是指在货物进出口环节，由海关代征的有关国内税、费，目前主要有增值税和消费税等。

海关征税工作的基本法律依据是《海关法》、《中华人民共和国进出口关税条例》（以下简称《进出口关税条例》）。

（3）查缉走私。查缉走私是指海关依照法律赋予的权力，在海关监管场所和海关附近的沿海沿边规定地区，为发现、制止、打击、综合治理走私活动而进行的一种调查和惩处活动。查缉走私也是海关为保证顺利完成监管和征税等任务而采取的保障措施。

相关链接

走私的定义

走私是指进出境的当事人或相关人违反《海关法》及有关法律、行政法规，逃避海关监管，偷逃应纳税款、逃避国家有关进出境的禁止性或限制性管理，非法运输、携带、邮寄国家禁止、限制进出口或依法应当缴纳税款的货物、物品进出境，或者未经海关许可并且未缴应纳税款、交验有关许可证件，擅自将保税货物、特定减免税货物及其他海关监管货物、物品、进境的境外运输工具在境内销售的行为。

走私对国家危害性极大，必须予以高度重视、严厉打击。《海关法》规定："国家实行联合缉私、统一处理、综合治理的缉私体制。海关负责组织、协调、管理查缉走私工作。"海关是打击走私的主管机关。此外，为了严厉打击走私犯罪活动，根据党中央、国务院的决定，我国组建了专门打击走私犯罪的海关缉私警察队伍，负责对走私犯罪案件的侦查、拘留、执行逮捕和预审工作。另外，根据我国的缉私体制，公安、工商、税务、烟草专卖等部门也有查缉走私的权力，但这些部门查获走私案件，必须按照规定统一处理。

（4）编制海关统计。海关统计是以实际进出口货物作为统计和分析的对象，通过收集、整理、加工处理进出口货物报关单或经海关核准的其他申报单证，对进出口货物的品种、数（重）量、价格、国别（地区）、经营单位、境内目的地、境内货源地、贸易方式、运输方式、关别等项目分别进行统计和综合分析，全面、准确地反映对外贸易的运行态势，以及提供统计信息和咨询，实施有效的统计监督。

海关统计是国家进出口贸易统计和国民经济统计的组成部分，是国家制定对外经济贸易政策、进行宏观调控、实施海关严密高效管理的重要依据，是研究我国对外经济贸易发展和国际经济贸易关系的重要资料。

3. 海关的权力

海关的权力是指国家为保证海关依法履行职责，通过《海关法》和其他法律、行政法规赋予海关的对进出境运输工具、货物、物品进行监督管理的权力。海关的权力属于公共行政职权，其行使受一定范围和条件的限制，并应当接受执法监督。

相关链接

海关的权力

（1）行政许可权。包括对报关企业注册登记的许可，对从事海关监管货物的仓储、转关运输货物的境内运输的许可，对加工装配的备案、变更和核销业务的许可，对报关员的报关从业资格的许可等。

（2）税、费征收权。包括代表国家依法对进出口货物征收关税和其他税费、依法对特定进出口货物减征或免征关税及依法补征、追征关税等。

（3）行政监督检查权。行政监督检查权是海关保证其行政管理职能得到履行的基本权力，主要有检查权，查验权，查阅、复制权，查问权，查询权，稽查权等。

（4）行政强制权。包括扣留权，滞报金、滞纳金征收权，提取货样、施加封志权，提取货物变卖、先行变卖权，强制扣缴、变卖抵缴关税权，税收保全，抵缴、变卖抵缴罚款权，连续追缉权以及其他特殊行政强制。

（5）佩带和使用武器权。

（6）行政处罚权。

（7）其他行政处理权。

4．报关工作的主要内容

按照《海关法》的规定，所有进出境的运输工具、货物、物品都需要办理报关手续。

（1）进出境运输工具报关的主要内容。进出境运输工具主要包括用以载运人员、货物、物品进出境，并在国际间运营的各种境内或境外船舶、车辆、航空器和驮畜等。

根据《海关法》的规定，所有进出我国关境的运输工具必须经由设有海关的港口、车站、机场、国界孔道、国际邮件互换局（交换站）及其他可办理海关业务的场所申报进出境。

根据海关监管的要求，进出境运输工具负责人或其代理人在运输工具进入或驶离我国关境时，均应如实向海关申报运输工具所载旅客人数、进出口货物数量、装卸时间等基本情况。进出境运输工具负责人或其代理人就以上情况向海关申报后，有时还须根据海关的要求配合海关检查。经海关审核确认符合海关监管要求的，才可以上下旅客、装卸货物。

（2）进出境货物报关的主要内容。进出境货物的报关比较复杂。根据海关规定，进出境货物的报关工作应由依法取得报关员从业资格，并在海关注册登记的报关员办理。进出境货物的报关业务包括以下内容。

1）按照规定如实申报进出口货物的商品编码、实际成交价格、原产地及相应优惠贸易协定代码等，并办理填制报关单、提交报关单证等与申报有关的事宜。

2）申请办理缴纳税费和退税、补税事宜。

3）申请办理加工贸易合同备案、变更和核销及保税监管等事宜。

4）申请办理进出口货物减税、免税等事宜。

5）办理进出口货物的查验、结关等事宜。

6）应当由报关单位办理的其他报关事宜。

（3）进出境物品报关的主要内容。《海关法》规定，个人携带的行李物品、邮寄进出境的物品，应当以自用合理数量为限。所谓自用合理数量，对于行李物品而言，自用指的是进出境旅客本人自用、馈赠亲友而非为出售或出租，合理数量是指海关根据进出境旅客旅行目的和居留时间所规定的正常数量；对于邮递物品，则指的是海关对进出境邮递物品规定的征、免税限制。

5．海关对报关企业和报关员的管理

为了加强对报关单位及其报关员的主体资格管理，规范报关行为，明确报关单位、报

关员的法律地位和法律责任，《海关法》和《海关对报关单位注册登记管理规定》等相关行政法规、规章，明确了一系列报关管理制度。

报关管理制度是指海关依法对报关单位和报关员的注册登记许可、报关单位和报关员的注册登记、报关单位和报关员的报关行为进行规范和管理的业务制度。海关是报关单位注册登记管理的主管机关。

海关对报关企业和报关员的管理规定如下。

（1）凡须向海关办理报关的单位应向海关办理注册登记。登记时须持有国务院或省、自治区、直辖市有关部门批准的开业证件。经海关审查批准后发给报关注册登记证明书，该单位才具有报关的资格。未向海关办理注册登记的企业单位不得向海关办理报关手续。

（2）报关单位在办理注册的同时应确定专人，必须是报关单位的正式职员，负责办理报关事宜，并应将该人的简历、照片送交海关，经海关考核合格后发给报关员证件。

（3）自1997年6月1日起，报关员要参加全国统一考试，经考试合格后才能取得资格证书，然后向海关申请注册。海关对符合规定者发给报关员证（卡），其有效期为一年，跨年度使用必须办理年审，逾期一个月以上不参加年审的则停止报关资格。

（4）报关单位应对报关员的一切报关行为负法律责任。凡进出口货物报关单证上必须盖有报关单位和报关员的印章或签字，否则海关不予受理。报关员不得同时兼任两个或两个以上报关企业的报关工作，更不得挂靠于某报关企业进行报关活动。

（5）报关员必须遵守国家有关进出口的政策、法规和海关的有关规章。如发现有违章、走私行为的，除依法处理外，立即吊销报关员证书。如为挂靠的报关员，还须追究接受挂靠企业法人代表的法律责任。

10.1.2 进口转关运输货物的通关

（1）收货人或其代理应自运输工具申报进境之日起14天内向进境地海关申报转关运输。

（2）申报人应填制中华人民共和国海关进口转关运输申报单（以下简称申报单），一式3份。

（3）如属于凭进口许可证进口的货物，申报人应事先向指运地海关交验进口许可证，经指运地海关审核无误后，由该关签发进口转关运输货物联系单（以下简称联系单）并封交申报人带交进境地海关。

（4）申报人向进境地海关递交申报单、联系单，并随附有关批准证件和货运单证（提单或运单、发票、装箱单等）。

（5）进境地海关接受上述单证，经审核无误后，制作关封（Custom's Cover）交申报人。

（6）申报人按海关指定的路线，在规定的时间内将进口货物运到指运地，并应在货抵指运地海关之日起14日内，向该关呈验关封和办理报关纳税手续。如逾期，由指运地海关征收滞报金。如自运输工具进境之日起 3 个月内未向指运地海关申报，由海关将货物变卖，价款扣除有关费用后上缴国库。

（7）指运地海关办完该批货物的进口手续后，应向进境地海关退寄关封的回执。

10.1.3 出口转关运输货物的通关

（1）发货人或其代理人应向起运地海关申报出口转关运输货物。

（2）申报人应填制出口申报单和出口货物报关单各一式三份，并随附有关的货运、商业单证递交起运地海关。

（3）起运地海关办完接受报关手续后，签发出口转关运输联系单，并将上述有关单证制作关封，交申报人带交出境地海关。

（4）出境地海关于货物出口后，应向起运地海关退寄关封回执。

10.1.4 出口货物退关

对海关已接受申报并查验放行的货物，因故全部货物或部分货物未能装上运输工具出口的，发货人或其代理应自运输工具结关之前或退运之日起 3 天内向海关申报退关。由申报人填报出口货物报关单更改申请书，经海关核准后方能将其货物运出海关监管场所。对已经征收出口税的退关货物，可自纳税之日起 1 年内向海关提出书面申请退税。

10.1.5 海关的其他监管制度

1. 担保制度

担保制度是指向海关缴纳保证金或提交保证函，保证在一定期限内履行所承诺义务的法律行为。根据 1987 年 7 月 1 日起海关实施的《对进出口货物申请担保和管理办法》，对下列情况，海关可接受担保申请。

（1）暂时进出口货物。

（2）国家限制进出口的货物，已领取进出口许可证，但因故未能及时提供的。

（3）在报关时不能交验有关单证（如发票、装箱清单等），但货物已运抵口岸，请求海关先予放行，后补交单证的。

（4）正向海关申办减免手续，而亟待提取或发运的货物，要求海关缓办进出口纳税手续的。

（5）经海关同意，将海关未放行的货物暂存海关监管区以外场所的。

（6）因特殊情况经海关总署批准的。

保函为一式两份（按海关规定的格式），一份由海关留存备案，另一份由报关人收执，以供办理销案之用。保证金应相当于有关货物的进口税费之和。担保期限一般为两个月。

海关收取保证金后应出具收据，以便报关人在销案时凭以领取退还的保证金。

2．保税制度

（1）保税仓库（Bonded Warehouse）。随着国际贸易的不断发展，世界各国进出口货运量大增，特别是在来料、来件、进料加工、补偿贸易、转口贸易日益增加的情况下，如进口时征收关税，复出口时再申请退税，则手续烦琐，也不利于国际贸易的发展。要想既方便这类货物的进出，又使未缴税货物仍处在海关的监管之下，建立保税仓库是解决这一问题的最好办法。这种经海关批准设立在海港、河港、机场、车站或其他地点，并在海关监管下专门存放允许缓纳关税的进出口货物的场所，即为保税仓库。

各国保税仓库的类型不尽相同，功能也不完全一样，但就保税储存这点而言，则是共同的。我国的保税仓库大体上可分为以下 4 种：

1）专业性保税仓库（Specialized Bonded Warehouse）。这是由外贸企业自办的，一般只储存本企业经营的保税货物。比如，纺织品进出口公司自营的保税仓库，就是专门用来储存进口的原料和加工出口的成品。又如，储存专供维修进口设备零件的仓库、储存专供中外国际航行船舶油料的仓库等。

2）公共保税仓库（Common Bonded Warehouse）。这是由具有法人资格的经济实体向海关申请建立的。它面向国内外保税货物持有者。不论谁的货，只要符合海关的法令规定，都可存入这类仓库。

3）保税工厂（Bonded Factory）或专用车间。这是经海关特准并在海关监管之下，专门从事进口料件加工或装配成成品复出口的工厂或车间。它具有加工和存储的双重功能，即进口的料件可先行存放，待有出口合同后再行加工。

4）海关监管仓库。主要存放进境而所有人未来提取的货物以及行李物品，或无证到货、单证不齐、手续不完备以及违反海关章程、需要暂存听候处理的货物。这种仓库有的由海关自行管理，有的由海关交由某些仓储企业经营，但由海关行使行政监管职能。

（2）保税货物（Bonded Goods）。保税货物是指经海关批准未办理纳税手续进境、在国内储存、加工、装配后复出境的货物。

保税货物如在规定的期限内（通常为 1 年）复运出境，经海关批准便可核销。如转为内销，进入国内市场，则必须事先提供进口许可证和有关证件，正式向海关办理进口手续并缴纳关税，货物才能出库。

（3）保税区（Bonded Zone）。所谓保税区，是指一个国家在边境上或其他地方划出一个特殊区域，由海关实行封闭管理，海关对进出区内的货物免征关税。在保税区内，外国货可连续长期存放，存放期限各国不同。如逾期或加收费用或放弃货物，由海关拍卖，所得货款除抵偿关税、仓租及其他杂费外，余款发还货主。保税区的商品经批准可进行再包装、升级、挑选、抽样等业务活动。如将货物运进所在国国内，则在货物离开保税区时要向海关办理进口手续并照章纳税。现在世界上许多国家和地区都建立了保税区，它已成为发展国际经济贸易的有效形式。我国现在上海、天津、大连、张家港、宁波、马尾、厦门、青岛、广州、珠海、深圳、沙头角、盐田、汕头、海口设有 15 个保税区。

（4）自由贸易区（Free Trade Zone）。自由贸易区又称自由区。它是指主权国家在其关境以外划出一定的区域，允许外国商品进入该区域可豁免海关管制和关税，并可以从事储存、分级、加工制造和销售等工商业活动。

自由贸易区通过集散商品、转口贸易、兴办加工制造业以吸引外资，繁荣经济，扩大就业，增加外汇收入，从而促进该国的经济发展。

（5）经济特区。经济特区是指在一国或地区的关境以外，划出一定的区域，在此区域内实行特殊的经济政策，以促进该国该地区经济贸易的发展。

10.1.6　报关员

1. 报关员的定义

根据我国法律规定，报关员是指已取得相关资格证书，经海关批准注册、向海关办理进出口货物报关业务，并以此为职业的人员。

报关员资格考试是由海关总署组织的全国性考试。考试通过即获得报关员从业资格，若要成为正式的报关员，还必须经过海关注册批准。

2. 报关员的权利与义务

（1）报关员的权利。

1）报关员应在所在地关区内办理所在报关单位授权的报关业务。

2）报关员对海关的行政处罚和进出口货物的征税、减税、补税或退税决定不服的，有权向海关申请复议或向人民法院起诉。

3）报关员有权根据国家法律、法规对海关工作进行监督，并对海关工作人员的违法、违纪行为进行检举揭发和控告。

4）报关员有权拒绝办理单证不真实，手续不齐全的报关业务。

5）报关员有权举报报关活动中的违规走私行为。

（2）报关员的义务。

1）遵守国家有关法律、法规和海关规章，熟悉所申报货物的基本情况。

2）提供齐全、正确、有效的单证，准确、清楚地填制进出口货物报关单，并依法向海关申请办理进出口货物的报关手续。

3）海关查验进出口货物时，应按时到场，负责搬移货物、开拆和重封货物的包装。

4）负责在规定的时间内办理缴纳所报进出口货物的各项税费的手续、海关罚款手续和销案手续。

5）配合海关对走私违规条件的调查。

6）协助本企业完整保存各种原始报关单证、函电等资料。

7）参加海关召集的有关报关业务的会议或培训。

8）承担海关规定报关员办理的与报关业务有关的工作。

3．报关员资格考试管理

（1）报考条件。

1）年满18周岁，具有完全民事行为能力。

2）具有良好的品行。

3）具有高中或中等专业学校以上学历。

下列3类人员不能参加资格考试：触犯刑法被判处有期徒刑，刑满不到5年者；因在报关活动中发生走私或严重违反海关规定行为，被海关吊销报关员资格证书未满3年者；海关规定不能从事报关工作的其他人员。

（2）考试手续。

根据近几年海关总署下发的有关报关员资格全国统一考试的通知精神，申请报关员资格考试应向主管海关提交下列证件：高中或中等专业学校以上学历或毕业证明（原件）、身份证、近期免冠同底版小2寸彩色证件照片3张。报名时要真实填写报关员资格全国统一考试报名表。

海关经办人员审核上述证件符合报名条件的，向申请人颁发准考证。对资格考试合格者颁发报关员资格证书。

报关员资格证书是指可以从事报关工作的专业技术资格证明。取得证书者在2年内若没有进行报关注册从事报关工作，应在第3年重新接受海关培训，过期不培训则证书自动失效。

10.2 通关制度与通关程序

10.2.1 通关制度概述

通关制度是指货物在进出境环节完纳进出口税费，并办结了各项海关手续后，进口货物可以在境内自行提取，出口货物运离关境可以自由流通的制度。其主要特点如下。

（1）必须在进出境环节完纳进出口税费。进出境环节即货物提取或装运前的通关环节。进出口税费是指货物在通关时，因其直接发生了一次合法的进口或出口，在海关税法上被规定应税，而须向海关缴纳的关税、国内税及其他费用；完纳则是指按照《进出口税则》的税率全额计征。但是，对于《进出口税则》规定零税率的或《进出口关税条例》列明免予征税（即法定减免）的进出口货物则无须缴纳进出口税费。

（2）进出口时交验相关的进出境国家管制许可证件。根据进出口货物涉及的各项进出境国家管制，货物在进出口前应该办妥审批手续，其许可证件通关时随报关单一并向海关交验。

（3）货物在提取或装运前办结海关手续。适用一般进出口通关制度的货物在申报、接受查验并缴清进出口税费，经海关复核放行后，报关人方能提取或装运。对于适用一般进出口通关制度的货物而言，海关放行即意味着通关货物的各项海关手续业已办结。

（4）货物进出口后可自由流通。所谓自由流通，是指货物在海关办结了海关手续，即可由报关人自行处理。一般进出口货物进口后或出口运离关境后可以自由流通，不再接受海关监管。

10.2.2　进出口货物的通关程序

进出口货物的通关程序一般分为接受申报、查验货物、计征税费和签章放行 4 个环节。

1．接受申报

由进出口货物的收货人、发货人或其代理人向海关办理申请。具体手续由报关企业的报关员办理。

进口货物应自运输货物的工具申报进境后 14 天内办理报关。如逾期报关应自 15 天起，按到岸价的 0.5‰征收滞报金；自运输工具申报进境之日起超过 3 个月且无特殊原因的，由海关对货物进行变卖，价款上缴国库。对于出口货物应在装运前 24 小时办理报关。

2．查验货物

一切进出口货物除经海关总署特准免验的以外，都必须由海关进行查验，以确定是否与所申报的单证相符，有无残损、短少，能否满足审价、征税需要等。查验货物一般在海关监管的场所，如码头、车站、机场的仓库等地进行。对于大宗散货、危险品、鲜活商品、落驳运输的货物，经发货人的申请也可在作业现场查验。查验时报关员应在场，并负责开拆和重封包装。在一般情况下，海关审核单证和查看货件后就可放行。当海关认为需要开验时，报关员必须配合办理开验。

对于集装箱货物，在确定装箱和拆箱的时间后，应提前一天（24 小时）通知海关，以便海关派关员到现场查验。如要求在进口到达地或者出口起运地（海关）办理报关的，只要具备海关监管和转运条件，并报经入境地和起运地海关同意后，即可按规定办理。

3．计征税费

征收关税是海关的任务之一，进口货物的收货人、出口货物的发货人、进出境物品的所有人是依法缴纳关税的义务人。我国海关现有 6 643 个 8 位数编码税目，海关根据“依率计征、依法减免、正确估价、科学归类、严肃退补、及时入库”的征税原则对所申报进出境的货物逐笔审定完税价格。

（1）进口货物一般以 CIF 价格作为完税价格。如 CIF 价格经海关审查不能确定的，依次按照如下方法估定完税价格。

1）从该项进口货物同一出口国或地区购进的相同或类似货物的成交价格。

2）该项进口货物的相同或类似货物在国际市场上公开的成交价格。

3）该项进口货物的相同或类似货物在国内市场上的批发价格，减去进口关税、进口环节其他税费及进口后的正常运输、储存、营业费用和利润后的价格。

4）按上述规定仍不能确定货物成交价格时由海关按照合理方法估定的价格。

计算进口关税税款的基本公式为：

$$\text{进口关税税额}=\text{完税价格}\times\text{关税税率}$$

$$\text{完税价格}=\ \text{CIF}=\frac{\text{FOB}+\text{运费}}{1-\text{保险费率}}$$

（2）出口货物以海关审定的货物售予境外的离岸价格（FOB）扣除出口关税作为完税价格。FOB 价格不能确定的，完税价格由海关估定。

计算出口关税税款的基本公式为：

$$\text{出口税税额}=\text{完税价格}\times\text{出口税税率}$$

$$\text{完税价格}=\frac{\text{FOB}}{1+\text{出口税率}}$$

税款一经确定，海关即填发税款缴纳证交纳税义务人。纳税义务人应在规定期限内向指定银行缴纳税款。

4．签章放行

海关经过审核单证，查验货物，没有发现不正常情况，并按规定期限办完征税手续（纳税人应自海关开出税单的次日起 7 天内缴纳税款，逾期由海关按税款的 1‰征收滞纳金）的货物，就在货运单据（提货单，装货单或运单）上签印放行，以便收货人、发货人办理提取或托运（装船、装车、装机）。但对有下列情况之一的进出口货物则不予放行。

（1）单证、货件或商标上有政治性错误或反动、色情、丑恶内容的。

（2）单证不齐全或不符合规定，禁止、限制进出口的货物，或者国内外有配额的出口货物而没有许可证件的。

（3）货物的标记唛头、名称、品质规格、数（重）量与单证所列不符的。

（4）有违反国家进出口政策、法令规定或经上级指示不准放行的。

10.2.3　海关对监管仓库的管理

经海关批准，尚未确定最终流向的进口货物在境内存入指定的海关监管仓库，可以享受暂免纳税的待遇，这是海关实行的保税制度的重要组成部分。存入监管仓库的目的在于使进口货物暂缓缴纳进口税，在等待进入贸易或生产环节时不占用企业的资金。因此，海关监管仓库是进出口企业可以充分利用的一种以仓库为依托、以储存为基础的重要保税形式。根据我国海关规定，货物可以以寄售、维修、免税销售、转口、结转加工等为目的临时进口，存放于经海关注册登记的监管仓库，再根据经营需要将货物提离仓库，实际用于上述目的。如果在 1 年储存期内无法实现上述经营目的，货物将复运出境或经办理进口手续后转为内销。

1. 保税监管仓库应具备的条件

（1）经工商行政管理部门注册登记，具有法人资格。

（2）注册资本最低限额为 300 万元人民币。

（3）具备向海关缴纳税款的能力。

（4）经营特殊许可商品存储的，应当持有规定的特殊许可证件。

（5）经营备料保税仓库的加工贸易企业，年出口额最低为 1 000 万美元。

（6）具有专门存储保税货物的营业场所。

2. 保税仓库经营人的责任

保税仓库经营企业应当如实填写有关单证、仓库账册，真实记录并全面反映其业务活动和财务状况，编制仓库月度收、付、存情况表和年度财务会计报告，并于每月 5 日前以计算机电子数据和书面形式报送主管海关。

保税仓储货物在存储期间发生损毁或者灭失的，除不可抗力外，保税仓库应当依法向海关缴纳损毁、灭失货物的税款，并承担相应的法律责任。

3. 存入监管仓库货物的报关

存入监管仓库货物的报关和一般进出口货物报关在程序上有很大区别。一般进出口货物报关程序主要是进出境报关阶段。监管仓库货物的报关程序除了和一般进出口报关程序一样有进出境报关外，还有备案、申请保税和报核申请结案。

（1）备案、申请保税。经海关批准的保税监管仓库，在每一批货物进境入库之前必须按照每一批货物为单位进入备案申请保税的环节：仓库经营人向主管海关提出保税申请，主管海关审核后批准保税，仓库经营人凭海关批准保税的单证办理申报货物进境入库手续。

（2）进出境报关。存入监管仓库的货物在进出境时和其他货物一样需完成进出境报关程序。与一般进出口货物报关程序不同的是，这些货物暂缓纳税，不进入纳税环节。

（3）报核申请与结案。报核申请与结案的具体环节是：企业报核、海关受理、实施核销、结关销案。所有经海关批准的监管货物都必须按规定由监管货物的经营人向主管海关报核，海关受理报核后进行核销，核销后视不同情况，分别予以结关销案。海关通过监管仓库经营人和货主两个途径了解存入监管仓库的货物的存储、提取情况。

相关链接

监管仓库的分类

监管仓库按照使用对象不同分为公用型保税监管仓库和自用型保税监管仓库。公用型保税监管仓库由主营仓储业务的中国境内独立企业法人经营，专门向社会提供保税仓储服务。自用型保税监管仓库由特定的中国境内独立企业法人经营，仅存储供本企业自用的保税货物。

保税监管仓库中专门用来存储具有特定用途或特殊种类商品的称为专用型保税监管仓库。专用型保税监管仓库包括液体危险品保税监管仓库、备料保税监管仓库、寄售维修保税监管仓库和其他专用型保税监管仓库。

- 液体危险品保税监管仓库，是指符合国家关于危险化学品仓储规定的，专门提供油、成品油或其他散装液体危险化学品保税仓储服务的保税仓库。
- 备料保税监管仓库，是指加工贸易企业存储为加工复出口产品所进口的原材料、备及其零部件的保税仓库，所存保税货物仅限于供应本企业。
- 寄售维修保税监管仓库，是专门存储为维修外国产品所进口寄售零配件的保税仓库。

10.2.4 加工贸易的备案与核销

从广义上讲，加工贸易是指外国企业以投资的方式把某些生产能力转移到东道国，或者利用东道国已有的生产能力为自己加工装配产品，然后再运出东道国对外销售。从狭义上讲，加工贸易是指部分国家对来料或进料加工采用海关保税监管的贸易。

1. 进料加工贸易合同的备案

进料加工贸易合同的备案是指我国有关经营单位进口部分或全部原料、材料、辅料、元器件、零部件、配套件和包装物料（简称进口料件），由国内生产者加工成成品或半成品后再销往国外市场的贸易方式。

经营单位或企业应在签订进料加工合同后及货到之前，向海关申请合同备案，办理进料加工登记手册或对外商投资企业履行产品出口合同所需进口料件加工复出口登记手册，凭手册办理进料加工货物进出口通关手续。

2．来料加工贸易合同的备案

来料加工贸易合同的备案是指由国外厂商提供一定的原材料、辅助材料、零部件、元器件、包装材料（简称料件），必要时提供机器设备及生产技术，委托国内企业按国外厂商的要求进行加工、装配，成品由国外厂商负责对外销售，国内企业按合同规定收取加工费的一种贸易方式。

企业在签订来料加工合同后及货到之前，应提前向海关申请合同备案，办理加工、装配进出口货物登记手册，企业凭手册办理来料加工货物进出口通关手续。

3．加工贸易进口料件银行保证金台账制度

加工贸易进口料件银行保证金台账制度，是指经营加工贸易的单位或企业凭海关核准的手续，按合同备案金额向指定银行申请设立保证金台账，加工成品在规定的期限内全部出口，经海关核销合同后，由银行核销保证金台账。加工贸易企业设立台账时的具体做法可分为不纳入保证金台账制度、实转和空转三种。

海关对从事加工贸易的企业实行分类管理，根据企业年加工实绩和遵守国家法律的状况，将企业分为 A、B、C、D 四类。国家对加工产品分为允许类、限制类和禁止类。A 类企业不实行银行保证金台账制度，B 类企业和 C 类企业均实行银行保证金台账制度。对 C 类企业和加工生产限制类产品的 B 类企业，以及首次开展加工贸易并生产限制类产品的企业，海关通过银行保证金台账对其加工贸易进口料件收取应征进口关税和进口环节增值税等值的保证金，产品出口后予以退还。D 类企业是发生过走私行为的企业，不得从事加工贸易，特殊情况下，经海关批准从事加工贸易的，由海关按进口料件的税款金额征收保证金。

加工贸易银行保证金台账是国家对加工贸易业务管理的一项制度，加工生产企业主管海关所在地的中国银行分（支）行各网点是台账设立、核销的办事机构。经营加工贸易单位或企业在加工贸易合同签订后，经外经贸主管部门和海关批准，按合同备案料件金额向指定银行申请设立加工贸易进口料件保证金台账。主管海关根据中国银行签发的银行保证金台账登记通知单或保证金收存凭证及其他有关单证，向经营单位核发加工贸易登记手册。加工成品在规定的加工期限内全部出口，经海关核销后，由银行核销保证金台账。对台账设立和核销进行管理是海关对加工贸易监管的重要环节。

相关链接

加工贸易银行保证金台账

海关根据企业类别和产品类别将加工贸易银行保证金台账分为三种情况：

（1）对实行海关派员驻厂监管或与主管海关实行计算机联网管理保税工厂的 A 类企业、年进出口额 3 000 万美元（自营生产型企业出口额 1 000 万美元）及以上或年加工贸易出口额1 000万美元及以上的A类企业，海关可不对其实行银行保证金台账制度。

（2）对从事加工贸易允许类和限制类商品的其他A类企业、从事加工允许类商品的B类企业，海关对其实行保证金台账制度，但不对其加工贸易进口料件收取与应征进口关税和进口环节增值税等值的保证金，即保证金台账空转。

（3）对从事加工限制类商品B类企业、从事加工允许类和限制类商品的C类企业，海关通过银行保证金台账，对其加工贸易进口料件收取与应征进口关税和进口环节增值税等值的保证金，产品出口后将保证金及利息予以退还，即保证金台账实转。

4．加工贸易合同的核销

加工贸易合同的核销是指加工贸易经营单位在合同执行完毕后，将加工贸易登记手册、进出口专用报关单等有效数据递交海关，由海关核查该合同项下进出口、耗料等情况，以确定征、免、退、补税的海关后续管理中的一项业务。海关的相关监管要求包括以下内容。

（1）经营加工贸易的单位或企业在加工贸易合同执行完毕或最后一批加工成品出口后1个月内应将加工贸易登记手册向备案地海关报核，办理合同核销手续。企业在进入核销环节时或之前，如发现加工实际单耗与原合同备案的单耗不一致的，必须首先办理单耗变更手续。

（2）经营单位必须依法经营，严格按照海关的有关规定行事，单独设立账册，单独堆放料件。

（3）保税进口料件属海关监管货物，自进口之日起至加工成品出口之日止，均应接受海关监管。在监管期限内，未经海关许可，任何单位或个人（包括外商）不能将进口料件和加工成品在境内出售、转让、调换、抵押或移做他用，不可擅自外发加工。

（4）企业要安排专人（报关员或报核员）办理合同的审批、备案、核销以及台账设立和核销手续。

（5）加工贸易企业和加工生产企业对遵守海关有关规定负有共同责任。

（6）对用于加工成品必不可少的、但在加工过程中并没有完全消耗掉的仍有使用价值的物品和生产过程中产生的副次品和边角料，海关根据其使用价值分别估价征税或酌情减免税。对由于改进生产工艺和改善经营管理而节余的料件或增产的成品转为内销时，经海关审核属实，其价值在进口料、件总值规定限额、限值内的可免予征税。

10.2.5 进出口货物的转关运输业务制度

1．概述

（1）转关运输货物的含义和范围。转关运输是指进出口货物在海关监管下，从一个海关运至另一个海关办理某项海关手续的行为，有时被称为跨关区快速通关。

转关运输货物是指按转关运输方式在境内运输的海关监管货物。根据转关运输的各种情况，转关运输货物可以分为以下3类。

1）进口转关运输货物。进口转关运输货物是指由进境地入境后，进口货物的收货人或其代理人向海关申请转关，运往另一设关地点办理进口报关手续的货物。

2）出口转关运输货物。出口转关运输货物是指出口货物的发货人或其代理人在起运地已办理出口报关手续，运往出境地口岸，由出境地海关监管出口的货物。

3）境内转关运输货物。境内转关运输货物是指从境内一个设关地点运往境内另一个设关地点，须经海关监管的货物。

（2）货物申请转关运输的条件。

1）货物申请转关运输应符合的条件如下：① 转关的指运地和起运地必须设有海关；②转关的指运地和起运地应当设有经海关批准的监管场所；③ 转关承运人应当在海关注册登记，承运车辆符合海关监管要求，并承诺按海关对转关路线范围和途中运输时间所做的限定将货物运往指定的场所。

2）不得申请转关的货物主要有以下几种：① 动物废料、冶炼渣、木制品废料、纺织品废物、贱金属及其制成品的废料、各种废旧五金、电机电器产品、废运输设备、特殊需进口的废物、废塑料和碎料及下脚料等；② 可作为化学武器的化学品、化学武器关键前体、化学武器原料、易制毒化学品、消耗臭氧层物质、氯化钠；③ 汽车类，包括成套散件和二类底盘。

（3）转关运输货物的报关方式。

1）提前报关方式。提前报关方式是指进口货物在指运地先申报，再到进境地办理进口转关手续；出口货物在货物未运抵起运地监管场所前，先向起运地海关申报，货物运抵监管场所后再向起运地海关办理出口转关手续的方式。

2）直转方式。直转方式是指进境货物在进境地海关办理转关手续，货物运抵指运地再在指运地海关办理报关手续；出境货物在货物运抵起运地海关监管场所报关后，并在起运地海关办理出口转关手续的方式。

3）中转方式。中转方式是指在收货人、发货人或其代理人向指运地（进口）或起运地（出口）海关办理进出口报关手续后，由境内承运人或其代理人统一向进境地或起运地海关办理进口转关或出口转关手续的方式。

具有全程提运单，需换装境内运输工具的进出口中转货物适用中转方式转关运输；其他进口转关、出口转关及境内转关的货物适用提前报关方式或直转方式办理转关手续。一般情况下，中转方式也适用提前报关方式。

（4）报关要点。

1）转关运输的期限。

- 直转方式转关的期限。直转方式转关的进口货物应当自运输工具申报进境之日起 14 天内向进境地海关办理转关手续，在海关限定期限内运抵指运地之日起 14 天内，向指运地海关办理报关手续。逾期按规定征收滞报金。

- 提前报关方式和中转方式转关的期限。进口转关货物应在电子数据申报之日起5日内，向进境地海关办理转关手续，超过期限仍未到进境地海关办理转关手续的，指运地海关撤销提前报关的电子数据。出口转关货物应于电子数据申报之日起5日内，运抵起运地海关监管场所，办理转关和验放等手续，超过期限的，起运地海关撤销提前报关的电子数据。

2）税率和汇率的适用。

- 直转方式的进口转关货物适用运抵指运地之日的税率和汇率。
- 中转方式和提前报关方式的进口转关货物适用指运地海关接收到进境地海关传输的转关放行信息之日的税率和汇率。
- 运输途中税率和汇率发生重大调整的，各种方式的进口转关货物均适用运抵指运地之日的税率和汇率。

3）转关单证的法律效力。转关货物申报的电子数据与书面单证具有同等的法律效力，对确实因为填报或传输错误的数据，有正当的理由并经海关同意，可做适当的修改或撤销。对海关已决定查验的转关货物，则不再允许修改或撤销申报内容。

2. 报关程序

（1）进口货物的转关手续。

1）提前报关方式的转关。进口货物的收货人或其代理人在进境地海关办理进口货物转关手续前，向指运地海关录入进口货物报关单电子数据。指运地海关提前受理电子申报，同时由计算机自动生成进口转关货物申报单，并传输至进境地海关。

2）直转方式的转关。进口货物收货人或其代理人在进境地录入转关申报数据，持下列单证直接向进境地海关办理转关手续：进口转关货物申报单（广东省内公路运输的，提交进境汽车载货清单）；汽车载货登记簿或船舶监管簿。

3）中转方式的转关。具有全程提运单、需换装境内运输工具的中转转关货物，货物的收货人或其代理人向指运地海关办理进口报关手续后，由境内承运人或其代理人持进口转关货物申报单、进口货物中转通知书、按指运地目的港分列的纸质舱单（空运方式提交联程运单）等单证向进境地海关办理货物转关手续。

（2）出口货物的转关手续。

1）提前报关方式的转关。货物的发货人或其代理人在货物未运抵起运地海关监管场所前，先向起运地海关录入出口货物报关单电子数据。起运地海关提前受理电子申报，生成出口转关货物申报单数据，传输至出境地海关。

2）直转方式的转关。发货人或其代理人在货物运抵起运地海关监管场所后，进入报关程序，向起运地海关录入出口货物报关单电子数据，起运地海关受理电子申报，生成出口转关货物申报单数据，传输至出境地海关。

3）直转的出口转关货物到达出境地后，发货人或其代理人应持下列单证向出境地海关办理转关货物的出境手续：起运地海关签发的出口货物报关单，出口转关货物申报单或出境汽车载货清单，汽车载货登记簿或船舶监管簿。

4）中转方式的转关。具有全程提运单、需换装境内运输工具的出口中转转关货物，货物的发货人或其代理人向起运地海关办理出口报关手续后，由承运人或其代理人按出境运输工具分列舱单，向起运地海关录入并提交出口转关货物申报单、按出境运输工具分列的电子或纸质舱单、汽车载货登记簿或船舶监管簿等单证向起运地海关办理货物出口转关手续。

起运地海关核准后，签发出口货物中转通知书，承运人或其代理人凭此办理中转货物的出境手续。

（3）海关监管货物的转关。海关监管货物的转关运输，除加工贸易深加工结转按有关规定办理外，均应按进口转关方式办理。

1）提前报关方式的，由转入地（相当于指运地）货物收货人及其代理人，在转出地（相当于进境地）海关办理监管货物转关手续前，向转入地海关录入进口货物报关单电子数据报关。由转入地海关提前受理电子申报，并生成进口转关货物申报单，传输至转出地海关。

转入地货物收货人或其代理人应持进口转关货物核放单和汽车载货登记簿或船舶监管簿，并提供进口转关货物申报单编号，向转出地海关办理转关手续。

2）直转方式的，由转入地货物收货人或其代理人在转出地录入转关申报数据，持进口转关货物申报单和汽车载货登记簿或船舶监管簿，直接向转出地海关办理转关手续。货物运抵转入地后，海关监管货物的转入地收货人或其代理人向转入地海关办理货物的报关手续。

10.2.6　无代价抵偿进口货物的通关制度

1．无代价抵偿货物的含义及特征

（1）无代价抵偿货物的含义。无代价抵偿进口货物是指进口货物在征税或免税放行之后，发现货物残损、短少或品质不良，而由境外承运人、发货人或保险公司免费补偿或更换的同类货物。

（2）无代价抵偿货物的特征。

1）无代价抵偿货物是执行合同的过程中发生的损害赔偿，即买卖双方在执行交易合同中，我方根据货物损害的事实状态向对方请求偿付，而由对方进行的赔偿。对于违反进口管理规定而索赔进口的，不能按无代价抵偿进口货物办理。

2）已经海关放行，即被抵偿进口的货物已办理了进口手续，并已按规定缴纳了关税或者享受减免税的优惠经海关放行之后，发现损害而索赔进口的。

3）仅抵偿直接损失部分。根据国际惯例，除合同另有规定者外，抵偿一般只限于在成交商品所发生的直接损失方面（即残损、短少、品质不良等）以及合同规定的有关方面（如对迟交货物罚款等）。对于所发生的间接损失（如因设备问题所发生的延误投产所造成的损失），一般不包括在抵偿的范围内。

4）抵偿形式。常见的抵偿进口形式有：① 补缺，即补足短少部分；② 更换错发货物，即退运错发货物，换进应发货物；③ 更换品质不良货物，即退运品质不良货物，换进口质量合格的货物；④ 贬值，即因品质不良而削价补偿；⑤ 补偿备价，即对残损的补偿，由我方自行修理；⑥ 修理，即因残损，原货退运境外修理后再进口。

根据对上述特征的分析，集中到一点就是被抵偿部分已实际进口，因发现有直接损失，而由境外发货人以不同方式加以赔偿。只要掌握了上述特征，无代价抵偿进口货物就不难认定。

2．无代价抵偿进口货物的征税、免税界限

确认无代价抵偿进口货物的性质有两个实质意义：一是能否进口；二是能否免税。

（1）如原进口货物短少，其短少部分已经征税或者原进口货物因质量原因已退运境外或已放弃交由海关处理，原征税款又未退还的，所进口的无代价抵偿货物可以免税。

（2）如原进口货物不退运境外，又未放弃交由海关处理，则应分别按以下办法处理：

1）对于机器、仪器或其零部件，如因残损或品质不良，需进口同类货物来更换，所进口的无代价抵偿货物可以免税。

2）对于因残损或品质不良，境外同意削价并补偿部分机器、仪器及其他货物，只要所补偿进口的货物与原货品名、规格相同，价格也不超过削价金额的，所进口的无代价抵偿货物也可以免税。

3）对于车辆、家用电器、办公室用机器和其他耐用消费品及其零部件的无代价抵偿货物，也可以免税，但其留在国内的原货应视其残损程度估价纳税。

3．无代价抵偿货物的通关规则

无代价抵偿货物进口时，收货人应在进口货物报关单上的贸易性质栏内填明为“无代价抵偿货物”，并附上原进口货物报关单、税款缴纳证和商检证书或与境外发货人签订的索赔协议书。对原货已退运境外的，还应附有经海关签章的出口货物报关单。如无代价抵偿货物进口时不向海关报明，或者虽报明但所附单证不齐，不足以证明为无代价抵偿货物的，

海关按一般进口货物办理。

无代价抵偿进口货物属于国家限制进口商品的，如与原进口的货物在品名、数量、价值及贸易性质等方面完全一致，可以在原进口货物退运出口的条件下免予另办许可证。但如原货不退运出口的，则应补办许可证。

10.2.7　过境、转运、通运货物的通关制度

1. 过境、转运、通运货物的含义

过境、转运、通运货物都是由境外起运，通过我国境内继续运往境外的货物。这类货物仅在我国境内运输及短暂停留，不销售、加工、使用及贸易性储存。

（1）过境货物是指从境外起运，通过我国境内陆路运输，继续运往境外的货物。

（2）转运货物是指由境外起运，通过我国境内设立海关的地点换装运输工具，而不通过境内陆路运输，继续运往境外的货物。

（3）通运货物是指由境外起运，由船舶、航空器载运进境并由原运输工具载运出境的货物。

按照《海关法》第 25 条的规定："过境、转运、通运货物，运输工具负责人应当向进境地海关如实申报，并应在规定期限内运输出境。"从这个意义上说，这类货物也具有暂时进境的性质，但并不在暂准（时）进出口通关制度的适用范围内。

2. 过境货物通关制度

（1）过境货物的经营人、承运人及其责任。我国办理过境运输的全程经营人为经国家经贸主管部门批准、认可，具有国际货运代理业务经营权并拥有过境货物运输代理业务经营范围（国际多式联运）的中国铁路对外服务公司、中国对外贸易运输总公司、中国远洋运输总公司、中国外轮代理总公司及其在口岸的分支机构和口岸所在地政府指定的少数有国际船、货代理权的企业。经营人应当持主管部门的批准文件和工商行政管理部门颁发的营业执照，向海关申请办理报关注册手续。经海关核准后，才能办理报关事宜。

承担过境货物在中国境内运输的承运人，应是经国家运输主管部门批准从事过境货物运输业务的企业，并且承担海关监管要求的义务。

（2）过境货物的过境依据

1）与我国签有过境货物协定国家的过境货物，或者属于同我国签有铁路联运协定国家收、发货的，按有关协定准予过境。

2）对于同我国未签有上述协定国家的过境货物，应当经国家经贸、运输主管部门批准，并向入境地海关备案后准予过境。

3）禁止过境的货物有：来自或运往我国停止或禁止贸易的国家和地区的货物；各种武

器、弹药、爆炸物品及军需品（通过军事途径运输的除外）；各种烈性毒药、麻醉品和鸦片、吗啡、海洛因、可卡因等毒品；我国法律、法规禁止过境的其他货物、物品。

（3）承运过境货物的条件。

1）装载过境货物的运输工具，应当具有海关认可的加封条件或装置。海关认为必要时，可以对过境货物及其装载装置加封。

2）运输部门和经营人应当负责保护海关封志的完整，任何人不得擅自开启或损毁。

3）经营人应当持主管部门的批准文件和工商行政管理部门颁发的营业执照，向海关申请办理报关注册登记手续。经海关核准后，才能负责办理报关事宜。上述企业的报关员应当经海关考核认可。

（4）过境货物的通关手续。海关对过境货物监管的目的，是为了防止过境货物在我国境内运输过程中滞留在国内变为进口货物或将我国货物混入过境货物随运出境，防止禁止过境货物从我国过境。因此，要求过境货物经营人的通关手续必须完备，各环节的操作必须严格按照规章进行。

1）过境货物进境手续。过境货物进境时，经营人应当向进境地海关如实申报，并递交下列单证：中华人民共和国海关过境货物报关单（一式4份）；过境货物运输单据（运单、装载清单、载货清单等）；海关需要的其他单证（发票、装箱清单等）。

过境货物经进境地海关审核无误后，海关在运单上加盖"海关监管货物"戳记，并将两份过境货物报关单和过境货物清单制作关封后加盖"海关监管货物"专用章，连同上述运单一并交经营人。经营人或承运人应当负责将进境地海关签发的关封完整及时地带交出境地海关。

2）过境货物复出境手续。过境货物出境时，经营人应当向出境地海关申报，并递交进境地海关签发的关封和海关需要的其他单证。经出境地海关审核有关单证、关封和货物无误后，由海关在运单上加盖放行章，在海关监管下出境。

3）过境货物在境内暂存和运输的管理规则。

- 过境货物进境后因换装运输工具等原因需卸地储存时，应当经海关批准并在海关监管下，存入经海关指定或同意的仓库或场所。
- 过境货物在进境以后、出境以前，应当按照运输主管部门规定的路线运输。运输主管部门没有规定的，由海关指定。
- 根据实际情况，海关需要派员押运过境货物时，经营人或承运人应免费提供交通工具和执行监管任务的便利。

4）过境货物逾期未报或未出境的处理。

- 过境货物逾期未报的处理。过境货物自进境之日起超过规定的3个月期限，未向海关申报的，按我国《海关法》的规定由海关提取变卖处理。

- 过境货物自向海关申报进境后，因特殊的原因，在海关规定的 6 个月内不能出境的，应向海关申请延期。经海关同意后，可延期 3 个月。如无特殊情况经延期后仍不能出境，擅自留在境内的，海关按《海关法行政处罚实施细则》的规定，处以货物、物品等值以下或者应缴税款 2 倍以下的罚款。

（5）其他管理规则。

1）民用爆炸品、医用麻醉品等的过境运输，应经海关总署及其他有关部门批准后，方可过境。

2）有伪报货名和国别，借以运输我国禁止过境的货物及其他违反我国法令的情况，货物将被海关依法扣留处理。但在一般情况下，经查核有关货运单据，证实确是过境货物，即可被准予续运或放行出境。

3）海关在对过境货物监管过程中，除发现有违法或者可疑事情外，一般在做外形查验后，予以放行。海关查验过境货物时，经营人或承运人应当到场，负责搬移货物，开拆和重封货物的包装。

4）过境货物在境内发生灭失和短少时（除不可抗力的原因外），经营人应当负责向出境地海关补办进口纳税手续。

3. 转运货物的通关制度

（1）转运货物的条件。进境运输工具载运的货物必须具备下列条件之一的，方可办理转运手续。

1）持有转运或联运提货单的。

2）进口载货清单上注明是转运货物的。

3）持有普通提货单，但在起卸前向海关声明转运的。

4）误卸的进口货物，经运输工具经理人提供确实证件的。

5）因特殊情由申请转运，经海关批准的。

（2）转运货物的管理规则。海关对转运货物实施监管，主要是防止货物在口岸换装过程中混卸进口或混装出口。为此，转运货物承运人的责任就是确保其继续运往境外。

载有转运货物的运输工具进境后，承运人应当在进口载货清单上列明转运货物的名称、数量、起运地和到达地，并填写外国货物转运准单一式三份向海关申报。转运货物换装运输工具时，应接受并配合海关的监装、监卸至货物装运出境为止。

转运货物应当在规定时间内运送出境。外国转运货物在中国口岸存放期间，不得开拆、改换包装或进行加工，必须在 3 个月内办理海关手续并转运出境。否则，海关将按规定提取变卖。

海关对转运的外国货物有权检查。但是，如果没有发现有违法或可疑情况，将只做外形查验。

4．通运货物的通关制度

通运货物虽不换装运输工具，并随原承载的运输工具运往境外，但也在海关监管中，其目的是防止混同进口货物，并监督其原状、如数运出境外。

运输工具进境时，运输工具负责人应在船舶进口报告书或在国际民航机构的进口载货仓单上注明通运货物的名称和数量。海关在运输工具抵、离境时，将予核查，并监管通运货物出境。运输工具因装卸货物，需申请搬倒货物时，应向海关申请，并在海关监管下进行。

10.2.8 溢卸、误卸、短卸货物的通关制度

1．溢卸、误卸、短卸货物的含义

（1）溢卸货物是指未列入进口载货清单、运单的货物，或者多于进口载货清单、提单、运单所列数量的货物。

（2）误卸货物是指将指运境外港口、车站或境内其他港口、车站而在本港（站）卸下的货物。

（3）短卸货物是指卸下的货物，少于进口载货清单、提单、运单所列数量的货物。

2．溢卸、误卸、短卸货物的通关制度

上述货物均应由有关单位向海关申报，经审查确认并无走私违法行为后，应分别按下列规定办理。

（1）溢卸货物。原收货人或其代理人填写进口货物报关单一式两份向海关办理报关纳税手续。如运输工具负责人或其代理人要求以溢卸货物抵补短卸货物时，应征得收货单位同意，并应限于同航次、同品种的货物；如以不同航次或不同船之间用溢卸货物抵补短卸货物时，应限于同一品种、同一船公司、同一发货人的货物。上述两种情况均免领进口货物许可证。

经核准溢短相抵货物，亦应按规定办理报关纳税手续。对短卸货物的税款海关未予退还的，可予免税。

（2）误卸货物。如应卸地是外国港口的，经运输工具负责人或其代理人申请，可核准退运境外。属于运往我国其他口岸的，可以向海关办理转关手续，也可由原收货人就地办理进口手续。

上述溢卸或误卸的进口货物，应在原运输工具卸货之日起 3 个月内，办理退运或进口手续。必要时，经海关批准，可以延长 3 个月。逾期未办手续的，由海关按我国《海关法》

第 21 条的规定办理。

（3）短卸货物。对短卸货物，原收货人可提出申请，并交验理货报告、商务签证或商检证书，经海关核查属实后，可相应减征税款或将已征税款退还原收货人。

10.2.9　退运货物和退关货物的通关制度

1. 退运货物的通关制度

退运进出口货物是指货物因质量不良或交货时间延误等原因，被国内外买方拒收而退运或因错发、错运造成的溢装、漏卸而退运的货物。

（1）一般退运货物的报关手续。

1）退运进口报关手续。原出口货物退运进境时，若该批出口货物已收汇、已核销，原发货人或其代理人应填写进口货物报关单向进境地海关申报，并提供原货物出口时的出口报关单。现场海关应凭加盖有已核销专用章的“外汇核销单出口退税专用联”正本（海关留存复印件，正本退交企业）或国税局《出口商品退运已补税证明》及保险公司证明、承运人溢装、漏卸的证明等有关资料办理退运进口手续，同时签发一份进口货物报关单。

原出口货物退运进口时，若出口未收汇，原发货人或其代理人在办理退运手续时，凭原出口报关单、外汇核销单、报关单退税联向进口地海关申报退运进口，应同时填制一份进口货物报关单（备注栏上注明原出口报关单号）。若出口货物部分退运进口，海关在原出口报关单上应批注实际退运数量和金额后退回企业并留存复印件。海关核实无误后，验放有关货物进境。

由于品质或规格原因，出口货物自出口之日起 1 年内原状退货复运进境的，经海关核实后不予征收进口税。原出口时已经征收出口税的，自缴纳出口税款之日起 1 年内准予退还，但要重新缴纳因出口而退还的国内环节税。

2）退运出口报关手续。因故退运出口的境外进口货物，原收货人或其代理人应填写出口货物报关单申报出境，并提供原货物进口时的进口报关单，以及保险公司、承运人溢装、漏卸的证明等有关资料。经海关核实无误后，验放有关货物出境。

由于品质或规格原因，进口货物自进口之日起 1 年内原状退货复运出境的，经海关核实后可以免征出口税。已征收的进口税，自缴纳进口税款之日起 1 年内准予退还。

（2）加工贸易退运货物。

1）若加工贸易登记手册未核销，则按加工贸易退运货物报关。

2）若加工贸易登记手册已核销，则按暂时进出口申报，备案号为空，在备注栏内注明手册编号。退运进口需提供担保，对进口属于许可证管理的，应另提供相当于进口货值 30% 的风险担保金，待货物再次出境后，凭出口报关单及相关证明销保。

（3）直接退运货物。直接退运货物是指进口货物进境后向海关申报，但由于特殊原因无法继续办理进口手续，经主管海关批准将货物全部退运境外的货物。

1）直接退运货物的适用范围。一是海关按国家规定责令直接退运的货物。二是货物进境后正式向海关申报进口前，由于下列原因之一，可以由收货人、发货人向海关申请办理直接退运批准手续：① 合同执行期间国家贸易管制政策调整，收货人无法补办有关审批手续，并能提供有关证明的；② 收货人因故不能支付进口税、费，或收货人未按时支付货款，致使货物所有权已发生转移，并能提供发货人同意退运的书面证明的；③ 属错发、误卸货物，并能提供发货人或运输部门书面证明的；④ 发生贸易纠纷，未能办理报关进口手续，并能提供法院判决书、贸易仲裁部门仲裁决定书或无争议的有效货权凭证的。经海关审核上述情况真实无误且无走私违规嫌疑后，可予批准直接退运。三是已正式向海关申报进口但海关尚未放行的货物，收货人请求退运的，可比照上述规定精神撤销原申报，办理直接退运手续。四是需提交各类许可证件进口的货物，属无证到货的，除海关按国家规定责令直接退运的货物外，不得办理直接退运。

2）直接退运货物的报关手续。

- 申请直接退运一般应在载运该批货物的运输工具申报进境之日起或自运输工具卸货之日起 3 个月内，由货物所有人或其代理人向进境地海关提出正式书面申请，并填写直接退运货物审批表。
- 直接退运要先办理出口，再申报进口。
- 出口报关单“备注栏”内填报进口报关单编号，进口报关单“备注栏”内填报出口报关单编号，进出口报关单“备注栏”内均应注明海关审批件编号。属承运人的责任造成的错发、误卸，获批准退运的，可免填报关单。

2．退关货物的通关制度

（1）退关货物的定义。退关货物又称出口退关货物，是指出口货物在向海关申报出口后被海关放行，因故未能装上运输工具，发货单位请求将货物退运出海关监管区域不再出口的行为。

（2）出口退关货物的报关程序。

1）出口货物的发货人及其代理人应当在得知出口货物未装上运输工具，并决定不再出口之日起 3 天内，向海关申请退关。

2）经海关核准且撤销出口申报后方能将货物运出海关监管场所。

3）已缴纳出口税的退关货物，可以在缴纳税款之日起 1 年内，提出书面申请，向海关申请退税。

4）出口货物的发货人及其代理人办理出口货物退关手续后，海关应对所有单证予以注销，并删除有关报关电子数据。

10.3 进出境运输工具报关

在国际贸易中，买卖双方交付的货物通常是通过国际间的长途运输来实现的。承运人和运输工具作为这种运输行为的主体，需要根据货主的要求将相关的货物载运到指定的地点，起着完成国际间买卖行为的枢纽作用。离开了运输工具，就无法实现国际间的商品流通，买卖双方的货物就不能进入对方关境，也就无法实现国际贸易。海关监管进出境运输工具，可以维护国家主权和民族利益，贯彻国家对外贸易政策，方便进出口，促进国际交流。《海关法》中的“进出境运输工具”包括用以载运人员、货物、物品进出境的各种船舶、车辆、航空器和驮畜。由运输工具的所有人或经营人，包括船长、机长、车长、驮畜的主人等负责在规定的时间内向海关申报。

10.3.1 海关对进出境运输工具的监管规定

1．如实申报

《海关法》第 14 条规定：“进出境运输工具到达或者驶离设立海关的地点时，运输工具负责人应当向海关如实申报，交验证件，并接受海关监管和检查。”

进出境运输工具的申报与货物、物品的申报具有相同的法律效力，进出境运输工具的负责人必须对其交验单证的真实性负责。

2．按指定路线行进

由于海关并不都设立在关境线上，因此进境运输工具在进境后还须继续驶往设关地点办理进境手续，出境运输工具在设关地办结海关手续后还须驶经关境线前往境外目的地。对这一行进过程，《海关法》第 15 条明确规定：“进境运输工具在进境以后向海关申报以前，出境运输工具在办结海关手续以后出境以前，应当按照交通主管机关规定的路线行进；交通主管机关没有规定的，由海关指定。”运输工具在指定路线行进途中不得转道绕行、上下人员或装卸货物、物品。

3．预报信息

《海关法》第 16 条规定：“进出境船舶、火车、航空器到达和驶离时间、停留地点、停留期间更换地点以及装卸货物、物品时间，运输工具负责人或者有关交通运输部门应当事先通知海关。”这样才能保证海关到位监管，及时办理运输工具进出手续，保证货物、物品顺利装卸。

4．接受监管和检查

海关在接受申报并对交验单证进行审核后，将根据申报事项和具体情况决定如何对运输工具进行实地、实务的监管和检查。海关在检查进出境运输工具时，按照《海关法》第 18 条的规定："运输工具负责人应当到场，并根据海关的要求开启舱室、房间、车门；有走私嫌疑的，并应当开拆可能藏匿走私货物、物品的部位，搬移货物、物料。"

运输工具在装卸进出境货物、物品或上下进出境旅客时，应当接受海关的监管。货物、物品装卸完毕，运输工具负责人应当向海关递交反映实际装卸情况的交换单据和记录。上下进出境运输工具的人员携带物品的，应当向海关如实申报，并接受海关检查。

10.3.2 国际航行船舶的报关

国际航行船舶是指进出我国关境、航行于国与国之间、从事客货运输的船舶，包括我国国籍的船舶和外国国籍的船舶，包括机动与非机动的进出我国关境的海、国界江河上来往的船舶；转运、驳运进口旅客或货物的船舶；兼营境内外旅客或货物运输的船舶，包括军船及其他进出境船舶。

1．联检制度

联检制度是进出境船舶报关的特殊形式。联检是指由海关、港监、卫生检疫所、边防检查站按有关规定对进出境船舶及其人员、物品集中办理有关进出境手续，并例行检查的一种体现国家主权尊严的执法程序。

对进出境船舶实行联检制度，是国家对进出境船舶进行管理的重要手段之一。其作用是确保国家制定的有关进出境政策、法律、法规得以正确贯彻和实施，保证船舶的航行安全，维护边境治安，查缉走私，防止疫病传入和传出，便利船舶进出港口。

在联检中，船舶负责人应当积极配合联检工作，递交有关单证，进出境船舶要装卸货物、人员上下须征得海关同意。出口船舶也要在联检结束后才能离港。联检制度特别规定：对于中国籍国际航行船舶和在我国港口间航行的外国籍船舶，一般不实行联检。

2．报关中的文书、单证及规定

（1）报关中常见的船舶文书。船舶文书是指船舶经登记及进行各种检查后，由有关机关发给相应的证书及文件，来反映船舶的所有权、技术状态、工作情况等，是船舶在运营过程中必要的各种文件的总称。常见的有下列 3 种。

1）船舶国籍证书又称船舶登记证书，是用于法律登记的证书，证明船舶的国籍及所有权等。其内容包括船名、船舶所属国籍、船舶用途、主要营运性能等。根据海上国际公约规定，船舶必须具有国籍才能在公海上航行，否则将被视为海盗船，各国巡航军舰都有权查扣。

2）船舶吨位证书，是各国航务主管机关对船舶总吨位和净吨位经过丈量计算后，由国际公认的检验单位所签发的一种证书。当船舱容量改变或改变国籍后，应重新丈量和明确国籍，发放新的吨位证书。船舶吨位证书是海关征收船舶税计算应纳税款的依据。

3）航海日志，是船舶记载航行停泊、装卸货物、海事等有关情况的必备资料，是具有法律效力的证明依据。具体记录内容包括：船舶动态、船位记录、气象情况、装卸货物情况、港口当局上船办理船舶有关手续情况等。

（2）报关中应递交的单证。

1）进口船舶入境时，船舶负责人或其代理人在报关时应向海关交验下列单证。

- 总申报单一份。
- 货物申报单一份（附载货清单两份）。
- 船舶物品申报单一份。
- 船员物品申报单。
- 船员名单一份。
- 旅客名单一份（无旅客免交）。
- 中国籍船舶应交验船舶进出境海关监管簿，来自国内其他港口的外国籍船舶应递交上一口岸海关代交的关封。
- 对于第一次来中国港口或原有吨税执照（包括我国台湾地区海关签发的吨税执照）已过期的船舶，应递交吨税申请书一份。
- 海关监管需要的其他单证。

2）出口船舶出境时，船舶负责人或其代理人在报关中应向海关交验下列单证。

- 总申报单一份。
- 货物申报单一份（附载货清单两份）。
- 船员名单一份（船员无变更时免交）。
- 旅客名单一份（旅客无变更时免交）；船舶进出境海关监管簿（外籍船舶免交）；海关监管需要的其他单证。

相关链接

进出境船舶报关中有关缴纳吨税的规定

（1）吨税及吨税执照。船舶吨税是海关代表交通部在海关口岸征收的一种税费。而吨税执照即是各类船舶在缴付税费后，由海关签发的一种免费凭证。

（2）吨税征收的对象。吨税的稽征对象是驶入中国港口或驶于中国港口之间的外国籍船舶；外商以期租方式租用的中国籍船舶；中外合营公司企业船舶或其租用的船舶；我国租用航行于国际的船舶；兼营国内沿海运输的外国籍船舶。

（3）不属征税范围的船舶。经营国际货运的中国籍船舶；我国租用专营国内沿海运输的外籍船舶；我国台湾地区公私企业的船舶；持有我国台湾地区海关签发有效吨位执照的外国籍船舶。

（3）船舶在港停留期间的有关规定。

1）船舶装卸进口货物时间，必须事先通知海关，在海关监管下进行。

进出口货物必须卸入海关区域监管仓库。船边直接提取的货物（船上卸下，不进海关监管仓库、堆场，由货主在船边提取的货物），需事先办理报关手续，凭进口货物报关单验放。

出口货物装载前，必须办妥报关验放手续，凭盖有海关放行章的装货单装货，核对货物标记尺码和包装式样，理货并做好交接。对直接出口货物（装船前不进海关监管仓库、堆场），准由直接运至船边装船的货物，需办妥出口报关手续，经海关查验盖章放行。

2）船舶添装或起卸船用燃料、物料，船舶间调拨船用燃料、物料、物品、公用烟酒、食品，应当由船舶负责人编制清单报请海关核准，并在海关监管下进行。申报复运出境的垫舱、压舱物料，应当从起卸之日起6个月内复运出境；不复运出境的垫舱、压舱物料，收货人应当从起卸之日起14日内向海关办理进口手续。

（4）进出境船舶服务人员携带自用物品的有关规定。

1）登记证管理制度。登记证管理制度是海关对国内从事国家间运营的运输服务人员携带物品进行日常监管的重要依据。根据海关总署的规定，我国进出境船舶服务人员在随船出入境时，所携带的大、小件等限量物品均须登入运输工具服务人员携带物品出入境登记证（以下简称登记证）的有关栏目内，并在进出境时向海关交验。

登记证由指定海关发放，发证对象是中国籍运输工具服务人员及中国籍外派船员。凡申领登记证者，须凭所在单位证明或有关单位证明及有关证件向发证海关提出申请。

2）有关中国籍国际航行船舶船员及外派船员携带物品出入境的规定如下。

- 中国籍船员携带物品入境，均应向海关申报，经海关审核办清征免税手续后，有关物品方可携带出入境。
- 中国籍船员在国外的实际天数满120天的，在携带物品进境时，可按《运输工具服务人员携带进境自用物品的免税限量表》，准予免税携带该限量表中规定的物品入境。
- 中国籍船员携带进境的自用物品以自用合理数量为限，禁止携带有碍卫生的物品进境，禁止携带国家禁止进出口的物品进出境。

10.3.3　其他运输工具报关

1. 进出境航空器的报关

《海关法》中的进出境航空器具体指载运进出境旅客进出境货物的民用飞机。

依据海关对国际民航机监管的相关法规，除特准的以外，只准在设有海关的国际航空站降停或起飞。国际航空站应于飞机降停或起飞前 2 小时通知海关，经海关同意后，方可上下旅客、驳卸货物、邮件、物品。

（1）进境民航机的报关。国际民航机在降停后，机长或其代理人应持有关单证向海关申报。其中，申报的单证有入境和过境旅客以及行李物品舱单，进口和过境的货物、邮件和其他物品舱单，进口货物货运单及机组人员及其自用物品、货币、金银清单等。

（2）出境民航机的报关。国际民航机在出境起飞前，机长或其代理人持有关单证向海关申报。其中，申报的单证有出境旅客及行李物品舱单、出口货物、邮件和其他物品舱单、出口货物运单及机组人员及其自用物品、货币、金银清单等。

飞机停站期间，海关监管货物、行李、邮件的装卸，监管旅客和机组人员的上下机和监管机用物料、燃料、金银和货币。

2. 进出境列车的报关

（1）进出国境的列车，应在边境车站停车，以便海关执行检查监管职务，其停车及检查监管时间由海关总署会同相关部门规定。运输列车包括机车、煤水车、客车、货车、行李车、邮政车等在内。

（2）列车由外国抵达边境车站后，车站应将列车组成及所载货物和起票行李的必要单据立即送交当地海关。以上单据应包括海关执行公务所必需的项目在内。

（3）进口货物应在边境车站完成海关手续，并由海关免税偿还，在车上易于查验的货物可免予卸车。进口货物运国内设海关车站者，需事先经海关许可，在边境车站海关监视下，尽可能装载于可以加封的车辆，于到达指运车站完成海关手续。进口货物运国内未设海关的国际联运车站者，需事先申请海关许可，在指运车站起卸，其监管及完成海关手续办法由海关总署会同相关部门规定。

（4）进口货物卸车时，应由车站事先通知海关，并在海关监视下卸存于经海关许可的仓库场所。所卸货物等如有单货不符之处，应于卸完后，由铁路人员会同海关制成记录，分送海关及车站备查。

（5）进入国境的车辆，于卸货完毕后，海关应立即签发车辆放行许可证件。

（6）进出国境列车所带必需的车用物料和供应旅客职工在车上食用物品等，应接受边境车站海关检查。其报验监管办法，由海关总署会同相关部门规定。

（7）海关对于进入国境的列车，应派人员随车通告职务，铁道部方面应予以协助。

（8）开往国外的列车驶离边境车站前，车站应将列车组成及所载货物和起票行李的必要单据，送交边境车站海关，经海关放行后，才准许驶离边境车站。上述单据应包括海关执行公务必需的项目在内。

（9）出口货物应在国内设关车站或边境车站完成海关手续，才准许装运，装车时应由车站事先通知海关，并在海关监视下进行。出口货物需事先申请海关许可，在未设关的国际联运车站装运，其监管及完成海关手续办法，由海关总署会同铁道部、贸易部规定。在国内车站起运的出口货物，应尽可能装载于已加封的车辆，由边境车站海关复核放行。

（10）进口行李应于海关监视下在边境车站起卸，或由铁路报经边境车站海关加封，负责运达国内设关车站，通知海关查验放行。出口行李，如起运站设有海关机关，需由铁路报经海关查验加封，负责运达边境车站，并通知海关查核放行；如起运站未设有海关机关，应在边境车站查验放行。

（11）载运进出口客货的列车和进出国境的各种列车的报关、装卸、检查、加封、交验单据和放行等手续，由海关总署会同相关部门规定。

3．公路货物运输工具的报关

（1）在边境公路国界江河往来的汽车、船舶和以人力或兽力运输货物，应一律遵循指定路线，在海关规定的地点进出国境。此项路线应由相关部门会同海关规定。

（2）进出国境汽车应于入境后或离境前，在指定地点停留，向边境海关申报，按照海关规定格式填制进出口载货清单旅客清单，送交查核。经海关查验放行，方准驶离。

（3）经交通机关准许进出国境并在国内继续行驶的汽车，于初次入境时，应向边境海关报验，缴纳不低于进口税的保证金，并保证该车不得在国内转售拆卖。该项汽车于办理保证手续领得海关登记簿后，才准予行驶。

上项汽车以后进出国境时，应将登记簿送交查核。最后驶离国境时，需申请将保证金发还。

（4）原在国内行驶的汽车，经交通机关准许进出国境并在国内经营客货运输者，应于初次出境时，向边境海关领取登记簿，并保证于规定时期内驶回中国。以后进出国境时，应将登记簿送交查核。

（5）汽车载运进口货物旅客行李，除经海关许可者外，应一律于入境后立即向边境海关申报，办理验证手续，不能立即办理进口手续者，应申报海关派员监视，卸入经海关注册或许可的仓库场所。

（6）以人力、兽力运输货物进出国境或在边界规定地区内运输，应经由指定路线进出运输，其进出国境并应向海关申报。

4．进出境驮运牲畜的报关

《海关法》中的进出境驮畜具体包括载运进出境旅客或进出境货物的马、驴、牛、骡、骆驼等用于运输的牲畜。

在我国国境的某些偏僻地区，与邻国之间的交通孔道，因无公路，双方均以牲畜，如牛、马、象、驴等驮运货物进行贸易。海关在监管货物的同时，对于驮货的牲畜也要进行监管。

《中华人民共和国西藏地区海关对进出国境驮运牲畜监管暂行办法》是海关对进出境驮运牲畜的监管依据，其中规定：进境驮畜抵达后，或出境驮畜离境前，驮畜所有人或其代理人应向海关进行申报登记，注明驮畜的种类、数目。进境的外国牲畜要出具海关认可的保证书或缴纳保证金，保证复运出境，出境的中国牲畜要保证复运进境。登记后，海关即进行必要的检查。经海关核对无误后，发给登记证，凭此进出境。返回或出境时，交还登记证，由海关核销（或发还保证金）。海关已经放行的牲畜，在返回时如有短少应予追查。如因病死亡或被野兽所害，海关可核销放行。如转让出卖，海关则按违反海关监管规定行为处理。

10.3.4　“金关工程”

1.“金关工程”的建设

继美国提出建设信息高速公路计划之后，世界各地掀起了建设信息高速公路的热潮。1993 年，我国也正式启动了“金关工程”。

“金关工程”是我国政府利用计算机网络技术实现对国家的对外经济贸易和相关领域进行标准化、规范化、科学化、网络化和现代化管理的一项国家信息化重点系统工程。工程的近期目标是建设好配额许可证管理、进出口统计、出口退税、出口收汇和进口付汇核销 4 个应用系统，实现与对外经贸相关领域的网络互联和信息共享；中长期目标是逐步推行各类对外经贸业务单证的计算机网络传输，提高对外经贸的现代化管理水平，实现国际电子商务，增加国家的宏观调控能力。整个项目涉及税务、外汇、银行、港务、出入境检验检疫及外经贸等多个部门。

2．电子口岸中心

1999 年 3 月，海关总署总结“金关工程”建设的经验，为实行口岸管理信息化，把“金关工程”建设进一步推向深入，会同外汇、电信、银行、税务、港务、出入境检验检疫、外经贸等有关部门，在“金关工程”总体框架下进行电子口岸中心（又称“口岸电子执法系统”）的开发研制。2000 年 8 月，涉及海关总署、公安部、中国人民银行、国家工商行政管理总局、铁道部、中国民用航空总局、对外贸易经济合作部、国家税务总局、国家外汇管理局、国家出入境检验检疫局、交通运输部、信息产业部在内的12个部委经国务院批准，联合建设电子口岸中心。

电子口岸中心运用现代信息技术，借助国家电信公网资源，将国家各行政管理机关分别管理的进出口业务信息流、资金流、货物流的电子底账数据集中存放到公共数据中心，在统一、安全、高效的计算机物理平台上实现数据共享和数据交换。国家各行政管理部门可进行跨部门、跨行业的联网数据核查，企业可以在网上办理各种进出口业务。

（1）电子口岸中心的总体建设目标。

1）实现电子底账+联网核查+网上服务的作业模式，加强各部门的联系配合，联合打击走私、骗汇、骗退税活动，创造公平竞争的市场环境。

2）实现口岸电子执法数据集中式管理，完善监督制约机制，增强行政管理机关的行政执法透明度，使执法活动更公开、公平、公正。

3）作为政府的门户网站，为企业联网办理进出口业务提供服务，加快货物通关、出口收汇、出口退税速度，减少企业在各管理机关之间的奔波劳累之苦，大大提高贸易效率，从而降低贸易成本。

（2）口岸电子执法系统的优越性。

1）获得政府对企业的"一站式"服务。通过电子口岸中心，企业只要与电信公网连接，就可以通过公共数据中心在网上直接向海关、商检、外贸、外汇、工商、税务等政府管理机关申办各种进出口手续，各政府部门也可以在网上办理各种审批手续，从而真正实现政府对企业的"一站式"服务。

2）完全基于公网，系统开放性好，提供全天候、全方位服务。用户登录电子口岸中心网站可及时获得政府主管部门发布的权威信息，了解有关政策法规，并得到政府部门的答复。

3）轻松实现网上办公。企业利用电信公网实现对公共数据中心的接入访问，在任何时候、任何地点只要拨打本地电话就可以连接网络并通过数据中心办理业务，同时还可以获得运输、仓储、银行、保险等行业之间的联网，从而实现真正意义上的电子商务。

4）入网成本低。登录电子口岸中心网站，企业只需配备一些简单的设备，数据中心提供免费的系统安装软件，运行成本低，而且相关管理部门还提供免费技术和业务支持，使企业得到更多的实惠。

5）多重严密的安全防护措施使系统更安全可靠。"金关工程"建设和电子口岸中心的推广应用，将极大地提高海关执法和口岸管理的整体水平，既方便企业合法进出口，促进经济和贸易的健康发展，又可大大增强海关执法和口岸管理的透明度，有利于海关依法行政、廉洁从政机制的形成。

复习思考题

选择题

（1）一切进出口货物必须经由设有海关的海港、空港、车站、国际邮件交换站、国界孔道进出，并应按海关规定办理申报，以便于海关进行监管、征收关税和编制海关统计，这种申报手续就是通常所说的（　　）。

A. 报关　　B. 商检　　C. 海关统计　　D. 海关检查

（2）海关依照有关法律、行政法规，监管进出境的运输工具、货物、行李物品、邮递物品和其他物品，征收关税和其他税、费，查缉走私，并（　　）和办理其他海关业务。

A. 编制海关计划　　B. 编制海关统计　　C. 编制海关预算　　D. 编制海关规划

（3）海关行使的权力属于（　　）。

A. 经济权　　B. 处罚权　　C. 行政权　　D. 走私管理权

（4）担保制度是指向海关（　　）或提交保证函，保证在一定期限内履行所承诺义务的法律行为。

A. 签订合同　　B. 缴纳关税　　C. 缴纳保证金　　D. 缴纳罚款

（5）依据海关对国际民航机监管的相关法规，除特准的以外，国际民航机只准在设有海关的国际航空站降停或起飞。国际航空站应于飞机降停或起飞前（　　）通知海关，经海关同意后，方可上下旅客、驳卸货物、邮件、物品。

A. 2 小时　　B. 3 小时　　C. 4 小时　　D. 5 小时

简答题

（1）什么叫走私？

（2）海关有哪些权力？

（3）海关可接受的担保申请有哪些？

（4）什么叫联检制度？

（5）溢卸、误卸、短卸货物的含义是什么？

实 训 题

保税仓储的积极作用

香港的陈先生在内地有一家专门生产高档服装的独资企业，其产品 60%出口欧美及东南亚地区，40%出口返内销。该企业充分利用“非保税区货物进入保税区视同出口”及保税仓储无数量、无品种、无限期、无配额和无须许可证限制的有利条件，将生产的服装成品送入亚洲物流保税仓库进行分理、包装并按需分运，这就等于把原来在香港的仓库搬到了内地。2008 年，该企业贸易额仅为 50 多万美元，2010 年已达 1 000 多万美元，节省仓储及包装成本 200 多万美元，直接退税高达 480 多万美元。企业不但节约了成本，提高了经营效益，经营业务也得到了迅猛发展。

（资料来源：杜学森，律宝发. 国际货运代理实务[M]. 北京：中国劳动社会保障出版社，2010.）

问题

什么是保税仓库？

分析点评：保税仓库是保税制度中应用最广泛的一种形式，是指经海关批准设立的专门存放保税货物及其他未办结海关手续货物的仓库。

参考文献

[1] 张耀平. 国际物流与货运代理[M]. 北京：清华大学出版社，2010.
[2] 陈金山. 国际货运代理[M]. 北京：科学技术出版社，2009.
[3] 陈文汉. 国际货运代理[M]. 北京：人民邮电出版社，2009.
[4] 吴彩奕，秦绪杰. 国际货运代理实务[M]. 北京：科学技术出版社，2009.
[5] 孙敬宜. 国际货运代理实务[M]. 北京：电子工业出版社，2009.
[6] 杨鹏强. 国际货运代理操作实务[M]. 北京：中国海关出版社，2010.
[7] 吴彩奕，秦绪杰. 国际货运代理实务[M]. 合肥：中国科学技术大学出版社，2009.
[8] 符海箐，等. 国际货运代理实务（第2版）[M]. 北京：对外经济贸易大学出版社，2009.
[9] 顾永才，王斌义. 国际货运代理实务[M]. 北京：首都经济贸易大学出版社，2008.

反侵权盗版声明

电子工业出版社依法对本作品享有专有出版权。任何未经权利人书面许可，复制、销售或通过信息网络传播本作品的行为；歪曲、篡改、剽窃本作品的行为，均违反《中华人民共和国著作权法》，其行为人应承担相应的民事责任和行政责任，构成犯罪的，将被依法追究刑事责任。

为了维护市场秩序，保护权利人的合法权益，我社将依法查处和打击侵权盗版的单位和个人。欢迎社会各界人士积极举报侵权盗版行为，本社将奖励举报有功人员，并保证举报人的信息不被泄露。

举报电话：（010）88254396；（010）88258888

传　　真：（010）88254397

E-mail：　dbqq@phei.com.cn

通信地址：北京市万寿路 173 信箱

电子工业出版社总编办公室

邮　　编：100036